陵川 2013

LINGCHUAN
NIAN JIAN

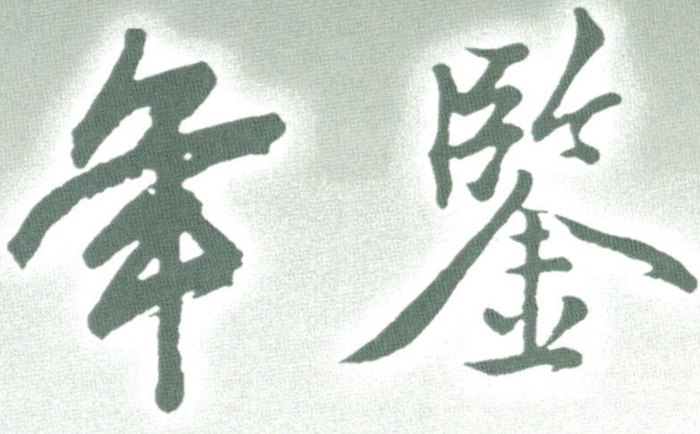

秦宝龙 主编

中国社会出版社
国家一级出版社 全国百佳图书出版单位

图书在版编目（CIP）数据

陵川年鉴. 2013 / 秦宝龙主编. —北京：中国社会出版社, 2015.1

ISBN 978-7-5087-4937-2

Ⅰ. ①陵… Ⅱ. ①秦… Ⅲ. ①陵川县—2013—年鉴 Ⅳ. ①Z522.54

中国版本图书馆CIP数据核字(2014)第312351号

书　　名：陵川年鉴2013

主　　编：秦宝龙

出 版 人：浦善新

终 审 人：李　浩

责任编辑：秦　健

策划编辑：向　飞　　　　**责任校对**：李艳玲　丁　一

出版发行：中国社会出版社　　　　邮政编码：100032

通联方法：北京市西城区二龙路甲33号新龙大厦

电　　话：编辑部：（010）58124825

邮购部：（010）58124845

销售部：（010）58124848

传　真：（010）58124856

网　　址：www.shcbs.com.cn

中国社会出版社官方旗舰店

社会工作者考试教材唯一指定天猫店

经　　销：各地新华书店

印刷装订：河南新起点印务有限公司

开　　本：210mm×285mm　1/16

印　　张：24

字　　数：350千字

版　　次：2015年2月第1版

印　　次：2015年2月第1次印刷

定　　价：170.00元

《陵川年鉴2013》编纂委员会

主任委员　石云峰　胡晓刚

副主任委员　李晓峰　张江龙　郎在陵

委　　员　张国文　张　军　常先勤(女)　王立新

来庭会　张金林　郭勤有　冯德亮

韩国珍　赵来昌　刘鲜红(女)　刘海屯

鲍瑞卿　原红芳　徐　浩　姚爱国

薛玉红　赵银龙　秦青瑞　赵志义

赵兴顺　任素亮

《陵川年鉴2013》编辑人员

主　　编　秦宝龙

副 主 编　宰永珍　焦国锋

编　　辑　孟淑敏(女)　郎江丽(女)

晋城市委书记张九萍（左二）在陵川调研

晋城市长刘润民（左四）在陵川调研

县委书记石云峰（右一）深入第一山林场林区调研

县长胡晓刚（左前三）深入锡崖沟村调研农村环境整治工作

县级公路沿线绿化

荒山绿化

高陵高速绿化

村级公路沿线绿化

新建成的黄围东街

翻修改造后的鸿雁街

改造后的鸿雁街人行道

集中供暖换热站

县城集中供暖入户

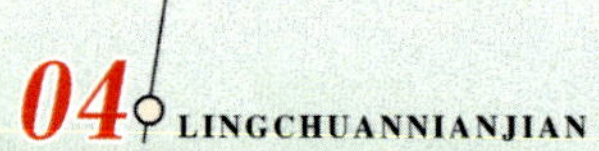

廉租住房建设项目

中医院迁建项目

新建成的经济适用房

职业中学学生公寓楼

农村太阳能路灯亮化

创业孵化基地

农村电网改造

农村卫生厕所改造

党参规范化种植示范基地

中药材育苗基地

红果集中晾晒

香菇种植大棚

浙江温州如一服饰有限公司入驻陵川

农村街巷硬化工程持续推进

农村便民连锁店方便千家万户

编辑说明

一、《陵川年鉴 2013》属综合性地情资料和史料，主要服务于资政、存史、教化，促进政治、经济、文化、社会发展和党的建设。

二、本年鉴的记述时间为 2013 年 1 月 1 日至 2013 年 12 月 31 日。

三、本年鉴有大事记、文献、中共陵川县委工作、人大工作、政府工作、政协工作、综合政务、群团工作、军事、司法、人文环境、农业经济、工业经济、财政税务、金融保险通信、贸易、经济管理、教育科技、文体卫生旅游、广电新闻、乡镇工作 21 个类别，以条目形式记述，每事一条。年鉴前置 2013 年县情数据表。

四、《陵川年鉴 2013》所载事实均由相关单位提供，年鉴中对供稿者不一一署名。

目　录

文　献

中共陵川县委工作

人大工作

政府工作

政协工作

综合政务

群团工作

军　事

司　法

人文环境

农业经济

工业经济

财政税务

金融保险通信

贸　易

经济管理

教育科技

文体卫生旅游

广电新闻

乡镇工作

2013年县情数据表

项　　目		单　　位	2013年末数据
行政区划	总面积	平方公里	1751
	镇	个	7
	乡	个	5
	村民委员会	个	371
	社区居委会	个	7
人口	总人口	人	255730
	非农业人口	人	32867
	男	人	131707
	女	人	124023
	出生率	‰	9.1
	死亡率	‰	3.1
	人口自然增长率	‰	6
气候	气　温	℃	9.6
	日　照	小时	2328
	无霜期	天	179
	降水量	毫米	543
自然资源	耕地	万亩	45.75
	森林覆盖率	%	52.07
	水资源	亿立方米	2.35
	煤炭储量	亿吨	5
	硫铁矿	亿吨	1
	大理石储量	亿立方米	6

续表

项目		单位	2013年末数据
生产总值	全县生产总值	亿元	32.3
	人均生产总值	元	13863
	第一产业总值	亿元	4.5
	第二产业总值	亿元	10.9
	第三产业总值	亿元	16.9
农业经济	乡村劳动力	人	126519
	农机总动力	万千瓦	31.48
	农村用电量	万千瓦时	4373
	化肥施用量（实物量）	吨	38683
	农村经济总收入	万元	195613
	农林牧渔业总产值	万元	78536
	农作物总播种面积	公顷	22534
	粮食播种面积	公顷	20882
	粮食作物总产量	万吨	11.83
	其中：小麦总产量	吨	791
	蔬菜面积	公顷	658.13
	蔬菜总产量	吨	31480
	水果总产量	吨	2137
	肉类总产量	吨	11923
	禽蛋总产量	吨	8099
	水产品产量	吨	163
	年末生猪存栏	头	96595

续表

项　　目		单　　位	2013 年末数据
农业经济	年末牛存栏	头	235
	年末羊存栏	只	59453
工业经济	规模以上工业总产值	万元	117216.7
	原　煤	万吨	116.18
	生　铁	吨	105032
	水力发电量	万千瓦时	353
	二硫化碳	吨	21528
	水　泥	万吨	69
	切削工具	万件	50.4
	氰化钠	吨	10259
	轻质碳酸钙	吨	12100
	铸管件	吨	40871
第三产业	社会消费品零售总额	万元	139682.3
	全社会固定资产投资额	亿元	29.98
财政	财政总收入	万元	42245
	公共财政预算收入	万元	17549
	公共财政预算支出	万元	129466
人民生活	城镇居民人均可支配收入	元	14237
	农村居民人均纯收入	元	6109
	在岗职工平均工资	元	33799
交通	公路通车里程	公里	1582.5
	高速公路	公里	44.3

续表

项目		单位	2013年末数据
交通	省道	公里	110
	县乡道	公里	840.7
	货运周转量	万吨	746
邮电	宽带用户	户	24723
	有线电话用户	户	35836
	移动电话用户	户	188386
教育	普通中学	所	17
	职业中学	所	1
	小学	所	127
	幼儿园	所	44
	民办学校	所	2
卫生	各级医疗卫生机构	所	474
	床位	张	652
	卫生专业技术人员	人	1429

大事记

大事记

1月

14日至16日，由省、市语委组成的三类城市语言文字工作评估团对县城市语言文字工作进行了评估验收。

29日至31日，县委、人大、政府、政协领导开展春节慰问活动。

2月

5日，全县党风廉政建设干部大会暨纪委十一届三次全会召开。会议回顾总结2012年工作，研究部署2013年党风廉政建设和反腐败工作。

25日，全县三级干部暨2012年度劳模大会隆重举行。大会全面回顾总结了2012年工作，表彰奖励了过去一年在各行各业、各条战线上涌现出来的529个先进集体和335名模范个人，安排部署了2013年全县经济社会发展各项工作。

3月

1日，全县“学党章、守纪律、转作风”专题教育月动员大会召开。会议动员和部署全县各乡镇各部门积极投入到集中教育活动中来，督促和引导全县广大党员干部真正做到心中有纪律、执行讲纪律、行为守纪律，切实解决在遵守和执行党纪党规等方面存在的突出问题，为推进转型跨越发展提供坚强的纪律保障。

14日，全县“3·7”森林火灾警示暨森林防火责任制落实大会召开。会议要求，要进一步贯彻落实好省、市有关精神，深刻汲取县“3·7”森林火灾事故教训，全面落实各项森林防火责任，切实做好近期全县森林防火工作，确保全县百万亩森林资源安全。

18日，“项目推进年”动员大会召开。会议传达了省、市项目推进年动员会议精神，动员和激励全县干部群众巩固和发展“项目落地年”建设成效，进一步掀起项目建设新高潮，为促进县域经济发展提供强力支撑。

25日，县委、人大、政府、政协领导到崇文镇南川村义务植树点，同县直各单位负责人一起挥锹铲土栽下松树，拉开2013年全县义务植树活动的序幕。

4月

10日，浙江温州如一服饰有限公司入驻本县，弥补了陵川县轻纺工业的欠缺。

17日至20日，县十五届人大三次会议、政协第八届陵川县委员会第三次会议隆重召开。来自全县各乡镇、各行各业的人大代表和政协委员齐聚县城，同献转型跨越之策，共商陵川发展大计。

22日，正值第44个“世界地球日”，山西陵川王莽岭国家地质公园揭碑开园，太行山国际旅游文化月同时启动，这是本县加大地质遗迹保护、打造陵川旅游品牌、提升旅游发展内涵的一个重要里程碑。

5月

2日，县纪念“五四”运动94周年大会隆重召开，并举办首届青年发展论坛。

8日，省委常委、组织部长汤涛深入本县夺火乡凤凰村访民生、知民情、解民事，并对基层党建工作进行调研。

上旬，农业部公布了50个全国农机合作社示范社，本县小召农机专业合作社名列其中。

上旬，本县被省政府命名为“山西省县级职教中心建设达标县”。

12日,是我国第五个“防灾减灾日”。本县举行了主题为“识别灾害风险,掌握减灾技能”的防灾减灾日宣传活动。

30日,团省委副书记任忠深入本县调研共青团工作。

30日,本县隆重庆祝“六一”国际儿童节。来自县城各幼儿园和小学的近3000名儿童欢聚一堂,欢庆自己的节日。

6月

4日,晋城市谷子机械化播种现场演示会在本县西河底镇西河村召开。

8日,是第八个全国“文化遗产日”。本县紧紧围绕“人人都是文化遗产的主人”这一主题,开展了形式多样的宣传活动。

13日,晋城市春季森林防火工作总结暨近期森林防火工作安排会议在本县召开。

中旬,第六届中国村镇银行发展论坛在河南郑州举行。陵川太行村镇银行综合业务发展跻身全国30强。

18日,本县隆重举行“最美乡村医生”颁奖典礼。本次活动共评出“最美乡村医生”12名,“最美乡村医生提名奖”15名。

24日,县委中心组召开会议,专题学习《中国共产党与民族复兴的中国梦》。

27日,本县纪念中国共产党成立92周年暨表彰大会隆重召开。会议热烈庆祝中国共产党成立92周年,表彰奖励全县各个领域、各条战线涌现出来的100个先进基层党组织、100名优秀共产党员和30名优秀党务工作者。

27日至30日,晋城市第五届运动会“佰润普杯”县(市、区)成人组篮球比赛在本县举行。

是年,高考成绩再创新高,首批二本B类以上达线人数346名,较2012年增加67名,增长24%。

7月

4日，晋城市委书记张九萍、市长刘润民带领全市重点工作观摩检查组对本县重点工程和重点项目推进情况进行了观摩检查。

9日，副省长王一新深入王莽岭景区，对本县旅游产业发展及景区建设进行调研指导。

10日至16日，本县第二届消夏文艺晚会在棋源广场隆重举行。

11日，晋城市政协主席师建平，市委常委、宣传部长张志仁，市委常委、晋城军分区政委郝崇福深入本县，对当前防汛工作进行实地调研。

16日，第二届中国（晋城）太行山国际文化旅游节开幕。翌日在棋源山庄举办“棋源寻宗”世界围棋发源地棋子山系列文化活动。

23日，陵川县十五届人大常委会第19次会议召开，决定胡晓刚同志为陵川县人民政府代理县长。

26日，县委、人大、政府、政协领导开展“八一”慰问活动，亲切看望慰问了驻陵人武消防官兵、武警指战员以及退伍军人和企业军转干部。

8月

4日至10日，县盲人曲艺宣传队在第八届全国残疾人艺术会演中，器乐合奏《美丽家园》获一等奖、戏剧小品《退钱》获二等奖。

8日，晋城市平安景区建设现场会在本县王莽岭景区召开。

8日，本县在县体育活动中心举行“全民健身日暨全民健康生活方式行动日”活动启动仪式。

12日至13日，县委、人大、政府、政协领导带领部分县直相关职能部门负责人、各乡镇党委书记深入12个乡镇对全县1至7月重点工程项目和“十件实事”进展情况进行实地观摩检查。

15日，本县开展2013年度“依法行政宣传月”活动。本次活动的主题为

“全面推进依法行政进程，服务绿色崛起多元发展”。

18日至20日，县盲人曲艺宣传队创作的钢板鼓书《退钱》荣获第十届中国艺术节“群星奖”。

20日，陵川县再生资源行业协会正式成立。

23日，7家省级媒体记者组成的三晋环保行记者团深入本县采访。

29日，晋城市廉洁乡村、制度乡村建设现场会在本县召开。

9月

10日，本县庆祝“第29个教师节暨最美乡村教师”表彰大会召开，为15名“最美乡村教师”和7名“最美乡村教师提名奖”获得者进行了颁奖。

16日至17日，国家林业局专家组考察本县棋子山森林公园。

18日，本县公开招聘15名乡镇专职民政工作人员。

10月

10日至31日，本县开展2013年“敬老月”活动，活动的主题是：贯彻“老年法”，造福老年人。

1日至7日，本县旅游接待游客55.25万人次，同比增长64.9%；门票收入1032.4万元，同比增长21%；旅游总收入6300万元，同比增长18%。

9日，陵川县召开百企千村产业扶贫开发工作汇报会。

11日，县委中心组召开会议，专题学习习近平总书记在河北省阜平县考察扶贫工作时的重要讲话精神和市委书记张九萍在学习习近平总书记重要讲话专题培训班上的讲话精神。

11日，山西百孚百富生物能源开发有限公司，年处理5万吨农作物秸秆综合利用暨农业种养一体化项目开工仪式在本县西河底镇隆重举行。

13日，太行山（晋城）金秋红叶节在凤凰欢乐谷景区隆重开幕。

15日，国家林业局防火办指挥协调处处长阎厚率队督察本县森林防火工作。

21日，副省长郭迎光在晋城市调研并宣布陵川县磨河水库正式开工建设。

31日，县委、人大、政府、政协领导深入磨河水库工程施工现场，就工程进展情况进行调研。

31日，总投资9214万元的县城黄围东街、总投资2224万元的棋山路、总投资1200万元的鸿雁街竣工通车。工程建设的全面完成对构建城市交通网络、缓解县城交通压力、拉大县城建设框架起到了十分重要的作用。

11月

7日，晋城市举行庆祝"第十四个记者节暨晋城最美新闻人"颁奖活动。陵川报社赵振国入选"晋城最美新闻人"，晋城市劳动竞赛委员会为其记个人一等功。

9日至12日，中国共产党第十八届中央委员会第三次全体会议在北京举行。全县上下迅速掀起了学习贯彻党的十八届三中全会精神热潮。

15日，县委中心组集中学习党的十八届三中全会精神。

29日，全省森林抚育管理与技术培训在本县开班。

12月

4日，本县举行2013年"全民终身学习活动周"启动仪式。活动周以"学习装点生活，学习成就梦想"为主题，时间从12月10日至25日。

8日，共青团陵川县委在太原市小店区山西华瀚传媒有限公司成立了共青团陵川县委驻太原市团工委。

中旬，由县委组织部电教室制作的党员电教片《安凤姨姨》荣获全国党员教育电视片观摩交流活动典型事迹片类别三等奖。

16日，晋城市委十八届三中全会宣讲团在本县宣讲。

本县组织宣讲团奔赴广大农村、机关、企业和学校，开展党的十八届三中全会精神宣讲活动。

23 日，陵川县农村（社区）“领头雁”学习贯彻党的十八届三中全会精神培训班开班。

26 日，本县 200 户家庭购到限价商品房。

是年，陵川一中首获 2014 年清华大学、上海交通大学、中国科学技术大学、西安交通大学、南京大学、浙江大学六所全国重点高校自主招生推荐名额 3 名。

文献

政府工作报告

——2014年2月19日在陵川县第十五届
人民代表大会第四次会议上

代县长　胡晓刚

各位代表：

现在，我代表县人民政府向大会报告工作，请予审议，并请县政协各位委员和列席人员提出意见。

2013年工作回顾

过去的一年，在中共陵川县委的正确领导下，在县人大及其常委会和县政协的监督支持下，县政府团结带领全县人民，认真贯彻落实党的十八大、十八届三中全会精神，紧紧围绕“中原地区最具影响的生态休闲旅游健康度假中心”建设目标，坚定不移地走“绿色崛起、多元发展”之路，全县经济持续健康发展，社会保持和谐稳定，人民生活水平不断提高。2013年，全县地区生产总值完成32.3亿元，增长8%；全社会固定资产投资完成30亿元，增长31.2%；社会消费品零售总额完成14亿元，增长13.4%；城镇居民人均可支配收入达到14237元，增长9.7%；农民人均纯收入达到6109元，增长12.7%；财政总收入完成4.2亿元，公共财政预算收入完成1.8亿元，增长15.7%。县十五届人大三次会议确定的各项目标基本实现。

——积极应对下行压力，经济发展稳中有进。坚持稳增长、调结构、促转型工作主线不动摇，认真落实中央宏观调控政策和省、市一系列决策部署，结合我县实际，制定出台了2013—2015年全县转型综改试验实施方案和

2013年行动计划。全力推进项目建设，实施各类重点工程项目67项，完成投资25.2亿元。加大招商引资力度，签约项目38个，到位资金18.04亿元。鼓励和支持全民创业，全年新增企业和个体工商户1000余户。实施积极的金融、财政扶持政策，为企业提供金融贷款5.4亿元，减免、退税600余万元。深入开展“抓管理、提质量、增效益”活动，企业管理水平不断提高，质量效益显著提升，骏通铸管公司的“骏通”牌、工具公司的“工”牌、古陵山食品公司的“古陵山”牌3个商标荣获“山西省著名商标”称号，有力地促进了经济社会平稳运行，县域经济综合实力在应对挑战中不断增强。

——坚持绿色生态理念，产业转型步伐加快。坚持以“绿色崛起、多元发展”为统领，大力改造传统产业，关岭山煤业正式投产，司家河煤业进入联合试运转，南营河等4家煤矿正在加紧建设。加快发展非煤和新兴产业，宝贵石艺、行源化工等一批项目顺利推进，鸿恺服饰、德通电子等一批项目建成投产，工业新型化步伐不断加快。积极发展特色农业，在稳定粮食生产的基础上，实施“三河一岭”中药材片区开发，推进正嘉原种猪、鸿生商品猪、亨远蛋鸡、偏桥底肉鸡和适度规模养殖园区建设，加快食用菌大棚立体栽培改造，扩大旱地蔬菜、设施蔬菜建设规模，特色农业提升到一个新水平。开工建设了佰润普物流园区、喜禾金小米加工、参洋党参初加工、百孚百富生物能源、昶烨生猪屠宰等一批农业新型项目，完成了珍菇坪工厂化食用菌生产项目，鸿生生物、古陵山食品、马圪当农业开发公司3家企业进入省级重点龙头企业榜单，农业产业化程度不断提升。围绕旅游产业化发展方向，坚持以战略性、全局性、开放性视野谋划旅游，加快“三区两园”创建工作，王莽岭国家地质公园揭碑开园，棋子山森林公园成功申报国家森林公园，王莽岭成功申报省级风景名胜区，凤凰欢乐谷成功申报省级休闲旅游度假区，“太行山公园”商标通过国家工商总局初审，陵川旅游的知名度和影响力进一步扩大。全年接待游客275万人次，门票收入4750万元，旅游总收入突破6亿元，产业发展取得新成效。

——突出基础设施建设，城乡环境不断优化。坚持以改善人居环境和建设美丽陵川为抓手，持续加强基础设施和生态环境建设。磨河水库开工建设。赵马线棋源山庄至古郊段竣工通车。高陵高速沿线可视荒山绿化和环县城绿化成效明显，为生态陵川建设增添了一道亮丽风景线。县城黄围东街、棋山路新建和鸿雁街翻修改造如期完成，城南新区开发显现雏形，城市框架不断拉大。县城集中供热新增供热面积32万平方米，覆盖70%以上的居民户，集中供气新增用户1500户，覆盖60%以上居民用户，城市功能不断完善。集中实施了一批小城镇建设工程，集镇辐射带动作用得到增强，崇文、礼义、附城列入全国重点镇建设名单。在巩固全省两轮“五个全覆盖”成果的基础上，加快农村饮水安全改造，新解决1万人的饮水安全。加速秸秆转化利用和农村清洁能源开发，推广秸秆生物质燃料锅炉1000台。深入开展农村环境整治，完成无害化厕所改造1万座，为330个村配备了垃圾清运车，行政村路灯亮化实现全覆盖，城乡一体化发展迈出新步伐。

——着力保障改善民生，群众福祉日益提升。坚持把保障和改善民生作为公共财政的优先方向，全年用于民生的支出占到总支出的89%。实施了教师周转宿舍、乡镇中心幼儿园等4项教育重点工程，狠抓了教师队伍建设和教育教学质量提升，高考成绩连续6年稳步提升。改扩建乡镇卫生院3所，基层群众就医条件明显改善。稳步提高新型农村合作医疗标准，参合率达到98.91%，超过全市平均水平。不断提高社保水平，城乡低保、新农保基础养老金、企业离退休人员养老金再次提标，各类社会保险参保人数达到23.5万人。扎实推进就业工作，完成了创业孵化基地一期工程主体建设，全年新增城镇就业岗位2640个，转移输出富余劳动力10238人。持续加大扶贫攻坚力度，完成移民搬迁1500人，启动了百企千村产业扶贫开发工程。高度重视困难群众生活，200套限价商品房公开配售，108套廉租房配租到位，新改造农村危房550户。群众性文体活动蓬勃开展，成功举办了第二届消夏晚会，县盲人曲艺队创作的钢板鼓书《退钱》荣获第十届中国艺术节大赛“群星奖”，我县的舞龙舞狮表演荣获国家体育总局“全国民族传统文化推广奖”。加强社会公德教育，开展了“最美乡村教师”“最美乡村医生”评选活动，丁端阳荣登“中国好人榜”，秦同和荣膺央视“2013年度三农人物”，弘扬了社会正能量，激发了全县干部群众干事创业热情。扎实开展安全生产专项整治，加

强社会治安综合治理，推进平安陵川建设，群众安全感、满意度不断提升。

——强化政府自身建设，行政效能明显提高。坚持把加强政府自身建设作为提高工作效能的重要举措，自觉接受县人大及其常委会的法律监督、工作监督和县政协的民主监督，主动接受社会监督，广泛听取各界意见建议，全年共办理人大代表建议164件、政协委员提案90件。大力推行重点项目“六位一体”推进机制和“四位一体”服务机制，部门工作和服务效能明显提升。深入开展行政审批“两集中、两到位”改革，全年清理、精简审批事项22项，审批效率明显提高。着力加强公共资金管理，集中财力办大事，在全国县级政府财政支出绩效评价中，我县位列全省第一，全国排名第31位。扎实开展“六五”普法，行政执法责任制全面推行。严格执行中央“八项规定”，文风会风明显转变。深入开展“三联一住”活动，干部作风明显改进。认真落实党风廉政建设责任制，强化了重点领域、关键环节的行政监察和审计监督，干部队伍风清气正。2013年，我县荣获全省政风行风评议先进县荣誉称号。

各位代表，回首过去的一年，我们主动应对经济下行的巨大压力，团结一心，奋力拼搏，取得了来之不易的成绩。一年来，我们立足丰富的生态资源优势，坚持以科学发展观统揽全局，坚定不移地走“绿色崛起、多元发展”之路，找准了陵川持续发展、跨越发展的科学路径；一年来，我们集中力量办大事，实施了一批事关全县发展大局、事关群众生产生活的重点工程项目，为陵川全面建成小康社会奠定了良好基础；一年来，我们严格执行中央“八项规定”，大力转变工作作风，全县广大干部职工呈现出清白做人、廉洁干事、团结协作、锐意进取的良好风貌。这些成绩的取得，是县委正确领导的结果，是县人大、县政协大力监督支持的结果，是全县广大干部群众共同努力的结果。在此，我代表县人民政府，向给予政府工作大力支持的各位人大代表、政协委员，向全县25万人民，向所有关心和支持我县发展的各级领导和各界朋友，致以最崇高的敬意和衷心的感谢！

在充分肯定成绩的同时，我们也清醒地看到，全县经济社会发展还存在诸多困难与问题，政府工作与人民群众的期盼还有较大差距。主要表现在：支撑县域经济发展的大项目、好项目还不多，加快发展的任务依然艰巨；传统产业层次低，优势产业不突出，产业转型压力依然很大；县域经济总量偏小，保民生、保稳定、促和谐的任务依然繁重；领导干部思想还不够解放，一些制约城乡统筹发展的体制机制障碍依然存在。对此，我们将不回避、不畏难，以勇于负责、敢于担当的精神，采取切实有效的措施，认真加以解决。

2014 年工作目标和任务

各位代表，2014 年是贯彻落实党的十八届三中全会精神、全面深化改革的开局之年，也是实现“十二五”规划目标的关键一年。做好今年的工作，需要我们深刻把握经济社会发展面临的大背景、大趋势，找准经济社会发展的切入点、侧重点，既要保持目标措施制定的连续性、稳定性，又要增强稳增长、调结构、促转型的主动性、紧迫性，努力实现经济发展增长速度与质量效益相统一，改革发展与和谐稳定相统一。

2014 年政府工作的总体要求是：深入贯彻落实党的十八届三中全会和中央、省、市经济工作会议精神，以县委十一届七次全会精神为指导，围绕“中原地区最具影响的生态休闲旅游健康度假中心”建设目标，坚持稳中求进、改革创新的总基调，坚定不移地走“绿色崛起、多元发展”之路，解放思想，深化改革，锐意进取，真抓实干，加快推进工业新型化、农业特色化、旅游产业化、城乡一体化、民生普惠化，促进全县经济持续健康发展，社会和谐稳定。

综合考虑各方面的因素，2014 年全县经济社会发展的主要预期目标是：地区生产总值增长 9%，规模以上工业增加值增长 10%，全社会固定资产投资增长 25%，社会消费品零售总额增长 13.5%，财政总收入和公共财政预算收入分别增长 10%，城镇居民人均可支配收入增长 11%，农民人均纯收入增长 11%以上，粮食总产量保持在 1 亿千克左右，人口自然增长率控制在 5‰以内。约束性指标是：万元地区生产总值综合能耗、水耗，全县二氧化硫、化学需氧量、PM2.5 等污染物排放总量分别控制在省市要求指标之内。

按照上述总体要求和预期目标，2014 年政府工作的基本思路是：紧紧围绕“一城、两区”大格局，突出抓好五项重点工作，扎实办好十件实事，强化五项保障措施。

一、“一城、两区”大格局

“一城”就是县城。县城是一个地方政治、经济、文化中心，在全县经济社会发展大格局中举足轻重。以县城为龙头推进城镇化，是推动区域协调发展的有力支撑。要坚持规划、建设、管理“三位一体”，自觉维护城乡建设规划的引领性、权威性，严格按照规划建设，实施科学管理，一任接着一任干，不贪大求全，不好高骛远，一张蓝图绘到底。要加快完善县城基础设施，提升城市品位，在城市管理上凸显陵川特色。要统筹推进县城、建制镇、中心村一体发展，在重点建好“大县城”主阵地的同时，有序铺开建制镇、中心村建设，逐步形成“以县城为核心，建制镇为骨干，中心村为基础”的特色城镇化新体系，努力建设生产空间集约高效、生活空间宜居适度、生态空间山清水秀的美丽县城、美丽乡村。

“两区”指东部生态旅游区、西部新型工业园区。建设东部生态旅游区是我县资源禀赋的客观要求，是实现“绿色崛起”的希望所在。要坚持开发保护并重、保护优先的原则，始终把森林资源保护、生态植被修复放在首要位置，引进项目不能破坏资源，发展产业不能急功近利。按照“大旅游、大产业、大市场”的开发思路，手笔要大，脚步要稳，扎实做好全县大旅游发展的基础工作。建设西部新型工业园区是破解招商引资难题的现实要求，是工业经济转型跨越、集约发展的根本保障。要利用有限的发展空间，对全县工业经济作进一步优化布局。集中力量，率先建设礼义新型工业园区，遵循“高端规划、分步实施、铸造起步”的原则，力争园区“三通一平”、土地储备、产业规划、体制机制等工作有突破性进展，为加大招商引资、落实项目落地搭建平台。

各位代表，“一城、两区”大格局，是加速县域特色城镇化的重要载体，是优化全县产业空间布局的现实需求，是实现“绿色崛起、多元发展”的重要举措。我们要紧紧围绕“一城、两区”大格局，坚定信心，全力以赴，努力开创全县经济社会发展的新局面。

二、抓好五项重点工作

（一）以转型升级、技术创新、提高效益为重点，推进工业新型化

加快产业转型升级。煤炭产业要加大标准化矿井建设力度，苏村煤业、关岭山煤业正常生产，司家河煤业7月投产运行，南营河煤业12月联合试运转，今年全县煤炭产量要达到180万吨以上。加快非煤传统产业改造升级，重点抓好骏通铸管、金烽工贸、行源化工、宝贵石艺、凯旋石材等一批重大项目建设，促进冶铸、化工、建材等产业做大做强。加快新兴产业发展壮大，德通电子1000万根LED极细同轴线年内达产达效。立足我县资源禀赋和产业基础，更加重视石灰岩、白云岩两大石头资源的开发利用，内联外引，延伸链条，推进产业转型升级。

加强企业技术创新。加快科技创新平台建设，鼓励企业积极争创省级市级企业技术中心、技术创新示范企业和著名商标，推动企业从产品竞争、价格竞争向质量竞争、品牌竞争转变。切实加大节能减排力度，严格环境准入，下决心淘汰能耗过高、产能过剩、污染严重的企业项目。突出抓好重点耗能企业的节能工作，实施金隅水泥富氧燃烧、鸿生化工工艺尾气回收等节能项目，发展循环经济，努力提高资源综合利用水平。

提升企业质量效益。继续在全县工商企业深入开展“抓管理、提质量、增效益”活动，鼓励和支持企业推行现代企业管理模式，提高经营水平，增强发展后劲。大力支持中小企业等实体经济发展，积极培育和发展成长性好、竞争力强、技术优势明显、发展潜力大的中小企业，促进中小企业上档升级。认真贯彻执行财税改革政策，稳定基础税源，涵养支柱税源，培育新兴税源，推进税收征管科学化、信息化、制度化，努力挖掘税收增收潜力。

各位代表，工业经济在我县经济发展中仍然占据主导地位。我们要坚持工业强县理念不动摇，稳基础促转型，抓管理提质量，努力提升工业产品的附加值和竞争力，为县域经济发展提供坚实支撑。

（二）以壮大规模、做特做精、增加收入为重点，推进农业特色化

持续推进特色农业基地建设。严守耕地红线，大力实施粮食丰产工程，确保全县粮食总产量稳定在1亿千克左右。坚持特色农业产业发展不动摇，新发展大田和设施蔬菜1万亩，优质谷子基地1万亩，干鲜果5000亩，全县特色种植面积保持在11万亩。继续加快规模养殖园区建设，正嘉原种猪、鸿生商品猪、偏桥底肉鸡投产运营，开工建设正嘉两个5万头商品猪和亨远30万只蛋鸡项目二期工程，全县畜禽饲养总量突破300万头（只）。深入推进"一县一业"基地县建设，实施新一轮"三河三岭"中药材片区开发（古郊河、廖东河、门河、槐树岭、冶南岭、梁泉岭），积极扶持百亩以上中药材专业合作社发展，全县中药材种植面积达到32万亩。加速食用菌大棚立体化改造和利用，发展一批规范化食用菌栽培园区，进一步提升食用菌产业的规模、质量和效益，全县食用菌大棚达到900栋。

大力培育新型农业经营主体。按照集约化、专业化、组织化、社会化发展方向，完成昶烨生猪屠宰、珍菇坪食用菌二期、喜禾金小米加工、摩根汇丰中药材深加工、太行中药材植物提取项目建设，年内投入试运行。开工建设辽宁御颜堂保健品开发、甘肃百草堂中药材加工项目，加快推进佰润普物流园区建设，完成百孚百富生物能源开发利用项目主体，进一步壮大龙头企业规模和实力。抓好农民专业合作社规范发展，培树100个带动力强、辐射力强、引领力强的合作社。积极推进农村土地有序流转，促进农业适度规模经营，引导和扶持家庭农场发展，培育一批专业种养大户。通过培育各类新型经营主体，不断富裕农民、提高农民、扶持农民，实现农业增效、农民增收。

扎实开展贫困农村扶贫攻坚。按照全省"两大行动计划"的总体部署，认真组织实施百企千村产业扶贫开发工程，加快项目落地，利用企业的资金、技术、人才优势，建设一批辐射面广、带动力强的好项目。进一步整合扶贫资源，改进扶贫方式，实施好片区开发和整村推进项目，带动贫困农村区域化、规模化开发。依托产业扶贫开发，启动千村万人就业培训行动计划，用5年时间，每年集中解决1500人就业，让困难群众不离乡不离土就能稳

定就业。持续推进易地扶贫搬迁,按照“集中安置、合并安置、投亲安置”的办法,新改扩建一批移民新村,完成移民搬迁1500人,为贫困群众脱贫提供有力保障。

各位代表,“三农”工作始终是我县各项工作的重中之重。“三农”不稳,天下难“安”,“老乡”不富,小康难“全”。我们要不折不扣落实各项强农惠农富农政策,突出特色,注重实效,让农业经营有效益,让农民生活有奔头。

(三)以整合资源、激活机制、拓展市场为重点,推进旅游产业化

谋划生态旅游大产业。按照“统一规划、统一开发、统一管理、统一经营、统一品牌”的工作思路,加快组建旅游管理委员会,理顺旅游管理体制,激活旅游经营机制。启动资源整合重组,组建太行山旅游发展集团公司,探索建立景区通票套票新体系,努力实现“一个公司经营、一个品牌对外、一张门票通行”的管理运营模式。要跳出旅游抓旅游,在大力发展观光旅游、生态旅游的同时,将旅游开发与特色农业发展、新农村建设、文化建设、城镇化建设相结合,整体谋划,联动推进,增强县域经济发展的综合竞争力。

营造旅游开发大环境。开工建设高陵高速古郊互通,完成南太行旅游循环公路凤凰村至古石大坝、古石至马武寨建设的前期工作,加快东部景区景点之间的畅通畅游。继续加大投资力度,完善景区景点基础设施,加快太行山(国际围棋文化)旅游产业园建设进度,提升现有景区景点档次,提高旅游服务接待能力。大力开发淡季旅游项目,延伸旅游产业链条,加强旅游开发管理,规范引导“农家乐”发展,培育新的旅游消费热点。全面营造旅游服务环境,在全县各行各业注入旅游元素,形成“全域旅游、全民兴旅”的浓厚氛围。

拓展旅游促销大市场。采取“政府主导、企业参与、市场运作”的宣传促销模式,借助中原经济区城市旅游联盟平台,加强与晋豫两省目标市场的交流合作,实现资源共享、市场共建、信息互通、客源互送。以“太行山公园”为品牌统领,以王莽岭国家地质公园、棋子山国家森林公园为名片,办好“金秋红叶节”“王莽岭休闲避暑节”等系列节庆活动,丰富旅游内涵,凝聚旅游人气,拉动旅游消费。充分利用专业会展平台,全面推介“生态休闲旅游健康度假”项目,集中开展旅游宣传促销,打造陵川旅游品牌新形象。

2014年，完成接待游客300万人次，旅游门票收入达到6000万元，旅游总收入突破7亿元。

各位代表，旅游产业是拉动经济发展的朝阳产业。我们要紧紧围绕“中原地区最具影响的生态休闲旅游健康度假中心”建设目标，着力破解体制机制障碍，加快旅游产业化发展步伐。

（四）以完善功能、提升品位、规范管理为重点，推进城乡一体化

倾力打造美丽县城。认真落实县城发展总体规划，高标准完成城南新区和旧城改造控制性详规，严格执行城乡建设用地、房地产开发管理规定。加快推进县城扩容提质，开工建设状元路和回龙街，完成希望路建设和鸿雁街延伸改造工程。用两年时间，对县城内具备条件的主巷道全面硬化、亮化、绿化、美化。实施城南电力线路迁改，为县城建设腾出发展空间。继续推进县城集中供热、供气工程，新建一座热源厂和两座换热站，新增供热面积20万平方米，新增用气户1500户。稳步推进城中村改造，实施洪河棚户区改造项目。新建城南全民健身公共体育场，为广大群众提供休闲娱乐的公共场所。加强县城公共管理，理顺环卫清扫保洁机制，抓好生活垃圾处理场、污水处理厂投运工作，切实解决社区环境脏乱差问题。重点整治乱停乱放、乱搭乱建、占道经营等行为，切实解决道路不畅、秩序混乱问题。强化社区的管理服务职能，规范小区物业管理，有效解决住宅小区管理混乱问题。精心打造街道、巷道、小区、公园、广场等城市绿化景观，积极创建省级园林县城。

统筹建设美丽乡村。以崇文镇之外的6个建制镇为骨干，加大城镇新居建设力度，有序推进配套设施建设，发展特色镇域产业，带动周边乡村人口向中心镇集聚。组织实施以农村基础设施和公共服务为重点的完善提质工程，以垃圾污水治理为重点的环境整治工程，重点抓好武家湾、凤凰、锡崖沟3个村的垃圾污水收集处理系统建设，建立健全农村环境保洁长效机制。整合资源，统筹资金，有效破解“空心村”难题，积极推行拆旧建新，尽可能在原有村庄形态上改善群众生活居住条件。大力提升全民整体素质，倡导文明新风，建设和谐家园。

持续改善基础设施。加强“两库两河”建设，磨河水库完成枢纽大坝基础和上坝道路建设；台北水库完成前期准备，力争开工建设；实施白洋泉河县城段、茶棚河沟道治理。完成桑家坪、石景山等8座水库应急除险加固，实施城西供水改造工程，提升水利保障能力。实施杨寨河至礼义、石字岭至营里、玉泉至焦会等公路干线改造工程，做好郝庄互通连接线前期筹备工作，提高城乡道路通达能力。推进农网改造升级，开工建设棋源110千伏变电站增容工程，加强城乡安全用电保障。新建通信基站40座，扩大3G网络覆盖，推进4G网络建设，满足人们数字化生活需求。继续推进高陵高速公路沿线可视荒山绿化和环县城绿化，完成潞城山、石头山两座万亩荒山绿化，启动棋子山火烧迹地生态植被恢复，高标准完成赵马线大路沟至古郊段和县城西溪段通道绿化。继续做好生态乡镇创建工作，新创建1个生态乡镇和3个生态村，积极争创省级林业生态县。

各位代表，城乡统筹发展是全面建成小康社会的重要抓手。我们要紧紧抓住城镇化建设的战略机遇，以新的视野、新的理念、新的举措，加快美丽县城、美丽乡村建设步伐，努力使我们的家园道路更畅通、水源更充足、环境更整洁、生态更优美。

(五)以守住底线、突出民生、和谐稳定为重点，推进民生普惠化

优先发展教育事业。坚持以立德树人为根本，狠抓教育教学中心工作，加强师资队伍建设，深化课堂教学改革，全县教育教学质量明显提升。围绕硬件设施改善，不断加大教育投入，完成陵川一中、三中操场建设任务，新建礼义、平城等4所学校教师周转宿舍楼，推进学校义务教育标准化建设。重视学前教育，建成城西、城东、仕图苑3所幼儿园，实现乡镇中心幼儿园全覆盖。统筹推进职业教育、成人教育等各类教育均衡优质发展，培养技能型适用人才，努力办好人民满意的教育。

加快发展文化体育事业。加强农村、乡镇、社区等公共文化基础设施建设，重点抓好特色文化村镇、公益性大舞台、村镇阅报栏、数字电视升级改造等建设项目。继续实施文化惠民工程，组织文艺下乡演出400场、放映公益电影4500场，培训乡土文化人才100名，配送文体活动音响100套。认真贯

彻全民健身条例,组织开展丰富多彩的文化体育活动。加强文物保护工作,做好国保文物单位本体维修和环境整治。加强非物质文化遗产的挖掘、传承和保护,努力提升区域文化的影响力和感染力。

大力发展医疗卫生事业。加快推进中医院迁建项目,年内完成门诊楼主体建设。认真抓好2个乡镇卫生院病房楼改扩建和11个乡镇卫生院周转房建设,年内投入使用。巩固基层综合医改成果,大力推进县级公立医院综合改革,建立健全现代医院管理制度,加强医疗卫生人才队伍建设和医德医风建设,招聘补充一批医疗人才,提高服务能力和水平。强化疾病防控、妇幼保健、卫生监督工作,促进基本公共卫生服务均等化。做好人口计生工作,促进人口长期均衡发展。

不断提高社会保障能力。加大国家级创业型城市创建力度,坚持创业带动就业, 开工建设省级创业孵化基地二期工程, 全年新增城镇就业岗位2000个,转移输出富余劳动力10000人,全县城镇失业登记率控制在3%以内。继续实施保障性住房建设工程,让更多困难群众实现“住有所居”目标。积极稳妥推进城乡低保新政策落实,全面加强城乡社会养老服务体系建设,完成福利中心搬迁,推进西河底、潞城中心敬老院建设,建成30个农村社区老年人日间照料中心,力争到2015年,全县千人以上村老年人日间照料中心全覆盖。大力发展社会福利和慈善事业,进一步扩大困难群体保障救助覆盖面,建立健全广覆盖、保基本、兜底线、多层次的社会保障体系。

切实抓好安全稳定工作。牢固树立安全发展理念,严格落实安全监管责任,以开展“安全生产基础巩固年”活动为载体,建立健全各项规章制度,完善安全生产长效机制,深化安全专项整治,突出抓好煤矿、非煤矿山、道路交通、危险化学品、森林防火、食品药品、公众聚集场所等重点领域和关键部位的安全监管,消除各类事故隐患,坚决防止重大事故发生。以“平安陵川、法治陵川”建设为主线,强化社会治安综合治理,增强人民群众的安全感。切实抓好应急管理体系建设,加强应急演练和物资储备,提高突发事件的应急处置能力和水平。强化基层民主法制建设,扎实做好第十届村民委员会换届选举工作。高度重视信访稳定工作,规范信访秩序,努力把各种矛盾纠纷化解在基层,为转型跨越发展营造平安稳定的社会环境。

各位代表,社会建设与人民幸福安康息息相关。我们要以保障和改善民生为重点,切实加强社会治理,认真解决好群众最关心最直接最现实的利益问题,不断提升人民群众的幸福感,提高社会的和谐度。

三、办好十件实事

各位代表,建设美丽陵川、实现绿色崛起是全县人民的共同梦想,让改革发展成果更多地惠及全县人民,是党和政府义不容辞的责任和义务。今年在全面完成各项目标任务的基础上,我们还要回应人民群众的关切,着力办好以下十件实事:一是加快推进磨河水库建设,2015 年底投入运行。二是开工建设高陵高速古郊互通,2015 年建成通车。三是实施县城巷道硬化工程,用两年时间让大街小巷硬化、亮化、绿化、美化。四是拓展改造县城主要干道,全面完成希望路建设和鸿雁街延伸改造,开工建设状元路和回龙街。五是推进城乡生态绿化,完成环县城绿化 1620 亩,荒山绿化 2 万亩,通道绿化 12 公里。六是继续实施农村清洁工程,健全完善长效管理机制。七是新建城南全民健身公共体育场,完成标准化田径场土建工程。八是迁建陵川中医院,完成门诊楼主体建设。九是改造陵川一中操场,建成塑胶跑道、人工草坪、单侧看台。十是继续实施保障性住房建设,建成廉租住房 96 套、限价商品住房 244 套、林区棚户区改造住房 156 套,改造农村危房 500 户。

四、强化五项措施

各位代表,空谈误国,实干兴邦;一分部署,九分落实。全面完成今年的各项工作目标,加快全县转型跨越步伐,必须采取更加行之有效的措施。县政府和政府工作部门要以只争朝夕、一抓到底、立说立行的作风,发扬“钉钉子”精神,狠抓工作落实。

一要深化改革,汇聚发展动力。充分发挥山西综改试验区、中原经济区两个国家战略叠加政策优势,全力推进我县转型综改试验实施方案和 2014 年行动计划,真正在稳增长、调结构、促转型上取得实质性成果。进一步深化重点领域改革,大力推进城乡建设用地增减挂钩、矿业存量土地整合利用、

工矿废弃地复垦利用新机制，探索建立土地储备预征制度，满足项目建设用地需求。深化行政审批制度改革，最大限度简政放权。深化预算管理制度改革，最大限度提高财政资金利用效率，集中力量办大事、办实事。加快金融改革创新，推进投融资平台体系建设，拓宽融资渠道，加强银企对接，支持县域经济发展。

二要扩大开放，大力招商引资。坚定不移地推进招商引资项目建设，严格执行“六位一体”推进机制，认真落实项目推进倒逼机制，以目标倒逼任务，以时间倒逼进度，确保“目标任务、形象进度、推进主体”三明确三落实。完善招商引资优惠政策，创新招商引资工作方式，组建招商工作领导组和行业招商工作组，分行业、分区域、有重点地开展小分队招商。以园区为载体，产业链条延伸为重点，以企招商、以商引商，切实加强招商引资的针对性和实效性。进一步扩大开放，加大招商引资宣传推介力度，让外界更为广泛地了解陵川，选择陵川。

三要转变作风，强化服务理念。认真开展党的群众路线教育实践活动，大力弘扬求真务实作风，更多地深入基层，深入一线，尽心竭力办实事解难题。严格执行中央“八项规定”和省、市、县出台的一系列制度办法，加大“四风”整治力度，切实解决门难进、脸难看、话难听、事难办等问题。要以身作则做表率，从自身做起，从小事做起，一旦确定的事，雷厉风行，一以贯之，一抓到底。要敢于担当，主动担当，善于担当，切实肩负起加快发展的责任、社会管理的责任和改善民生的责任。

四要加强督察，有序有力推进。要把全部心思用在谋发展、干事业上，全部精力用在抓落实、促发展上，制定全年工作的“时间表”、“路径图”，强化措施，倒排工期，分解责任，对确定的目标、制定的政策、部署的工作，立说立行，付诸实施。要进一步完善目标责任体系、监督检查体系和考核奖惩体系，做到事情有人做，督察有人管，责任有人担。特别是对一些重点工作、重大项目，要一月一督察，一季一通报，半年一小结，确保各项工作落到实处、收到实效。

五要依法行政，勤政廉政为民。自觉接受人大及其常委会的监督，主动接受政协的民主监督，广泛听取社会各界人士意见。完善科学民主决策机制，增强公共政策制定的透明度和公众参与度。全面落实党风廉政建设责任制，严格执行廉洁从政各项规定，将廉政建设的要求贯穿于各项工作全过程。加强节约型机关建设，厉行勤俭节约，反对铺张浪费，严控“三公”经费，降低行政成本。以为民、务实、清廉的形象取信于民，行使好人民赋予的权力，不负人民重托。

各位代表，全面建成小康社会的美好前景鼓舞着我们，全县人民过上美好生活的热切期盼激励着我们。让我们在中共陵川县委的坚强领导下，紧紧依靠全县人民，全面贯彻落实党的十八届三中全会精神，进一步解放思想，深化改革，锐意进取，真抓实干，全力推进县域经济社会转型跨越发展，为陵川全面建成小康社会而努力奋斗！

LINGCHUANNIANJIAN

中共陵川县委工作

县委工作综述

【深入学习贯彻落实党的十八届三中全会精神】

党的十八届三中全会召开之后，全县广大党员干部通过认真学习和深刻领会大会精神，进一步统一了思想、凝聚了力量、激发了干劲。多措并举全面部署，发出关于深入学习宣传全会精神的《通知》，组织专题宣讲辅导报告会，组建县委宣讲团深入基层单位进行宣讲，充分利用广播、电视、报纸、互联网等新闻媒体，深入学习和广泛宣传党的十八届三中全会精神，使三中全会精神家喻户晓、深入人心。精心组织学习培训，紧密结合陵川实际，采取领导干部下乡讲学、陵川大讲堂专家教授讲座、全县领导干部座谈等形式，多角度对三中全会提出的新观点、新理论、新举措进行宣讲交流，使广大党员干部在理论上有了新认识、新提高，实践上有了新思路、新方法。组织策划交流座谈，把学习贯彻落实全会精神与推进陵川转型跨越发展紧密结合起来，组织召开了以"贯彻落实党的十八届三中全会精神促进县域经济发展"为主题的县委、人大、政府、政协领导座谈会，达到了学习贯彻和吸纳意见建议的目的。

【坚持调结构促转型，增强了发展后劲】

2013 年，全县地区生产总值完成 32.3 亿元，增长 8%；全社会固定资产投资完成 30 亿元，增长 31%；社会消费品零售总额完成 14 亿元，增长 13.4%；城镇居民人均可支配收入达到 14237 元，增长 9.7%；农民人均纯收入达到 6109 元，增长 12.7%；财政总收入完成 4.2 亿元，公共财政预算收入完成 1.8 亿元，增长 15.7%。

项目建设扎实推进。把项目建设作为稳增长、调结构、促转型的重要支撑，狠抓项目建设"六位一体"工作，建立了一月一督察、一月一通报的项目建设推进机制，实行了责任单位倒排工期责任制，强化了督促检查，实施了跟踪问责问效。县委、人大、政府、政协领导主动上手，深入项目一线抓指导，各乡镇各单位主动出击，多措并举搞服务，有力地推动了重点工程项目的实

施。全年完成储备项目371个，总投资1757.2亿元；签约项目38个，总投资52.5亿元；落地项目40个，落地额47.5亿元；开工项目22个，总投资31.7亿元；实施省市县重点工程项目67项，完成投资25.2亿元；投产项目34个，总投资17.8亿元。“六位一体”指标均超额完成年度目标任务。

招商引资持续深入。把招商引资作为加快转型跨越的重要途径，出台了招商引资考核办法，修订完善了招商优惠政策，编印了宣传手册，新建了招商网站，初步搭建了礼义铸造工业园区、崇文高新技术产业集中区、农业物流园区等招商引资平台，为招商引资工作奠定了坚实基础。采取网上招商、会展招商、以商招商、以企招商等形式，开展各类招商活动40余次，与国药山西、杭州机电、中国铝业等一批大集团达成了合作意向，与温州嘉鸿、江苏银光、河南永达等大企业签约了一批重大项目。采取特事特办、急事急办、一事一议的办法，较好地解决了立项、土地、资金等瓶颈制约因素，加速了招商项目落地进程。全年共谋划储备招商项目133个，完成项目签约38个，落地13个，总投资32.98亿元，占年度目标的143.39%；开工9个，总投资36.72亿元，占年度目标的244.8%；完成到位资金18.04亿元，占年度目标的100.2%。

工业经济运行平稳。在有序推进煤矿矿井建设的同时，坚持把稳增长作为首要任务，以练强内功稳增长，在10家工业企业持续开展了“抓管理、提质量、增效益”活动，推动企业完善了管理制度，降低了生产成本，增加了产品产量，有效化解了市场对企业的不利影响。以园区集聚稳增长，明确了东部的生态保障功能、县城的三产服务功能和西部的工业支撑功能以及以四个产业集中区为牵引的发展布局，一批以宝贵石艺为代表的新建项目逆势而上，一批以行源化工为代表的续建项目快速推进，一批以德通电子为代表的新兴项目快速成长，非煤和新兴产业健康发展。以优质服务稳增长，通过搭建银企合作平台，推进助保贷业务，扩大了贷款覆盖面，缓解了企业流动资金不足的难题，各金融机构累计与县域52户企业发生贷款业务，同比增加11户，新增贷款54226万元，同比增加11486万元。同时，严格落实节能减排目标责任制，实施节能工程，淘汰落后产能，全面完成了节能降耗目标任务。

特色农业发展迅速。围绕促进农民增收目标，认真落实各项强农惠农富农政策，着力改善农业生产条件，粮食总产量实现“十连增”。大力发展“一村一品、一乡一业”，初步建成“一村一品”专业村近100个，农民专业合作社发展到985个，带动农户2.3万户，促进了“三河一岭”万亩中药材基地建设、核桃和食用菌产业后期管理，以及一批畜禽养殖项目的健康发展，持续扩大了特色产业基地规模。积极培育农业产业化龙头企业，一批龙头企业建成运行，鸿生生物科技、古陵山食品、马圪当农业开发公司3家企业进入省级重点龙头企业榜单，全县基本构建了每个产业都由龙头企业拉动的发展格局。持续引深农村环境整治工程，通过完善各项制度，增加各类设施，推进秸秆综合利用，建设了一批集生产美、生活美、环境美、人文美和山水美于一体的“最美乡村”，拉动了农村旅游业发展，带动了农民增收致富。扎实推进扶贫攻坚，完成移民搬迁1500人，启动了百企千村产业扶贫开发工程。

旅游产业势头强劲。围绕打造“中原地区最具影响的生态休闲旅游健康度假中心”目标，以理念创新引领发展，编制了《陵川县旅游管理委员会筹建方案》，完成了《陵川县旅游产业发展战略规划》，加强了旅游产业发展的顶层设计。以高强度投资提升档次，太行山国际围棋文化旅游产业园和6大景区完成投资2.7亿元，进一步完善了配套设施，提升了服务功能。扩大影响，成功申报了国家生态示范区和国家地质公园，成功申报了省级旅游休闲度假区和省级风景名胜区，棋子山森林公园晋升为国家级森林公园，圆满完成了“三区两园”创建工作。以多渠道宣传促进营销，通过在目标市场投放户外广告宣传、举办各类节庆活动宣传、依托各类媒体宣传，特别是通过积极参与“晋善晋美，尽在晋城”央视广告宣传，扩大了旅游知名度，开辟了客源新市场。全年旅游接待、门票收入和旅游总收入分别完成275万人次、4750万元和6.25亿元，同比分别增长173%、56%和46%。

城乡一体迈出新步。把基础设施建设作为推进城乡一体化的重要载体，投资4.6亿元，持之以恒加强水、电、路、供暖、供气、生态绿化、城镇建设等基础设施建设，经济社会发展基础得到加强。磨河水库开工建设，加快饮水安全改造提升,新解决1万口人的饮水安全。农村电网改造工程全面完成。客运中心建设工程顺利推进,赵马公路棋源山庄至古郊段竣工通车。集中供热供气扩面工程如期完成,新增供热面积32万平方米,新增用气户1500户;完成了黄围东街建设、棋山路建设和鸿雁街翻修改造工程;通过改善市政基础设施,全省"百镇建设"礼义镇、市级中心镇平城镇、杨村镇的示范带动作用逐渐显现,推动全县城镇化率超过37%。围绕创建全市"森林城市"和"省级林业生态县"目标,以环县城绿化、高陵高速公路沿线荒山绿化、村庄绿化为重点,完成造林1.98万亩、植树65万株、育苗0.57万亩、村庄绿化30个,持续增加了森林面积和蓄积,进一步提高了城乡生态化水平。县城二级以上天数达到335天。

【坚持办实事惠民生,确保安全稳定】

社会事业长足发展。全部兑现为民办的"十件实事","十件实事"共完成投资31743万元,占年度计划的108.19%,大力促进教育均衡发展,完成了职业中学学生公寓楼主体和6所学校教师周转楼宿舍建设,建成了夺火等3所幼儿园,高考首批二本B类以上达线348名,连续6年稳步提升。深入推进医疗卫生体制改革,提升改造了3所乡镇卫生院,开工建设了县中医院,实施国家基本药物制度使药品售价平均下降13%左右,60岁以上老人免费体检和农村妇女两癌筛查惠及2万余名老人和5000余名妇女,新型农村合作医疗参合率达到98.91%,超过全市平均水平。加快完善城乡社保体系,各项社会保险参保人数达到23.5万人,新农保基础养老金、企业退休人员养老金、冬季取暖费补贴标准再次提标。切实加强社会养老服务体系建设,建成了县老年公寓、华承社会福利中心和32个农村老年人日间照料中心,开启了养老服务新模式。高度重视创业就业工作,创业孵化基地一期工程主体基本完工,城镇登记失业率控制在3%以内。加大保障性住房建设力度,540套保障性住房建设有序推进,90套廉租住房建设项目竣工验收,完成农村危房改造550户。向低收入农户免费供应冬季用煤全部发放到位。

【坚持发展民主政治,加强宣传思想工作】

积极稳妥推进民主政治建设。坚持和完善人民代表大会制度和中国共产党领导的多党合作和政治协商制度。加强对人大工作的领导，支持人大及其常委会依法履行职责。把政治协商纳入决策程序，支持政协以专题协商、提案、民主评议、特约监督和社情民意等形式加强民主协商和民主监督。

持续加强宣传思想工作。深化“走转改”，落实“三贴近”，策划制作了《加快转型跨越发展的生动实践》等一系列有深度、有力度的专题专栏，加大了在省、市新闻媒体宣传推介陵川力度，充分展现了全县转型跨越发展的生动实践，集中反映了全县人民投身转型跨越发展的火热生活。组织多种形式的对外宣传，开展“陵川县城市形象宣传精彩表述语”征集评审活动，独立承办了第二届中国(晋城)太行山国际文化旅游节“棋源寻宗”活动，协助中央电视台完成了《舌尖上的中国Ⅱ》陵川实景拍摄，提高了陵川的美誉度。《陵川好人》等公益广告的播出，为呼唤社会美德、提高社会文明程度起到了积极的推动作用。加强网上舆情监控、分析、研判和引导，积极倡导健康向上的网络文化。

加强思想道德建设和文明创建。按照“三个提倡”要求，加强社会主义核心价值体系建设，积极培育和践行社会主义核心价值观。以评选道德模范和彰显道德模范风采为引领，推动公民思想道德建设，组织了道德模范巡讲报告会，开展了“最美乡村医生”和“最美乡村教师”评选活动，在全社会营造了学习先进、争当模范的浓厚社会氛围。以净化社会环境和保障未成年人权益为重心，进一步健全和完善了未成年人社会保障体系建设，开展了中小学生“网上祭英雄”主题教育活动，推动了未成年人思想道德建设。以“五个一”文明创建系列活动开展和先进典型申报工作为抓手，引深了“五个一”文明创建活动和行政村与市级以上文明单位结对共建活动，制作播出了弘扬社会美德、提高文明程度的公益广告，营造了崇德尚善的良好风尚。丁端阳荣登“中国好人榜”，秦同和入选央视2013年度“三农人物”。

大力发展文化事业和文化产业。加大文化基础设施建设投入力度，完善了部分乡村的公共文化服务设施，提高了公共文化服务能力。持续实施文化惠民工程和文化低保工程，免费开放了一批县级文化场馆，深入开展了送电影、送戏、送文艺演出下乡等公益性文化活动。文化精品生产保持旺盛活力，推出了一批以《背着太阳走》《太行诗词》《陵川民间故事集》等为代表的精品力作。大力开展群众性文化活动，精心组织了春节、元宵节“两节”文化活动，成功举办了第二届“围棋源地·清凉陵川”消夏文艺晚会，钢板鼓书《退钱》荣获第十届中国艺术节“群星奖”，本县的舞龙舞狮表演荣获国家体育总局“全国民族传统文化推广奖”。注重促进文化与旅游的深度融合，以太行山国际围棋文化旅游产业园、凤凰文化创意孵化中心为代表的重点文化项目扎实推进，以东方金丝画、军伟布贴为代表的小微文化企业健康成长，壮大了文化产业规模。

【坚持抓基层打基础，突出组织保障】

抓思想政治建设，提振精气神。突出党(工)委中心组学习的示范带动作用，组织全县党员干部认真学习了十八大、十八届三中全会和习近平总书记系列重要讲话精神。在《陵川新闻》和陵川电视台开辟了“十八大讲坛”“十八大解读”等栏目，面向广大党员干部开展了“党的十八大精神知识竞赛”活动，开展了“百人千场大宣讲”活动，激发了党员干部干事创业的热情，营造了转型跨越的浓厚氛围。

抓基层组织建设，构建“服务网”。瞄准城乡党建一体化目标，全面落实党建工作责任制，持续引深创先争优活动，构建了县、乡、村三级服务网络；健全了“承诺、述职、评价、问责”四位一体责任体系，推行了“联述联评联考”机制，为推进基层党组织建设提供了制度保障。特别是围绕建设服务型党组织，坚持以党建示范点建设和星级化管理为抓手，提出并实施了“123456”基层服务型党组织创建工程，广泛开展了在职党员“双报到”活动和党员志愿者服务活动，着力增强了基层党组织的服务功能。扎实开展大学生村官“六个一”活动，突出了大学生村官服务基层的作用。

抓干部队伍建设，树好风向标。按照选拔、培养、管理、考核、使用“五位一体”工作思路，分 6 次对科级领导班子进行了调整配备，强化了班子整体功能，形成了良好的选人用人导向。以“五个一”活动的形式为年轻干部成长成才搭台铺路，多渠道推动了年轻干部成长进步。举办专题培训 12 期，择优选派 50 名科级干部赴哈尔滨工业大学接受了“经济转型升级与领导能力提升”专题培训，实施了以基层干部和专门人才为重点的“十大培训工程”，提升了干部队伍的素质和能力。

抓工作作风建设，增强执行力。严格执行中央八项规定，建立了“三联一住”长效机制，开展了“访知解”集中走访和“学党章、守纪律、转作风”专题教育月活动，搭建了践行群众路线教育有效载体，取得了深入基层接地气的目的。制定印发了搞好调查研究、精简会议活动和文件简报、规范新闻报道三个实施办法，推动领导干部把主要精力放在基层和一线，取得了精文简会提效能的目的。抓住节假日等关键时间节点，加强明察暗访，狠刹不正之风，取得了倡导新风树正气的目的。认真执行《党政机关厉行节约反对浪费条例》和《党政机关国内公务接待管理规定》，开展了清退会员卡、清退违规用车、清理办公用房专项行动，取得了落实政策不走样的目的。

抓党风廉政建设，营造好氛围。严格落实党风廉政建设责任制，统筹推进了惩治和预防腐败体系建设的陵川实践。加强对重大决策部署的督促检查，围绕重点项目建设推行了红黄色提醒警示制度，创新制定了《整治“庸懒散奢”问责暂行办法》，为解决比较难界定、比较难量纪的问题提供了长效管理办法。加大了纠风治理力度，实现了政风行风评议的“三个延伸”，组织参评部门和窗口单位开展了公开承诺、咨询宣传、听证对话活动，解决了一批群众反映强烈的突出问题。探索推行了廉洁乡村“311”防控机制，全市“廉洁乡村、制度乡村”建设现场会在本县召开。坚持有腐必反、有贪必肃，全年共受理各类违纪违法案件 49 件，调查核实 49 件，立案 38 件，结案 36 件，给予党纪政纪处分 56 人，重处分 13 人，挽回经济损失 500 余万元。

县委办工作

【提供优质高效的决策服务】

1.深入开展调查研究，为县委决策提供科学依据。组织实施了县处级领导干部“百日调研”活动，共收到调研报告和工作研究类文章 30 余篇，其中有8篇获奖。同时,《晋城工作》采用稿件16篇,占杂志稿件总量的8.8%,位居全市第二,六县(市、区)第一;围绕全县中心工作共撰写调查研究和工作研究文章5篇,为县委决策和指导工作提供了重要参考。

2.认真做好文字综合工作,为领导提供以文辅政服务。2013年,办公室坚持以文立室,着力提高文字服务水平,共撰写领导讲话、各种文件、汇报材料等50余万字,成稿达到20余万字,为县委一系列决策形成及其贯彻落实发挥了应有作用。同时,全年印发《办公室通报》16期,为完善落实领导决策,指导全县工作起到了积极促进作用。

3.全方位搞好信息服务,当好领导参谋助手。全年共编发《陵川信息》46期330条,上报市委办公厅31期217条,上报省委办公厅174条,被省市采用40余条。同时,县委社情民意通道共收到了人民群众反映的问题、意见和建议24件,到年底已全部办结。

4.加大督促检查力度,保证县委决策落到实处。按照"有作为、有力度、有权威"的督察工作目标要求,紧紧围绕县委中心工作督察督办,全年共开展了五次高规格的督察活动。在督察范围上,一年来,共承办上级督办案件28件,做到了件件有回音、事事有落实。

【提高办文办会质量】

1.办文办会办事质量明显提高。严格对照中央"八项规定"及《党政机关厉行节约反对浪费条例》和市委三个《实施办法》要求,切实精文简会,确保公文办理高效有序,会议活动节俭务实。全年共制发县委文件22个,县委办文件49个。同时,加强对全县精文简会工作的督促与指导,全县共发文件427个,同比减少40个,对5个单位的简报进行了规范和精减。组织全县性会议共90次,比上年同期减少16次。

2.机要保密工作万无一失。按照"全省密码工作规范化建设年"活动的要求,密码工作达到了工作环境安全、区域设置合理、防护设施齐全、机房规范有序的目标。密码通信服务保障方面,全年共收发机要信件247件,处理明密电报452份,接收密码电报152份778页,没有发生一起误报、漏报等现象,保证了上级各种来文尤其是各类密级文件的正常有序传阅。保密工作方面，对全县所有涉密单位进行了例行普查，圆满完成了“两考”试卷安全保密工作，两次组织涉密重点单位58名保密人员接受市局组织的业务培训。

【保持全县社会政治稳定】

1.务实负责地做好信访接待工作。全年共接待群众来信来访150余次，其中集体访19次，个体访110余次，当场解决问题30多个，转交、转办有关乡镇和单位解决问题60多个，说服劝返群众近300人次，全年共办理县委领导批示信访案件20起，办结率达100%。

2.高度重视反邪教工作。先后在全县范围内大规模开展了“一墙一橱”反邪教警示教育活动、家庭拒绝邪教责任书签订活动、识别“实际神”邪教本质宣传活动、反邪教法制教育宣传等活动，圆满完成了“全能神”法制教育学习班办班工作，扎实开展了反邪教法制知识竞赛活动。

3.夯实对台双拥工作基础。一年来，台办工作人员认真开展涉台宣传教育，与有意来陵川投资的台胞积极进行沟通对接，对全县26户台属进行中秋和春节走访慰问，实现了上级对台部门、同级党委、台胞台属“三满意”目标。双拥工作方面，以深入开展“双服务”活动为主线，充实和完善了议军、例会、走访慰问、拥军优属等制度，积极开展双拥共建活动，全县双拥工作整体水平得到进一步提升。

组织工作

【科级领导班子与干部队伍建设】

1.选优配强县、乡科级领导班子。根据县、乡科级领导班子建设需要，坚持德才兼备、以德为先，注重实绩、群众公认，改善结构、强化功能，人岗相适、梯次配备的工作思路，通过领导干部署名推荐、单位民主推荐、民主测评、全面考察等方式，对乡镇党政班子进行了系统、科学、分步骤、分阶段的调整，特别是选配了一批35岁以下的全日制本科优秀年轻干部到乡镇任副乡镇长，改善了各乡镇班子的年龄结构、知识结构。同时，统筹把握领导班子不同年龄、岗位特性、工作需要等特点，坚持优化结构、适度交流、激发活力、区分轻重缓急等调整原则，分期分批对县直科级领导班子进行了充实配备，较好地做到了人岗相适、老中青合理梯次配备，强化了班子整体功能。

2.多渠道推动年轻干部成长。根据全县政法系统领导班子和干部队伍建设需要，在法院、检察院、公安局部分科级非领导干部职位开展了竞选工作，一批优秀干部脱颖而出。结合县检察院实际，通过竞争上岗，选拔一批干部走上了重要中层领导岗位。认真落实省、市委组织部关于推荐优秀年轻干部到村担任第一书记的安排部署，经过统一报名、组织审核、竞职演讲、培训到岗等程序，公开竞选差额产生一批年轻干部到一线锻炼成才。结合乡镇民政工作需要，面向大学生和大学生村官群体，公开招录一批事业人员，考录工作在监考老师考场分配、评委分组、考生出场顺序、监督人员分组、面试试题选择等关键环节均采取抽签确定，切实做到了公开、公平、公正，取得良好社会效果。结合县委党校、信访局实际，从教育系统教师中择优选调一批优秀干部，推动了不同系统干部的交流。组织全县35岁以下的科级干部和部分科级后备干部举办了年轻干部座谈会，进一步激发了年轻干部干事创业的活力。

3.大规模大幅度提升干部素质。一是高端培训促跨越。依托“陵川大讲堂”先后邀请纪连海、黄卫平、王宝付和朱继东等国内知名学者、教授和领导12人，围绕习近平总书记系列讲话精神、十八大和十八届三中全会精神、国际战略形势、践行群众路线、晋商文化、领导能力与艺术等专题，累计培训科级干部3000余人次。同时，择优选派50名科级干部赴哈尔滨工业大学完成了“经济转型升级与领导力提升”专题培训，跨越式提升了各级领导干部的执政能力、推动发展的能力和综合素质。二是主体培训促提升。扎实推进“十大培训工程”，累计培训农村“领头雁”、旅游人才、企业经营人才、党务干部、青年干部、妇女干部、党员发展对象、大学生村官等各级各类重点基层干部、人才3200余人次，并依托省委组织部“分类送学”活动，进一步推动优质培训资源向基层一线、重点领域倾斜，2200余名基层党员、干部、群众受益。

三是基地培训强信念。深入挖掘本土资源，打造了锡崖沟、盲人曲艺队、杨村3个干部教育培训实践基地。全年先后有2000余名党员、干部到培训基地传承了陵川精神，接受了理想信念教育。四是在线教育广覆盖。依托"山西干部在线学院" 扎实推进干部日常在线学习，2013年全县参学单位达到103个，参学干部1180名，平均学时超过100课时，覆盖了全县科级以上干部、公务员和大学生村干部，并延伸到了部分事业人员。

4.继续强化干部考核管理。继续坚持"分级分类多维考核、公示反馈注重效果"和"四二二"干部考评机制，不断完善年度目标责任考核办法，改进考核机制，将被考核单位按照单位类别、职能特点划分为三大板块进行考核，注重强化考核结果运用，通过县电视台、政府网、党建网等媒体向社会公布考核结果，进一步发挥了考核的"指挥棒"和"风向标"作用。

5.积极推动优秀人才开发。深入调查全县高层级外聘人才、民营企业人才、乡土人才等重点群体现状，做到了底子清、情况明。承担的省级重点课题《贫困山区吸引和留住人才问题的研究》，获得省党建研究成果二等奖。认真落实上级人才扶持政策，争取晋城市高层次人才产业项目扶持资金13万元。在陵川党建网开辟"每日一星"宣传专栏，对本县各行各业的优秀人才进行集中宣传，着力营造"尊重知识、尊重人才、尊重劳动、尊重创造"的社会环境。

【基层服务型党组织建设】

1.高标准创建服务型党组织示范点，提升引领力。一是整体谋划，精心布点。以"乡乡有示范、行行有标杆"为目标，在农村以政府驻地、重点企业所在地、旅游景区所在地、公路沿线村为重点，在县直部门以窗口单位为重点，在企业以骨干企业为重点，采取自行申报、党(工)委审查、县委组织部批准的程序，全县共申报各类创建点100个，形成了"横向到边、纵向到底、各具特色、覆盖全县"的三级服务型示范点体系。二是彰显特色，规范建设。坚持硬件配置标准化、示范典型精品化、特色工作品牌化和"一个精品点、一条亮丽线、辐射一大片"的工作思路，建立县乡村三级干部帮包联系点制度，每名组工干部包建3—5个联系点，每个点确定一名党政领导和一名大学生村官具体帮建，每周进行督察通报。至年底，形成了以锡崖沟、凤凰、丈河等为主线的服务乡村旅游党建示范群，以上郊、郭家川、小召等为主线的服务特色农业党建示范群，以沙河、杨村、庞家川等为主线的“企业 + 行政村”党建联姻服务产业转型示范群和以县行政服务中心、工商局、地税局等为主线的服务群众窗口党建示范群。三是完善制度，长效管理。探索“规范建设、激励保障、动态管理”的长效管理机制，配套出台了《关于创建基层服务型党组织推进党员服务群众常态化的实施方案》《加强先进典型培树工作的实施意见》《对全县基层党组织和党员实行星级化管理的实施意见》《党建项目化工程实施方案》《加强基层党建示范点建设的实施意见》等文件制度；建立以奖代补机制，拿出一定经费，对达到创建标准的示范点和党员服务站点运行经费给予一定补助；实行动态管理机制，将示范点建设工作纳入党建工作综合目标考核，对示范作用强、带动效益好的示范点命名挂牌，对不达标准或已不符合要求的及时摘牌，真正使示范点成为加强基层服务型党组织建设的风向标。

2.全面推行星级化管理，激发基层党组织内在活力。严把“设星、评星、亮星、摘星、争星、管星、学星”七个环节，做到了科学合理设星，严格规范评星，集中公开亮星，动态管理摘星，积极晋位争星，创新机制管星，树立标杆学星。评星定级做到严格标准、严格程序、严格比例，全县 766 个基层党组织共评出五星党组织 70 个，占 9.1%，四星党组织 144 个，占 18.8%，二星及以下党组织 61 个， 占 8%； 全县 14622 名党员共评出五星党员 1862 名，占 12.7%，四星党员 3539 名，占 24.2%，二星及以下党员 1253 名，占 8.6%。

3.坚持“书记抓、抓书记”，凝聚党建工作合力。与各党(工)委签订了党建目标责任书， 把党建工作同经济工作、项目建设等重点工作同安排同部署，同检查同考核。“七一”前召开了乡镇党委书记抓基层党建述职和测评大会，各乡镇党委也组织农村党组织书记开展了党建述职，进一步强化了书记抓党建责任意识。坚持农村两委主干“年初承诺、年中述职、年底考核”常态化， 全县607 名两委主干作出 2200 余项承诺，5000 多名农村普通党员结合自身特点设岗定责，作出了 8100 多项公开承诺。继续坚持农村主干“基本工资 + 绩效报酬”的结构补贴模式，对 2012 年度 71 名农村主干扣发了 10%到

100%不等的绩效报酬，并对126名优秀主干进行了绩效奖励，通过奖优罚劣大大激发了村干部的创先争优意识。

4.领导干部直接联系服务群众常态化。全县26名处级党员领导干部、412名乡镇党员干部、2214名农村“两委”干部深入开展“访民生、知民情、解民事”活动，做到活动开展与十八大精神宣讲、下乡驻村、走访慰问和解决突出问题“四个结合”，全面完成了“三个全覆盖”走访任务。扎实推进下乡驻村工作。各级领导干部在落实各项帮助措施的基础上，紧紧围绕产业发展、农民增收开展帮扶，落实了一批有潜力的项目、一批高质量的民生工程，群众关注的热点难点问题得到有效化解，全县下乡驻村工作取得明显成效。

5.大学生村官服务基层成效明显。一是扎实开展大学生村官“六个一”活动。统一制作了《民情日记》《工作日志》和《大学生村官便民服务卡》，方便入户走访。建立走访督促与保障机制，由党支部书记、包户党员作为监督员，乡镇定期考评公开承诺、结对帮扶进展成效，确保活动取得实效。本年度，在“六个一”活动中，全县167名大学生村官先后开展关爱留守儿童、社会公益及新农技推广等数十项专题志愿活动，为贫困留守儿童及困难学生累计捐款5000余元，发动社会捐款20000余元；共走访农户30846户，记录民情笔记5500余篇，收集群众意见建议281条，撰写调研报告167篇，作出公开承诺316条，联系困难家庭167户，为群众办实事450余件。通过层层评选，表彰奖励了一批优秀民情日记和调研报告。二是考核管理更加规范有效。坚持“严管厚爱”，客观公正地完成了年度考核和聘期考核，并以乡镇为单位对考核排名前10%和倒排10%的大学生村官进行了绩效奖惩。同时，组织召开了2012年度大学生村官工作总结表彰大会，表彰一批“大学生村官管理先进乡镇”“创业帮扶先进个人”“优秀科技特派员”“远程教育先进个人”和“十佳大学生村官”，进一步营造了鼓励干事创业浓厚氛围。三是创业富民工作成效明显。持续引深大学生村官“创业行动计划”，积极协调县信用联社、科技局为创业大学生村官提供贴息贷款和帮扶资金，协调涉农单位开展创业指导，并采取组织创业项目观摩评比、举办创业实践大赛、创办创业超市、创

建合作社党支部等系列举措，推动大学生村官创业项目发展到41个，在辐射带动群众增收致富方面作用日趋明显。

【从严教育管理党员队伍】

1.继续规范完善发展党员机制。在严格执行发展党员“群众推荐、党委考察、支部票决、全程公示”机制和入党积极分子评议积分制的基础上，进一步加大在青年工人、农民、知识分子中发展党员力度，着力从源头上提高发展党员质量，切实把好发展党员“入口关”。全年新发展党员234名，在年龄结构、文化程度、“双带”能力等方面有了明显改善，党员队伍结构得到了进一步优化。

2.加强党员教育强化宗旨意识。一是组织开展了“学党章、送党章、讲党章”活动。重点面向全县机关、企业、教育、卫生等不同行业，特别邀请市委讲师团和市委党校的专家教授开展专题讲座，着力推动党的十八大精神进农村、进企业、进学校、进社区。二是组织开展了丰富多彩的纪念“七一”系列活动。通过创新评比表彰、集中组织观看《安凤姨姨》、重温入党誓词、举办“庆七一、学党章”知识竞赛等活动，进一步增强了党员的宗旨意识和党性观念。三是广泛开展党员电化教育。依托陵川党建网、“行巅先锋”党建电视专栏、陵川党建手机周报“三位一体”平台，开展经常性党员电化教育。至年底，陵川党建网累计访问量超过10万人次，依托党建电视专栏先后制作播出了《跋涉》《“党建领航话发展”电视访谈》《安凤姨姨》《红色绝响　声源陵川》等一大批优秀党员电教片，其中《安凤姨姨》荣获全国党员教育电视片观摩交流活动典型事迹片类别三等奖；党建手机周报累计发送63期，开辟了党员干部随时、随地学习的新途径。

3.党员联系服务群众成效明显。一是完善服务网络。构建县、乡、村三级服务网络，配备专职人员，完善服务设施，开通“12371”党员咨询服务热线，为党员群众提供政策咨询、证照代办、就业培训、信息发布、组织关系接转等系列服务。二是组建服务队伍。按照“一个服务片区、一个志愿团队”的原则，重点选拔党性强、党悟高、有专业特长、年富力强的党员，分类组建就业创业、医疗卫生、文化科技、法律教育、治安维稳等志愿服务队100支，队员2100余名，先后开展志愿服务活动160余次，受益群众28000余人。三是创新服务载体。在农村开展“联户帮带”活动，形成了支部委员联系党员中心户、党员中心户联系党员、党员联系群众的三联局面；在社区开展“网格志愿者”活动。党员按照“自我认岗、支部定岗、公示明岗”等程序，主动到所属网格上岗，分片包干联系和服务群众；在机关企事业单位开展在职党员“双报到”活动，全县4200多名机关企事业单位党员完成了居住地报到，并累计发放服务需求意见征集表8000余份，申报志愿服务项目1600余个，发放服务承诺联系卡600余份，走访慰问困难党员240余名，党群干群关系进一步密切。

宣传工作

【围绕科学理论武装抓宣传】

1.构建体系，确保学习全覆盖。一年来，充分发挥媒体广泛普及的作用，在《陵川新闻》、陵川电视台开设“十八大讲坛”“十八大解读”专栏，阐释十八大精神300余条（次）。为提高理论学习的生动性、互动性，举办了陵川县“党的十八大精神知识竞赛”活动，近万名党员干部参与了答题竞赛。通过发挥党委中心组学习示范引领、各类媒体全面覆盖和知识竞赛互动学习“三个作用”，建立了立体式、全方位、大范围的学习体系，有力促进了全县理论学习的扎实开展。

2.打造品牌，增强宣讲针对性。继续巩固“百人千场大宣讲”品牌效应，以党校教师和从事经济、政治、文化、社会、生态文明、党建等方面工作的业务骨干组成县委宣讲团，先后开展了十八大和十八届三中全会精神宣讲活动，深入18个党（工）委宣讲40余场次，党员干部受众5000余人。继续提升基层理论报告员队伍宣讲水平，以全县“优秀基层理论报告员选拔赛”活动为契机，组建了县委“一争三快两率先”战略宣讲团，面向广大农村、校园、企业宣讲市委“一争三快两率先”发展战略和县委“围绕一个目标、实施三县战略、突出四项重点、加快五化共进”总体发展要求20余场，听众人数3000余人。

3.深入调研,提高成果转化率。在集体学习、共同研讨的基础上,形成理论文章90余篇,确立了“绿色崛起、多元发展”的发展目标,为全县全面建成小康社会提供了充分的理论依据和实践指导。积极参与“十八大精神与晋城发展”理论研讨,推荐科级以上领导干部理论文章30篇,对全市经济社会发展有指导意义的7篇理论文章获奖。同时注重推介学习最新理论成果,全年编辑中心组《学习参考资料》6期,刊发重要理论文章70余篇,向各级党委中心组赠阅500余册。

【围绕主流舆论壮大抓宣传】

1.突出主题宣传,唱响主旋律。围绕县委、县政府中心工作,策划制作了四集大型系列电视专题《加快转型跨越发展的生动实践》。用大场景展示大项目,专题专栏播发《聚焦重点工程》40余期,开设“办好十件实事、共享发展成果”专栏,重点对太行山旅游文化产业园、正嘉五万头原种猪场、廉租房建设及黄围东街拆迁改造等招商引资和民生重点项目进行多角度全方位深度报道,充分展现了全县转型跨越发展的新举措、新成就、新面貌。

2.强化典型宣传,传递正能量。2013年,推出了一大批像《黄土地上有我的致富经》《小召村里的“小社长”》《铁砧上的火红艺术》《学习十八大:走基层　看变化》等小中见大、聚焦人民群众生产生活的专题专栏,集中展现了全县人民投身转型跨越发展的火热场景。精心制作的《陵川好人》等公益广告片和《一位单身母亲和她的三个女儿》等专题片,不仅为社会民生类节目打造了全新栏目品牌,而且为培塑社会美德、集聚正能量、提高社会文明程度起到了积极的推动作用。特别是《寻找最美乡村医生》《寻找最美乡村教师》系列专栏,集中播放了24名乡村医生和15名乡村教师的感人事迹,引起了极大社会反响,引导全县人民群众在学习典型中,实现了自我教育和自我提升。

3.注重对外宣传,提升美誉度。2013年,完成了两项重大拍摄任务,配合中央电视台进行了《舌尖上的中国Ⅱ》陵川实景地拍摄;协助中国教育电视台拍摄了《非遗中国　陵川手工技艺》专题片,“陵川钢板书”“陵川剪纸”和“陵川布贴画”等非遗项目,首次在国家级媒体亮相。协办了两项重大活动,配合市委宣传部完成了“城市形象宣传精彩表述语”征集评审活动，“领秀太行·清凉陵川”被确定为陵川县形象精彩表述语；完成了第二届中国（晋城）太行山国际文化旅游节“棋源寻宗”活动。同时，加强同各级媒体交流合作，与中国国际广播电台合作开辟了陵川专题宣传网页，与新华社山西分社新闻信息中心签订了综合信息服务协议，为陵川县对外宣传开辟了全新阵地和重要渠道。一年来，各新闻单位先后在省、市以上媒体发稿618篇，在市电视台《县区时间》栏目播出《陵川新闻》96期。高度重视网络舆情的收集分析研判工作，向省市报送信息2088篇，营造了平稳、有序、理性的网上舆论环境。

【围绕核心价值培育抓宣传】

1.公民思想道德建设得到加强。注重用群众身边的榜样激励人感召人，开展道德模范评选表彰活动，12位乡村医生获得“最美乡村医生”荣誉称号，15名教师荣获“最美乡村教师”荣誉称号；通过全县上下的齐推共选，丁端阳荣登4月“中国好人榜”，郑新娟被评为第二季度山西“身边好人”，秦同和入选央视2013年度“三农人物”。同时，运用各种宣传资源，先后在全县各类媒体广泛宣传社会各界先进人物的典型事迹，并制作了《精神文明巡礼》专题片，部分事迹被市级媒体转载播出。

2.文明和谐创建工作推进有力。2013年，全县深入开展“五个一”文明创建活动，编印《文明伴我行》宣传画册，推进“文明交通计划”，积极倡导文明风尚，不断提升全民素质。积极开展关爱空巢老人、帮助残疾人等志愿服务活动，精心组织开展“我们的节日”主题活动，打造了陵川特色品牌。并充分利用第三部门和志愿者活动等平台组织开展共建活动，全县16个行政村与16个市级文明单位结成了共建对子。主动吸纳社会力量对全县困难群体进行帮扶，市煤销公司连续三年累计向本县东部山区捐赠了价值10多万元的爱心物资。深入推进省市各类精神文明先进典型申报工作，共申报先进典型69家，其中，省级典型17家，市级典型52家。

3.未成年人思想道德建设扎实有效。一年来，申报乡村少年宫重点建设学校10所，2所小学得到彩票公益资金扶持。6家省、市级爱国教育示范基地全部通过验收，全县所有学校都开辟了未成年人活动空间，21所学校建立了未成年人心理健康辅导室。积极营造未成年人良好生活学习环境，集中力量加大对学校周边场所的检查力度，规范网吧管理25个，收缴盗版图书和音像制品300余套，从市场源头斩断了有害信息的传播渠道。协调有关部门加大对未成年人合法权益保障力度，1400名城乡未成年人获得低保救助，24人获得医疗救助。

4.陵川精神表述语征集活动反响强烈。从4月至10月，采用发布启事、发放征集函和公开信等方式方法，向全社会公开征集到能够充分体现全县人民坚韧不拔、锐意进取、务实守信、争先创新精神风貌的“陵川精神”表述语400余条。并通过广泛征求社会意见，召开初评复审座谈会，确定了10件入围作品。

【围绕文化民生普惠抓宣传】

1.公共文化服务体系日益完善。持续加大对公共文化基础设施投入力度，县图书馆和县文化馆相继对外免费开放。为200个行政村文化活动室配备了音响设备。投入资金60多万元，陆续完成3个乡镇公益性大舞台建设。深入实施重点文化惠民工程，全年送电影下乡3938场，送戏下乡224场。充分利用市级公共文化事业专项资金160余万元，完善乡镇综合文化站建设2个，特色文化村镇建设2个，公益性大舞台项目1处，扶持群众性自办文化品牌4个，补助公益性文化演出43场，对3个村有线数字电视进行免费升级改造，全面启动了42个村镇阅报栏建设。西溪二仙庙、南吉祥寺等一批重点文物主体维修工程基本完工，申报省级非物质文化遗产项目2个。随着公共文化设施网络建设的不断完善，促进了全县城乡文化一体化发展。

2.群众性文化活动不断丰富。7月，由宣传部牵头，联合9个乡镇、单位成功举办了第二届“围棋源地·清凉陵川”消夏文艺晚会，全县近10万人观看了演出。组织400人参加晋城市第五届全民运动会开幕式表演，富有陵川文化特色的秧歌舞蹈赢得了市县群众一致好评。舞龙舞狮表演参加2013年“活力晋城”全国大联动比赛，获得国家体育总局“全国民族传统文化推广奖”。尤其是晋城市第五届运动会篮球赛事任务的圆满完成，实现了陵川县有史以来承办市级以上大型体育活动的首次突破。一年来，精心组织各类文艺团体深入基层演出150多场，自排自演文艺节目深入农村公益演出23场，让人民群众分享到了文化发展成果，提高了人民群众的“文化幸福指数”。

3.文艺精品创作质量逐年提升。陵川县盲人曲艺队编排的钢板鼓书《退钱》荣获第十届中国艺术节“群星奖”。布贴画“富贵牡丹”、根艺“苏东坡”和剪纸“梅、兰、竹、菊”等作品，参加首届山西文化产业博览交易会分别获得“神功杯工艺美术精品奖”银奖、铜奖。为保护优秀传统民间文化，历时一年多，收集整理本县民间广为流传的口头文学22万余字，编辑出版了《陵川民间故事集》。陵川县23篇散文力作在省、市和国家级刊物公开发表，并被多家杂志社转载刊登，2部优秀文艺作品和陵川诗词学会创办的《太行诗词》获得市赵树理优秀文艺作品资金扶持。在全市“太行神韵　沁河风情”摄影大赛设置的6个奖项中，陵川县作者获得2个，取得了历届市级以上摄影大赛的最好成绩。

4.文化产业项目发展势头强劲。充分利用会展平台进行文化产业项目招商引资，在省首届文博会上与两家企业达成合作协议，签约资金41.2亿元，促成了2个大型文化项目落户本县。至年底，全县3个投资过亿的重点文化产业项目进展顺利，累计完成投资2.73亿元。与此同时，积极争取市级文化产业发展专项资金230万元，对重点文化产业项目和部分小微文化企业进行了扶持。

【围绕队伍素质提升抓宣传】

1.不断壮大队伍力量。根据新形势下宣传思想工作的需要，充实了理论宣讲、新闻采编、文化服务三支队伍力量。充分发挥大学生村官扎根农村、了解基层的优势，把其列为理论宣讲的主要力量，通过定期培训、业务练兵、比赛交流等方式提高他们的理论宣讲水平，打造了一支留得住、能胜任的基层理论宣讲队伍。为提高电视传媒整体水平，面向社会公开招聘了10名广播电视专业技术人员，壮大了电视媒体新闻采编制作队伍。聘请省市舞蹈、音乐等方面的专业教师，培养了一批群众文艺骨干担任专职辅导员，指导群众开展文化活动，缓解了基层文化人才队伍短缺的状况。

2.全面提升业务素质。立足于解决宣传思想干部队伍的“本领恐慌”问

题，加强机关业务学习和系统培训工作。宣传系统持续开展“每月一学”活动，帮助和引导宣传思想文化战线中层以上干部系统掌握马克思主义基本原理，站稳政治立场，坚定理想信念。举办了“马克思主义新闻观与新闻写作培训班”，全县百余名新闻从业人员参加了强化培训。各新闻单位组织开展了“每周一学”“每人一讲”活动，选择业务上的热点难点问题进行专题辅导和集中讨论，促进了综合业务水平的整体提升。

3.加强改进作风建设。严格执行县委《关于改进工作作风、规范新闻报道的实施办法》，全县新闻工作者深入基层“接地气”，优化节目“重民生”，在全年刊播的各类专题专栏中，关注百姓生活的节目、稿件占到了85%以上。通过深入开展“走转改”活动，本县5件作品入选第十一届晋城新闻奖，陵川报社赵振国同志荣获“晋城市最美新闻人”称号，成为全市六县区从事基层新闻工作的唯一入选者。

纪委监察工作

【以落实中央八项规定为契机，狠抓干部作风建设】

一是注重建章立制，形成长效机制。出台《关于搞好调查研究的实施办法》《关于精简会议活动和文件简报的实施办法》和《关于规范新闻报道的实施办法》，进一步规范文风会风，并对各乡镇、部门和单位的落实情况进行监督检查。出台《陵川县党政机关公务用车日常管理规定》《关于全县党政机关停止新建楼堂馆所和清理办公用房的通知》，通过制度规范公车的配备、使用和处置，保证办公用房清理做到“因楼制宜、分隔处理、调换使用、整改到位”，坚决遏制奢侈浪费之风。制订《陵川县整治“庸懒散奢”问责暂行办法》，明确需要问责的28种作风问题，规定10种问责方式和适用条款，制定问责程序，坚决遏制“庸懒散奢”现象，成为解决“四风”问题的有效抓手和效能建设的长效办法。

二是抓住时间节点，狠刹不正之风。利用国庆、中秋之际，下发《关于落实中央八项规定精神坚决刹住中秋国庆期间公款送礼等不正之风的通知》,对人情消费、职务消费以及公款送月饼送节礼等情况进行检查。元旦、春节将至,及时出台《关于严禁元旦、春节期间公款购买赠送烟花爆竹等年货节礼的通知》《严禁公款购买印制寄送贺年卡等物品的通知》,组织督察组对全县100余个单位、12个乡镇以及餐饮、娱乐、旅游场所进行检查,充分发挥新闻媒体、互联网和社会舆论作用,有效扩大监督的视野和范围,做好提前预防,形成勤俭节约风尚,不断净化社会风气。

三是抓住要害部位,开展集中治理。在全县党政机关、事业单位开展会员卡清退工作,对全县17个党(工)委6303名干部进行限时清退,并全部做出会员卡零持有报告。开展违规用车专项清退工作。开展办公用房清退工作,全县81家党政机关共清退超标办公用房767平方米、出租出借办公用房4641平方米、租用借用办公用房3546平方米、企事业占用行政机关办公用房1500平方米。加强"三公"经费的监督检查,对全县30个单位的账务进行抽查,及时提出整改意见,到年底已全部整改到位,集中治理工作取得阶段性成效。

【以落实"四个年"中心工作为重点,进一步创优发展环境】

一是为重点工程项目保驾护航。围绕24个省市重点工程项目,制定《2013年省市观摩重点工程项目问责制》,实行定任务、定单位、定要求、定时限、定责任人"五定"工作机制,保障工程项目有序推进,有效落实。围绕省委、省政府确定的"项目推进年",制定《关于开展"项目推进年"活动监督检查的实施方案》,对重点工程实施全程跟踪检查,严格监督项目实施进度,实现日通报、周检查、月问责,对服务意识淡薄、工作被动应付情况,实行红黄色提醒警示制度,共下发效能提醒书10份、效能警示书2份。围绕全县重大招商引资和重点工程项目,严格落实重点工程并联审批制度、招商引资项目及重点工程跟踪督察工作制度和"四位一体"推进机制,进一步深化行政审批制度改革,优化审批流程,创新审批模式,加快审批速度,建立健全行政效能项目跟踪督办台账,对51项招商引资项目和重点工程前期手续办理情况进行全程跟踪督办,到年底,前期手续全部办理完备的达到37项。围绕公共资源交易开展监督检查，全年累计监督办理公共资源交易35宗次，交易额达19256.76万元。

二是深入开展政风行风建设。依托《行评面对面》《网络直评》《纠风热线》《效能聚焦》四大平台，坚持做到政风行风评议由评议部门主要负责人向评议重点科室及工作人员延伸，由评议机关向评议基层站所延伸，由内部评议向开门评议延伸的“三延伸”。

开展公开承诺活动。围绕县委、县政府中心工作，结合部门职责，就规范执法、行政审批管理、便民服务、创优环境、改进作风等方面由各参评部门和窗口单位“一把手”在电视台进行公开承诺。承诺内容通过“县人民政府公众信息网”“县阳光农廉网”、陵川报社等渠道实现多角度公开，全面接受社会监督。

开展咨询宣传、听证对话活动。围绕保障和改善民生、畅通群众诉求渠道、帮助群众排忧解难、为群众办实事办好事等内容，出台《关于举办政风行风民主评议听证对话会的实施意见》，在农村、社区、企业设立咨询台、宣传栏、投诉处，协助各参评部门和行业定期召开听证会、对话会和座谈会，广泛征求意见。各部门主要领导、业务科室和窗口单位人员走出机关，现场接受群众咨询并解答问题。截至年底，共有34家参评单位举办了听证对话会，提出意见、建议和问题咨询325条，现场解决215件，不能当场解决的作出了限期答复。

开展现场评议活动。突出现场民主评议、拓展新闻媒体监督渠道、加大行风问题落实与查处三大关键，举办《行评面对面》——“向人民汇报、请人民监督”，《行风大家谈》——“走基层、转作风、强农惠农基层行”，《行评面对面》——“关注陵川旅游”等现场评议活动，邀请来自企业、社区、农村各行各业的代表300余人，就群众关心的热点问题和旅游产业存在的实际难题，对住建局、教育局、发改局等55个单位进行现场评议，由“一把手”面对面接受群众提问，现场解决问题。活动累计参加群众达2000余人，发放宣传资料10000余份，受理咨询260起，现场答复问题33个；对现场承诺的100余个问题和意见进行逐项登记，分类整理，制作督办卡，全部落实到相关单位，并通过电视台将落实情况向社会反馈，有效保证活动的质量和效果。

三是切实解决群众反映强烈的突出问题。继续加大公路“三乱”治理力度,查处公路“三乱”案件2起,对18人进行了批评教育,6人受到经济处罚。认真纠正医药购销和医疗服务中的不正之风,对全县医院、卫生所、药品经营企业共303家进行监督检查;完善和规范县乡两级药品招标采购机制,县级医疗机构全部参加省药品集中招标采购,药品采购总金额为3546.3万元,平均降幅19.3%。协调相关职能部门开展食品安全责任监督工作,对全县458家餐饮企业进行了检查,立案调查5家,整改32家,下达监督意见书130份。进一步治理教育乱收费、乱支出和滥购乱订教辅资料现象,整改查处教育领域乱收费、营养工程款挪用案件2起。重点整治违法违规征地拆迁和保障性住房建设与配置问题,对黄围东街道路建设工程和廉租住房、限价商品房、城市棚户区改造、农村危房改造进行跟踪检查。对强农惠农资金进行监督检查,针对资金网上不公示、资金决策监管不到位、资金拨付不及时等突出问题全部进行整改。加强信访工作,畅通信访举报渠道,建立网络举报和领导接访制度,开展贴心为民“百日解百案”活动,全年共受理群众来信来访总流量63件次并依法进行了处理,其中署名举报件核实率达100%、满意率在90%以上。坚决遏制了侵害群众利益行为,切实解决了滥用职权吃拿卡要、与民争利的问题,确保安农、安居、安康、安教“四安”工程落到实处。

四是加强监督检查,确保政令畅通。加大对未经招投标违法开工建设和逃避招投标监管行为的查处力度,加强建设工程标后管理力度,加大对合同订立、中标项目班子以及班子依法变更行为的监管力度,严查虚假招标、围标、串标等违法违规行为,共监督建筑房屋与市政基础设施工程招标项目34项,总建筑面积26万平方米,总中标额为3.07亿元。规范政府采购工作,实行大型采购通过中国政府采购招标网公开招标、小型采购通过询价方式在使用单位的监督下现场采购的工作机制,2013年全县采购预算金额3200万元,实际采购金额3000万元,节约资金200万元,节约率6%。加大国土资源动态巡查力度,开展环境安全百日大检查和排污企业地下水污染专项检查。成立专门的护林防火督察组,针对3月份以来本县严峻的防火形势,对全县12个乡镇的护林防火工作进行专项督察,对6起火灾10名责任人进行了责任追究。对招考、招录工作进行全程监督，保证乡镇公务员、机关工作人员、民政助理员和中小学教师等招聘工作的公开、公平、公正。

【以廉政风险防控为目的，始终保持惩治腐败的高压态势】

一是深化党风廉政建设，强化对党风政风的执纪监督。深入落实党风廉政建设责任制，同全县16个党(工)委签订2013年度落实党风廉政建设责任制目标责任书，并对责任制落实工作进行督促检查，进一步增强各单位领导班子成员特别是党政“一把手”的廉洁自律意识。广泛宣传，认真组织学习中央“八项规定”，并对全县100余个单位的落实情况先后组织3次明察暗访，对4个单位在全县进行通报批评。不断加强党内监督，严格执行述职述廉、诫勉谈话和《党政机关、企事业单位主要负责人和领导班子成员廉政勤政约谈制度》等党内监督制度，落实好领导干部报告个人有关事项。全年，领导干部报告个人有关事项38人，领导干部述职述廉500余人，诫勉谈话1人。

二是加大党务政务公开，规范权力运行机制。全县建立规范化党务公开栏300余个，公开各类重点党务信息2000条。加强对“一把手”及关键岗位权力的监督制约，继续实行《党政正职“五个不直接分管”和“末位表态”工作制度》，对重要单位和重点岗位探索实行股级干部竞争上岗，在全县行政事业单位普遍实行交流轮岗和AB角工作制，进一步增强权力配置的科学性，更好地用机制规范权力的运行，用制度管理干部的行为。

三是加大查办违法违纪案件力度。全年共受理各类违纪违法案件49件，调查核实49件，立案38件，其中乡科级干部11件，万元以上大案10件；结案36件，给予党纪政纪处分56人，其中乡科级干部15人；重处分13人，其中开除党籍2人，留党察看8人，撤销党内职务2人，行政撤职1人；挽回经济损失100余万元。

【以打造“廉洁乡村”为目标，狠抓制度乡村建设】

一是严格执行村级重大事项民主票决制度。凡属于民主决策范围的村级重大事项，所有行政村全部严格执行“四议两公开一票决”程序。一年以来，全县各行政村共票决事项814件，涉及金额5268.31万元。

二是严格执行村集体“三资”规范管理制度。充分发挥强农惠农资金监管平台作用，保证资金监管的前瞻性、安全性、规范性，监管强农惠农项目195个，涉及资金3.6亿元，网络监管平台发出预警手机短信597条，督办通知书52份，已全部整改。推行小型工程“明标明投、随机抽取”的“公开摇号法”模式。全年有43个小型工程按流程进行了招投标，采取合理低价法40项，采取公开摇号法3项，预算投资总额1259.18万元，实际投资总额1193.45万元，节约率5.22%。

三是严格执行村级事务阳光公开制度。采取“一网、一栏、一屏、一卡、一册”五个一的公开模式，从公开内容、公开程序、公开时间、公开形式等环节进行规范落实，提高党务、村务公开质量。全年共发放涉农资金明白卡2000余份，公开各类信息18579条。

四是促进村务监督委员会规范履职。出台《规范村务监督委员会运行机制的通知》，明确村务监督委员列席两委会议有表达发言权，审核票据有签字盖章权，公开事项有审核把关权“三项权力”。一年来，村务监督委员会列席两委会议1503次，审核村级票据5808笔5185.01万元，否决不合理开支69笔8.01万元，纠正不合理开支66笔6.02万元，监督村务公开1557项，收集群众意见建议417条，发现纠正各类问题167项，化解矛盾73件。

五是加强农村基层党员干部廉洁教育。开展“村务监督委员会”履职检查，实行村务监督委员会工作季度汇报制。开办“农廉手机周报”、廉政电影巡回演出、廉政知识竞赛等廉政文化活动。以《农村干部廉政手册》为教材，采取组织培训、以会代训等形式，进行了宣传培训。其中县级开展专题培训3次，培训农村基层干部200余人；乡村两级开展廉政培训148期，接受廉政教育村干部达3298人次。

统战工作

【围绕主题主线，夯实了统一战线共同思想政治基础】

认真学习宣传贯彻中发〔2012〕4号和晋发〔2012〕8号文件精神，把加强党外代表人士队伍建设作为全年统战工作的重点，紧密结合实际，分析研究了新形势下加强全县党外代表人士队伍建设工作的意见和建议，使党外代表人士队伍建设列入县委的重要议事日程，党外代表人士队伍建设的"五个一"新机制得到贯彻落实，在党外干部培养选拔、推荐任用和监督考核等方面建立和完善了有关体制机制，党外干部管理工作得到开拓创新，与党外代表人士联谊交流工作明显加强。

【发挥优势职能，彰显了统一战线的特点和作用】

1.充分发挥党外人才领域宽泛、智力密集、站位超脱的优势，积极引导各界代表人士参政议政。在县"两会"期间，各界别委员和人大代表提交提案、议案上百件，并积极参与大会发言、建议，为陵川经济社会发展献计出力。工商联界别的政协委员和人大代表围绕全县关注的非公经济发展、社会发展和民生的热点难点问题提出了20多条有价值的意见和建议，为县委、县政府作出重大决策提供极其重要的参考价值。侨界代表共撰写提案5份，社情民意5份，较好地发挥了侨界在政协中应起的作用，反映了社会各方面的呼声，张建军委员的提案《切实加强招商引资力度，促进我县经济社会转型跨越发展》受到了县政府有关领导的批示。

2.着力发挥工商联、侨联服务联系群众的桥梁纽带作用，通过做思想政治工作积极参与到了经济社会发展进程中。5月，工商联组织工商联常委对鸿生化工厂车间生产、库存保管等一系列先进的管理模式进行了参观学习；10月又组织全县4名非公经济人士赴太原参加了全省小微企业创业技能培训班；并组织举办了非公经济人士培训班，全县非公有制经济人士150人参加了培训。并且通过发挥基层商会的作用，帮助地方中小企业解决融资难题，促进了地方经济发展。侨联在帮助困难侨眷、侨属解决生产生活问题的同时，积极深入侨属企业调研，实施开展科技帮扶工作。通过为侨属企业聘请专家进村指导，提高了管理水平，促进了企业增收。

【把握方向重点，发挥了民族宗教界群众的积极作用】

1.始终把发展民族经济作为做好本县民族工作的第一要务。一是进一步加大对少数民族聚居地区经济社会发展的扶持力度，召开了少数民族聚居村扶贫推进会，为附城镇附城村、平城镇东街村、礼义镇东街村三个少数民族聚居村申报了修建幼儿园、回民商业街改造、污水处理等项目，省民族事务委员会并将这三个少数民族相对聚居村确定为未来三年重点扶持对象，继续帮助他们改善生产、生活环境，不断提升少数民族群众的生活水平。二是积极支持和鼓励少数民族群众发展养殖业、种植业和清真肉食品深加工项目。帮助晋城市伊园牧业有限公司、晋城市星月食品有限公司和附城清真食品厂三个民族企业，筹集2000多万元，对企业进行扩建改造走发展壮大之路，打造了“伊园”“星月”“志红”“伊兴”等清真牛肉丸民族品牌。

2.贯彻落实《中华人民共和国食品安全法》和《山西省清真食品监督管理条例》。对全县清真食品生产经营企业和网点，重新进行了全面的调查摸底和登记备案，重新颁发了清真食品经营许可证和清真标牌，规范了清真食品市场，在全县营造一个安全放心的清真食品生产经营环境。

3.严格按照“教风年”创建方案的标准、步骤和要求，在全县20个宗教活动场所和8个临时活动场所开展了以“教风年”为主题的和谐寺观教堂创建活动。建立和完善了各项规章制度，各活动场所基本上都做到了美化、硬化、亮化和绿化，环境得到了明显改观。开展了“民族宗教政策法规宣传学习月‘五个一’”活动。认真做好了宗教教职人员身份认定和社会保障工作。建立健全了全县宗教教职人员档案。

4.积极引导宗教与社会主义相适应，开展了“宗教慈善周”活动。佛教界对200名因病返贫家庭和孤寡老人进行了慰问，为他们送去了生活必需品和慰问金，慰问资金20000余元；道教、伊斯兰教、基督教和天主教也根据各自情况，开展了不同形式的慈善活动。

政法工作

【以维护国家安全为重点，确保全县政治秩序安全稳定】

一是健全完善各类应急处突工作机制，出台了《陵川县2013年度应急处突预案汇编》，以县应急办牵头建立了统一领导的应急联动指挥系统，组织开展各行各业的应急日常演练，应急处置能力大幅提高，特别是政法系统积极参与“3·7”森林火灾，维持现场秩序，指导调查救援，得到了县委、县政府的充分肯定。二是紧紧抓住影响国家安全和社会稳定的源头性、苗头性问题，完善情报信息研判例会制度，建立健全了28个职能部门参与的情报研判联席会议制度，延伸了工作触角，拓宽了信息渠道，密切掌握境内外敌对势力组织动向，教育转化原“法轮功”“实际神”等邪教组织参与者，加强对重点人员、重点部位和网络舆情的管控，确保了本县未发生任何有影响的政治案件和事件。三是坚持在重要节点对重点要害单位进行安保督察，下发限期整改通知书7份，督促责任单位及时整改，确保了重要节点社会整体平稳有序。四是坚持重要节点实行维稳情况信息日报告制度，按照有事报情况、无事零报告、重要情况随时报告的原则，每天下午5点之前，将当日情况汇总上报市委政法委及县主要领导，牢牢把握维稳工作的主动权，为领导决策提供了翔实的第一手资料。五是组织开展“不稳定因素百日大排查”活动，在十八届三中全会召开前夕，出台了《关于开展信访积案化解“百日攻坚战”活动的通知》，将一年来进京、赴省、到市重复上访的18件信访积案分解至各乡镇和有关单位，以事要解决和息诉罢访为标准，明确了“五个一”的方法逐案进行化解，形成了一级抓一级、层层抓落实的工作局面。同时，组织4个信访稳定工作专项督察组深入全县12个乡镇和4个涉案单位进行专项督察，确保了十八届三中全会期间“双零”和“五个不发生”目标的实现。

【以平安陵川建设为载体，促进社会治安大局持续向好】

2013年，全县按照中央、省、市关于平安建设的一系列安排部署，特别是5·31平安中国建设和7·2深化平安山西建设工作会议之后，按照会议精神迅速贯彻落实，及时出台了《平安陵川建设五年规划(2013—2017年)》《平安陵川建设2013年行动计划》和《陵川县“六六创安”工程实施方案》三个规范性文件，于9月5日召开深化平安陵川建设动员大会，对全县深化平安建设工作进行再动员、再部署，有力地推动了平安陵川建设的深入开展。

一是开展矛盾化解筑平安。认真落实“六级六步”大调解工作机制，加大排查力度，畅通诉求渠道，建立了征地拆迁、村矿矛盾、劳动关系、医患关系、交通事故、环境污染6个行业性专业调解组织，深入开展“大接访”“大走访”“大调解”活动，实现了人民调解、司法调解、行政调解的有效衔接配合，努力解决影响社会稳定的源头性、根本性、基础性问题，大量矛盾解决在基层，化解在萌芽状态。截至年底，全县各级组织共排查各类矛盾纠纷411件，调解成功399件，调解成功率达到97.1%。

二是落实打防管控建平安。针对当前全县社会稳定面临的新情况新问题，在全县开展了以“六场硬仗”为主要内容的专项行动，适时组织开展了严打整治专项行动，始终保持了对各类违法犯罪的高压态势，对本年发生的2起命案实现命案必破，截至11月26日，全县刑事案件零发案天数达223天，同比增加6天。深入开展社会治安“六项整治”，全面排查，彻底整治，共排查城乡结合部3个，城中村13个，工矿区11个，出租房屋425间，九小场所719个，校园及周边362个，整治2个，消除了一大批安全隐患，推动了重点地区和场所社会治安状况的根本好转。同时，按照县委、县政府《关于进一步加强和完善社会治安防控体系建设的实施意见》要求，深化治安防控“六网覆盖”工程建设，在全县主要出口建立了12个视频卡点，完善了110视频指挥系统和122交通视频指挥系统，着力构建专群结合、人防技防结合、网上网下结合的“两圈四面五线”治安防控体系，提升了全县社会治安防控能力。

三是夯实基层基础固平安。20个县直平安建设项目的牵头单位按照平安陵川建设五年规划、2013年行动计划和《陵川县“六六创安”工程实施方案》要求，出台了所承担平安建设项目的五年规划、2013年行动计划和具体的实施方案，明确了牵头单位和配合单位的具体职责，逐一落实责任人员，倒排时间，明确路径，各司其职，各负其责，确保了平安陵川建设和“六六创安工程”的项目化推进。

四是完善网格管理助平安。大力推进县、乡、村三级基层社会服务管理体系建设和“网格化”管理，县级社会服务管理指导中心基本实现数据传输集成、音像传输、视频会议及数据分析等功能需求。12个乡镇社会服务管理中心全部运转,开通了社会服务管理软件,人口信息录入基本完成。378个村(社区)基本完成村级中心建设任务,普遍设立便民服务中心和网格服务团队,为基层网格长配备移动手机终端80余部,共上报信息60条,转办处理4条,极大提升了社会管理的科学化水平。

五是管控特殊人群稳平安。对刑释解教人员、社区矫正人员、吸毒人员、艾滋病人员、易肇事肇祸精神病人和社会闲散青少年六类特殊人群有针对性地落实教育、帮扶、矫治、管理以及综合干预等措施,还依托社会服务管理体系将"六类特殊人群"列入"网格化"服务管理内容,由网格长实施日常有效监管,确保底数清、情况明,服务好、无死角,促进他们参与社会,融入社会。同时,做实流动人口服务管理,整合公安、计生、劳动等部门为流动人口办理务工、经商、子女入学、就业、工资卡等业务,把全县1962名流动人口全部录入了山西省流动人口管理系统,实现了部门联动、资源共享。

六是典型示范引路带平安。在深入推进平安家庭、平安单位、平安矿区、平安村(社区)、平安乡镇和平安县为主要内容的"六安联创"活动的同时,本县还因地制宜积极推进基层平安创建活动,以典型引路带动基层平安建设在多层次、宽领域的广泛实践。特别是围绕县委、县政府"打造中原地区最具影响的生态休闲旅游健康度假中心"的目标定位,以完善三大体系、创新三大机制、突出三大层面为抓手,大力推进平安景区建设,为本县走出资源型经济地区发展新路奠定了坚实的基础。8月8日,晋城市平安景区建设现场会在陵川县召开,市综治委对陵川县在基层平安建设创建活动中的积极探索给予了充分肯定。

七是服务重点项目推平安。县委政法委组织政法各部门认真开展为重点项目建设"排干扰、解纠纷、化风险、保平安"活动,为67个省、市、县重点项目逐一落实服务保障责任。截至年底,对涉及重点项目建设的5起刑事案件、11起治安案件快查快处、快侦快破,提供法律咨询31次,查办涉农、工程建设等职务犯罪3件9人,依法打击非法采矿、重大责任事故等破坏生态环境资源犯罪6件19人，依法打击非法经营、虚开增值税专用发票、信用卡诈骗等扰乱市场经济秩序犯罪3件4人。

老干部工作

【做好离退休干部服务管理工作】

1.加强离休干部医疗费管理。根据国务院、省、市离休干部医疗费管理的相关规定，结合本县实际，5月由县委组织部、老干部局、人社局和财政局联合下发了陵人社字〔2013〕10号文件《关于印发〈陵川县离休干部医疗费管理实施细则（试行）〉的通知》。该文件共分门诊管理、住院管理、费用结算、支付凭证、不予支付的项目范围、监督与管理等6个部分共21条，进一步加强和规范了离休干部医疗费的管理。

2.做好退休干部服务管理工作。建立健全运转有效的工作机制，按照分片属地的管理方式，分乡镇、分社区对离退休干部进行集中管理，通过印制《老干部常用电话号码簿》等方式，健全了老干部个人信息档案情况。每月一期的《山西老年》通过社区（乡镇）小组长送至老干部家中，使老干部及时拿到学习资料。

3.依托社区资源做好“四就近”工作示范点。在城东社区、城南社区等离退休干部集中居住的中心建立了老干部活动室，与社区结成了资源共享、综合配套、互联互补、密切合作的良好机制，综合共享社区的医疗、文化、设施等资源，加强对社区老干部的管理，为老干部提供了更加优质的服务。

【全面落实好老干部的政治待遇】

1.按照市局“百名老干部、百场报告会”十八大精神宣讲活动的要求，以老干部例会、支部会、党员学习会、乡镇（社区）每月学习会、老年大学课堂、关心下一代课外培训等形式，进学校、进企业、进乡镇、进农村、进老年大学、进老干部党支部，推动离退休干部学习贯彻党的十八大精神工作扎实开展。于3月21日召开了动员大会，出台了《实施方案》，成立了宣传团，吸收了一

批口才好、有一定政治理论素养的老领导参与进来。4月，由党委书记王建平带领的宣讲团深入附城镇、平城镇等地进行了宣讲，老干部局利用每月老干部例会时间也进行了多场宣讲。县委常委、宣传部长王立新等进行了专门讲课。特邀市委老干部宣讲团张志文、李向阳、秦生龙等老领导深入杨村、礼义、夺火等地进行宣讲。全年宣讲场次达70场，参加人数5000余人次。

2.组织老干部传达学习十八届三中全会精神。11月15日，老干部局组织县城社区组长、离退休干部支部书记和离退休干部代表210余人召开会议，传达学习党的十八届三中全会精神。12月13日，本县十八届三中全会宣讲团成员、县财政局副局长徐静在老干部活动中心会议室作了《抽丝剥茧说财政》的演讲。她紧扣《中共中央关于全面深化改革若干重大问题的决定》中关于“深化财税体制改革”的有关论述，逐条逐句解读，阐述国家财税改革发展历史，紧密联系本县财税实际，用大量数据和事例，图文并茂，深入浅出地针砭工作发展利弊，畅述改革发展前景，使大家对于财税工作有了比较清晰的认识。

3.发挥退休干部“老有所为、奉献余热”的热情。县城老干部综治办在崇文镇派出所设立的“夕阳红调解室”，为辖区群众调解了大量个人纠纷和社会矛盾，为社会治安综合治理作出了积极贡献。老干部通讯组在国家级报刊发表作品4篇；在省级报刊发表作品61篇；在市级报刊发表作品70篇，县级报刊发表作品70篇。近年来涌现了著书立说的先进典型秦鸿昌、捐资助学先进典型常东升和见义勇为先进典型苏金松等。秦同和老师被中央电视台特邀参加出席2013年度“三农人物”候选人节目录制。

4.做好离退休干部党建工作。2013年老干部局党委建有离退休干部党支部14个，直属离退休干部党支部9个。按照县委组织部要求，完成了党组织、党员星级评定工作，党组织和党员管理实现了星级化管理。6月28日局党委召开庆祝建党92周年暨表彰大会。会议对离退休干部城东第一党支部等4个先进党支部、城南第一党支部第三党小组等6个先进党小组、韩学智等9名优秀党务工作者、牛喜胜等26名优秀共产党员进行了表彰奖励。号召大家要向受表彰的先进基层党组织和优秀党员学习。6月25日至27日，局党委由局长刘书香、局党委书记王建平等分别带队，深入县城七个社区对21名生病和特困老党员进行了慰问。

【加强离退休干部活动阵地建设】

2013年，加强了对老干部活动中心的管理措施，配置和完善各活动室设施和器械。为城南社区购买麻将桌、象棋套装等，增强了活动中心的服务功能。平城、附城、西河底、潞城、杨村、礼义、城东等乡镇或社区都建起了设施完善、配套齐全的乡镇老干部活动室，被市局命名为"达标老干部活动室"。同时加强了对达标乡镇(社区)老干部活动室的管理，定期深入基层对活动室进行督察指导和调研，切实把老干部活动室建成离退休干部的精神家园。

老年大学于2005年被省局授予"县级老年大学示范校"。春季，老年大学开设了音乐、文学、书画、摄影、舞美5个班，设立时事政治和养生保健两门公共课，共有学员169人。从有关单位和离退休老干部中聘请教师10余人。从4月16日开学到6月25日结业，共用学时42小时。教学计划完善，各项制度健全规范，利用养生保健课等平台在老干部中开展"文化养老"活动。

【组织老同志参观全县重点工程建设】

1.组织老同志对全县重点工程建设情况进行了参观考察。9月23日，组织50余名离退休老干部在县委组织部、老干部局的引领下，参观了城南"生态环城绿化工程""太行山(国际围棋文化)旅游产业园"和"陵川汽车客运中心"，秦家庄乡侯家岭"正嘉养殖原种猪场"、礼义镇杨家河"鸿生生态园"、司家河"山西珍茹坪食用菌有限公司"，杨寨村人社局正在兴建的"农业科技创业孵化基地"。在参观中，老干部们每到一处，都争先恐后地仔细观看，认真听取工程介绍，深受感动和鼓舞。

2.组织老干部参观县城供水工程。10月29日，老干部局组织部分离休干部、县处级老干部、离退休干部党支部书记和社区组长共50余人，前往马圪当乡双底村参观县城供水工程。在县水务局局长李志国等领导的陪同下，先后参观了县城10万方全封闭水池工程；小磨河、大磨河引水工程。最后，又实地参观了红豆杉自然保护区和投资9138.15万元即将开工兴建的磨河水库工程。

【组织开展“老干部讲坛”活动】

5月15日，老干部局举办了首期“老干部讲坛”。县委常委、宣传部长王立新作首期主讲。王部长以《积极推进社会主义文化建设》为题，深入浅出地讲解了社会主义文化建设的必然性和重要意义。参加讲座的300多名离退休干部，再一次接受了十八大精神的教育，对社会主义文化建设有了进一步的认识。之后又邀请县发改局、农开局、科协等领导和专家进行了授课。全年共举办11期，收到了预期效果。

【组织老同志开展丰富多彩的文体活动】

1.老干部局利用春节、七一、九九重阳节、国庆节等重大节日，在全县离退休干部中广泛开展主题多样、形式活泼的文体活动。组织老干部开展了全县一年一度的老年人运动会，举办了老干部文体比赛、门球比赛、九九重阳节文化广场和趣味比赛等活动，丰富和充实老同志的业余文化生活。更好地发挥老体协、书画研究会、老干部通讯组、县城老干部综治办等涉老组织的特殊优势和在老干部中的组织引导作用。

2.在全县离退休干部中开展了“同心共筑中国梦”有奖征文活动。征稿要求以大力宣传党的十八大精神为指针，以“同心共筑中国梦”为主题，以本县先进人物、模范事迹、创新精神、典型经验、历史传承为主体。作品要求情感真挚，积极向上，分诗词类和文章类两种，各设一、二、三等奖和优秀奖若干名，年底对获奖者进行了表彰奖励。

关工委工作

【发动“五老”关爱“八失”青少年】

根据市关工委《关于组织“五老”关爱困难青少年的工作方案》要求，为不断延伸解决青少年“三失”的途径，注重解决青少年中的“八失”，即“失亲、失体、失教、失管、失护、失学、失业、失足”等问题，推进本县未成年人思想道德建设工作，针对部分孤儿、残疾儿童、留守儿童、特困家庭子女、父母一方长期重病或残疾家庭子女等困难青少年群体，关工委制订方案，开展调查，组织发动“五老”积极参与关爱，在全县开展了“关爱困难青少年”系列活动。

一是在对留守儿童关爱方面。一抓感情投入。针对农村留守儿童的父母长年在外务工，失去父母关爱，形成亲情缺失，关工委组织老村干、老教师、老模范等，组成关爱小组 30 个。秦同和老教师建立了“留守儿童之家”，有 15 名留守儿童在那里得到了关爱和教育。仕图苑有位儿童叫李佳欣，她母亲病故，父亲在忻州打工，奶奶 70 多岁，秦同和老教师“六一”为她捐资 500 元作为生活补贴。二抓生活帮助。留守儿童父母不在身边，在起居、饮食等方面存在很多困难，各乡镇关工委在“五老”中组织“代理爷爷”或“代理奶奶”重点关照留守儿童生活。崇文镇东谷村郭学波老干部有一邻居家有一名留守儿童叫程帅，今年 14 岁，她母亲在晋城富士康打工，父亲在砖场开三轮跑运输，早出晚归，小程帅的爷爷奶奶、外公外婆都已去世，2011 年秋，小程帅被棋源中学录取。6 年来，老干部郭学波主动关心、关爱小程帅，生活上照顾她、关心她，学习上辅导她，每年“六一”给她买笔记本、笔等学习用品，过年给她压岁钱，每到双休日小程帅回到家，她的母亲都要给郭学波打电话过问女儿程帅“回来没有”等生活情况。多年来，郭学波已成为“代理爷爷”。三抓学习失管。农村留守儿童居住分散，在学习上失去父母的管护、辅导。关工委充分发挥老教师的作用，先后组织了 50 名退休教师与 60 名单亲家庭学生、留守儿童结成对子，对这些孩子进行理想、人生观等方面的教育，深受社会各界好评。四抓安全教育。实行“五老”呵护幼苗活动。不断加强对留守儿童的安全知识教育，在防溺水、防火、防震、防交通安全等方面进行重点训练培养。五抓心理健康教育。留守儿童长期缺少父母关爱，容易出现自我封闭、自由散漫、逃学厌学的问题，组织建立“关爱园”“亲情桥”“大手拉小手，老少心相通”，设立“亲情电话、网络热线”，促进亲情交流。常东升老教师在黑土门村建立了“老少活动园”，为留守儿童提供了快乐成长的“关爱园”。

二是在对失足青少年的帮教转化方面。共动员 90 名老同志，组织 15 个帮教小组，先后帮教失足青少年 30 余名。平城镇、崇文镇在“五老”中采取了“一帮一”活动；退休教师秦同和在帮教中，坚持耐心教育，使本村的 5 名失

足青年走上正道,孙胡胡就是其中一例。

三是在对失业青年帮助就业方面。发动“五老”积极参与,根据每个青年的性格特点,有针对性地进行指导培训和帮助就业。崇文镇常红牛同志,不但管理着自己的果园,还经常给青年讲课传授技术,被誉为陵川的“果树”专家,解决了村上30余名青年学技术、就业等问题。退休干部牛志盛创办的兴盛商贸批发部,致力解决50多名城乡落榜青年和下岗青工的就业、再就业问题。

四是在对残疾儿童资助方面。老教师苏金松、老干部李廉芳到庄河村为残疾儿童毛毛捐款600元、面粉100斤;老干部王全妞为后山村患肝癌。董虎中上学困难的女儿资助100元。

【创建“五好关工委”活动】

2013年,全县在“五好关工委”创建活动中,杨村村被中国关工委授予“五好基层关工委先进集体”称号;苏村煤业、杨村村、盖城村分别被省关工委授予“全省五好基层关工委先进集体”称号。县关工委被省关工委授予“全省创建五好基层关工委优秀组织”称号。

【开展五项活动,不断加强青少年思想道德建设】

一是依托家长学校、爱国主义教育基地等载体开展活动。4月9日,县关工委配合团县委、县教育局、县民政局等单位在县烈士陵园联合举行了纪念陵川解放68周年暨扫墓系列活动。县城的10所学校,500多名师生参加了此次活动。活动中,革命老前辈杨珠宝为广大师生进行革命传统教育,使学生们受到了一次深刻的教育。

杨村、小召关工委多次组织青少年学生来到杨村未成年人“特色示范教育基地”,通过观看实物,使青少年学生真正贴近生活、体验生活。

二是以“中华魂”(中华美德颂)主题教育活动为载体开展活动。关工委同教育局、新华书店联系,结合实际,在全县青少年中组织开展了“中华魂”(中华美德颂)主题教育活动。共征订读本6600余册,上报征文57篇,有26名青少年分别获市“一等奖”“二等奖”“三等奖”“优秀奖”;有4名分别获省“二等奖”“三等奖”“优秀辅导员”“先进工作者”;有3名分别获全国“一等奖”“三等奖”“优秀辅导员”。县关工委被市“中华魂”组委会评为“先进集体”。

三是以联户家教活动为载体开展活动。根据《关于深入开展千名“五老”联千户家教活动的通知》要求，建立健全“五老”家教档案1500个。如平城镇关工委全镇100多名“五老”，每名老同志主动联系1—2户自已的亲戚或邻居，利用家训家规、家庭图书室、家庭文化站、家庭书画室、家庭演唱会等形式，有针对性地帮助其提高育子水平，以家长带动家庭，为青少年健康成长撑起一片蓝天，建立“五老”联户家教档案150份。

四是通过图文并茂形式开展活动。老教师秦同和投资15万余元在仕图苑村租楼房6间和修建140平方米(包括院)建立了“青少年道德教育基地”，内有图片100多幅，图书、刊物2000多册，极大地丰富了老少文化生活。

五是发动“五老”参与网吧监督，净化文化环境。利用节假日组织96名网吧义务监督员，对全县网吧进行定期或不定期走访监督。他们坚持走街串巷，巡查监督各个网吧的经营，重点检查未成年人上网、传播违法有害信息、消防安全隐患等违规行为。家住县城的杨珠宝、吕先锋、秦同和等几位老同志节假日坚持到网吧巡查，每到一处，认真查看登记簿，检查网吧业主是否按规定作了登记，上网人员中是否有未成年人，网吧里是否存在安全隐患，监督规范网吧的经营。在这些义务监督员的辛勤工作和努力下，网吧经营出现一个健康良好的局面。

【纪念县关工委成立20周年暨“双先”表彰大会召开】

11月14日，在人大五楼会议室召开纪念县关工委成立20周年暨“双先”表彰大会。会议回顾了全县关心下一代工作20年的发展历程，总结经验，表彰先进，安排部署了今后工作。市关工委常务副主任田志勤，县委常委、宣传部长王立新出席会议并讲话。县关工委全体人员、县直有关单位负责人、各乡镇关工委主任、部分受表彰的先进集体及个人参加会议。

会上授予杨村关工委、苏村煤业有限公司关工委等37个单位为县关心下一代工作先进集体，秦同和、王全妞等6人获县关心下一代工作突出贡献奖，秦喜根、杨珠宝等36人被评为县“五老”关心下一代工作先进工作者，王学平、张学工等18人被评为县关心下一代工作先进工作者。

另外,10 月 11 日,在晋城市关工委成立 20 周年暨“双先”表彰大会上,本县有 10 个单位被授予关心下一代工作先进集体,有 2 名被授予关心下一代工作功勋奖,有 4 名被授予关心下一代工作突出贡献奖,有 2 名被授予关心下一代工作荣誉奖,有 20 名被授予关心下一代工作先进工作者等称号。

县委党校工作

【围绕中心,服务大局,圆满完成各项培训任务】

根据县委干部教育培训规划,积极配合组织人事部门开展各类培训:全年共培训入党积极分子暨党员发展对象 3 期,参加培训 380 人;科级干部学习贯彻十八大精神 3 期,参加培训 450 人;农村两委主干 4 期,参加培训 620 人;大学生村官 1 期,参加培训 205 人;基层理论宣讲员 1 期,参加培训 110 人。在理论教育上,重点是抓好中国特色社会主义理论体系和中央、省委、市委、县委重要会议精神的学习、宣传和贯彻 。同时,积极拓宽培训渠道,新增锡崖沟、杨村、曲艺队 3 个干部培训实践教学基地,旨在充分发挥党校在干部培训中的主阵地、主渠道作用,进一步创新干部培训方式,推动全县干部教育培训工作再上新台阶。

【新建党校一期工程投入使用】

为加强县委党校基础设施建设,彻底改善办学条件,适应大规模培训、轮训干部的需要,县委党校根据县委、县政府领导要求,与县财政、发改委等部门协调,对工程进行了设计和预算批文,按规定进行了投标,于 9 月 10 日同河南城建建设集团有限公司签订了装修合同。县委、县政府在县财政比较紧张的情况下又增加投资,对县委党校一期工程的综合教学楼及餐厅、报告厅进行了装饰装修,总投资 176 万元。其中,综合教学楼装饰装修共计 56 万余元;餐厅、报告厅装饰装修共计 94.7 万余元,绿化 15.8 万元,工程其他费用 9.47 万元,该工程除绿化外年底全部完工。

党史工作

【《中国共产党陵川历史纪事》(1950—1978)编纂工作】

编纂《中国共产党陵川历史纪事》以党的十一届三中全会为界点,分为上下两卷。上卷的编写工作是本年度工作的重中之重。2013 年中期,经过上一年的档案查得的电子资料,重新经过第二轮的鉴定,筛选出大事,编出大事记题目、目录;第二步根据目录及目录所标文件出处以电子档案为重要依据进行编写。年底,将上卷初稿完成。

【配合民政局完成革命遗址地图的标注】

2010 年,党史办对全县 12 个乡镇 378 个行政村进行了革命遗址的全面普查摸底,筛选了 35 处革命遗址。2013 年党史办配合民政局在全县的版图上进行了详细、准确的标注。

【完成《山西改革开放实录》专题题目及提纲】

按照上级党史部门关于开展《山西改革开放实录》课题研究编写工作的部署和要求,本县将该项工作作为本年度的工作要点,成立了由主要领导牵头的领导小组,由党史办骨干编写。本着以改革开放以来中国特色社会主义的历史发展为线索,科学阐释县委、县政府在党的路线方针政策和中央重大决策的指引下,在推进改革开放过程中作出的一系列富有特色的重要决策、重要举措,出现的重要事件、获得的重要成果及重要经验。对所确定专题的事件来龙去脉进行了梳理,对实践经验作出科学理性的分析,力求为本县改革开放过程中各方面重大事件、重要探索作出的巨大成就及所取得的宝贵经验留存信史。

机构编制工作

【深化政府机构改革，切实推动了政府职能转变】

1.深入基层开展了机构编制调研。5月对县食品药品监督管理体系进行了调研，7月对政法系统部分事业单位使用政法专项编制现状和沿革情况进行了调研，8月对非时政类报刊、保安服务机构和全县检验检测机构进行了调研，9月对全县乡镇农林水技术服务机构进行了调研，10月对市场监管和行政执法队伍进行了调研，11月下旬对全县基本医疗保险经办机构进行了调研。对全县改革涉及的事项做到了问题清，底子明。

2.推进食品药品监督管理体制改革。一是将卫生、工商、质监部门食品和药品监督职责进行了整合，组建了新的食品药品监督管理局；二是完善食品药品行政执法队伍，组建了县食品药品稽查队；三是整合县级食品药品安全检验检测资源，在条件成熟后组建县综合检验检测中心；四是推进食品药品监管工作关口前移、重心下移，形成食品药品监管纵向到底、横向到边的工作体系，设立了乡镇食品药品监督管理站。通过以上改革措施，初步形成一体化、广覆盖、专业化、高效率的食品药品监管体系，更好地推动解决关系人民群众切身利益的食品药品安全问题。

3.清理行政审批事项，切实转变政府职能。为力争实现行政审批"项目最少、流程最优、时限最短、服务最好"的目标，对所有行政审批事项进行了再度精简。原来本级实施主体46个部门、行政审批项目242项(其中行政许可177项、非行政许可65项)，通过"删选上报、依法取消、近似合并和调整方式"等环节，取消项目55项，合并项目30项，调整项目16项，上报项目45项。据统计决定本级保留43个部门，行政审批项目107项，其中行政许可项目99项，非行政许可项目8项。 截至年底，全县保留审批事项总数由242项降至107项，削减135项，总精减率达55%。

【统筹安排，稳妥推进了事业单位各项工作】

1.推进事业单位分类改革。按照中央对试点省市事业单位分类改革工作的要求和精简、统一、效能的原则，本县在事业单位清理规范基础上，参照《山西省市县事业单位分类指导目录》，经多方征求意见、数次酝酿，2012年对全县305个事业单位按承担行政职能、从事生产经营和从事公益服务三个类别进行了初步的分类，分类结果和报告已上报市编办。2013年，继续加大与主管部门、财政、人社、法制部门的协商沟通力度，对原上报方案又进行了完善和规范，待省、市编办批复后，将适时提交县编委会研究审定，在市编办的指导下全面完成事业单位分类改革。

2.深化事业单位法人治理结构工作。根据中央、省、市机构编制部门安排，2012年选择了陵川县一中和新型农村合作医疗管理中心作为试点单位在区域内进行了先行先试，这两个事业单位均在规定时间内制定了试点方案，草拟了理事会筹备方案和章程。2013年，继续深入推进法人治理结构进度，在完善章程草案、建立健全岗位责任制、加强单位信息公开制度方面进行了指导和推进，确保试点工作按照现定方案稳妥地向前推进。

3.完成事业单位法人登记工作。全年共办理事业单位法人变更登记67家，补领证书2家，证书废止3家，设立登记14家，并在法定期限内圆满完成了对全县144家事业单位法人的年度检验工作，年检合格率97%。

【突出重点，创新和严格了机构编制管理】

1.加强了机构编制监督管理。一是严格了实名制管理。2013年，县编办与组织、人社部门在干部职工的退休、任免职、调动等方面沟通协作，及时掌握工作人员的动态和数据更新。鉴于人事调整，还对各单位机构编制证进行了年审，着力推进了机构编制实名制管理的完善和改进；二是严格了控编进人制度。严格实行“三个一”制度。针对部分机关单位不经编办机关审核批准，擅自调动下属事业单位人员，造成部分事业单位超编制的情况进行了整改。如责令教育系统、卫生系统对所属超编事业单位人员进行了分流调整。同时在用人单位申报招聘计划前还提前介入，审核其机构编制，超满编一律不予审核批准。对其他因历史原因造成超编的单位，则严把入

口关，只出不进，将自然减员空出的编制用于消化超编人员，逐步将实有人员控制在核定的编制之内，以有力维护机构编制工作的严肃性；三是建立了干部配备沟通协调机制。在领导职数配备方面，加强了与组织部门的沟通和协调，将全县党政机关超职数配备干部的情况及时反馈给组织部门，并将经市编办批复的全县行政、事业单位领导职数核定表提交给组织部门和党政主要领导，为顺利推进干部调整打下了坚实基础。同时结合上级要求和本县实际，报请市编办先后为县道路运输管理所等单位办理提高规格和增加领导职数事项7件。

2.严格控制机构编制总量。为确保今后五年不突破2012年事业机构编制总量，并切实做到以下三点：一是严把“审批程序关”，规范工作程序。始终坚持编委会议事规则，坚持机构编制的集中统一管理，坚持把好审核关，坚持从紧从严；不越权审批、不违反程序审批、不在限额外审批，全力维护机构编制工作的权威性和严肃性；二是严把“人员入口关”，控制编制总数。坚持实行进人控编审核审批、事业编制总量控制、编制实名制管理等行之有效的机构编制管理举措，对新增机构和职能增加所需编制，通过内部调剂等办法予以解决，盘活编制存量；三是严把“工资审核关”，规范编制管理。结合机关事业单位工作人员统发工资审批，对机关事业单位出入人员和机构编制落实情况进行跟踪管理，形成机构编制管理与财政预算管理、组织人事管理协作配合、互相监督、共同促进的管理机制，确保了人员流动的合理性、规范性；四是严把“监督检查关”。认真执行中央关于机构编制的“三个一”和“五不准”规定，健全完善“12310”机构编制监督电话投诉举报制度，全面落实社会各界对机构编制管理的知情权、参与权和监督权。

3.推进了机构编制电子政务建设。截至12月底注册成功327家(其中行政58家，事业单位269家)，注册成功率90.8%。在后续管理中，对域名使用到期的单位加大管理力度，对使用到期的78家行政事业单位及时进行了续费。7月1日，下发《关于开展全县政务和公益中文域名网络红页(网站)建设工作的通知》(陵编办发〔2013〕9号文)，在全县开展了网络红页的建设工作，督促指导相关单位进行了网站建设，到年底验收合格111家。

4.完成了与党委系统联网工作建设。按照中编办《全国机构编制部门电子政务发展规划(2011—2015)》、省编办《山西省市县两级机构编制部门接入全省党委系统业务网的实施方案》的总体要求,县编办于12月中旬全面完成了与党委系统的联网工作,构建了横向连接中央国家机关各部门、纵向贯通地方各级机构编制部门的电子政务网络。

县直工委工作

【组织工作方面】

1.狠抓了星级管理评定工作。根据市、县组织部要求,在上一年逐步分类定级的基础上,对所属各基层党组织和广大机关共产党员开展了星级评定,实行了星级管理。所属120个基层党组织,被评定为五星级的共12个,占10%;四星级的共27个,占23%;三星级的共69个,占57.5%;二星级的共12个,占10%。所属1986名共产党员,被评定为五星级的共263名,占13.24%;四星级的共584名,占29.41%;三星级的共905名,占45.57%;二星级的共223名,占11.23%;一星级的共11名,占0.55%。

2.狠抓了党建示范点的创建工作。围绕"创建党建品牌、展示特色亮点、助推科学发展"的思路,全年共打造出25个示范点。其中有曲艺队、妇幼院、地税局、水务局、工商局、抗旱服务队6个示范点县委组织部命名挂牌。

3.召开了建党92周年纪念表彰大会。"七一"前后,县直工委认真开展了6项活动,以实际行动纪念中国共产党成立92周年。一是开展了"七一"评比表彰活动。"七一"前工委召开了纪念中国共产党成立92周年暨表彰大会,对各行各业涌现出的先进集体和优秀个人进行了表彰。表彰了红旗党支部32个、先进党支部40个、优秀党务工作者52名、优秀共产党员115名。二是召开了"学党章、见行动"专题组织生活会。以支部为单位,认真学习了党章,深刻查找在贯彻执行党章方面自身存在的问题和不足,进一步增强了广大党员学习党章、遵守党章的自觉性和坚定性。并且以支部为单位,认真做好各支部的民主评议党员和评议支部工作，作为年度工作考核和评星定级的重要依据。三是开展了党建示范点创建活动。工委所属基层党组织年内80%以上要基本实现党建工作规范化，20%的支部打造成机关党建示范点。特别是先期确定的25个机关党建示范点全部达到"五好"标准和"七有"规范建设。四是开展了学习十八大报告和党章知识竞赛活动。一方面紧密配合县委举办了系列学习十八大报告和新党章百题知识竞赛活动，另一方面要求各基层党组织认真学习了十八大和新党章等党课内容，提高了学习培训的广泛性。五是开展了"上好一次党课"活动。各基层党(总)支部结合单位和党员个人的思想、工作实际，积极组织开展了上好一次党课或邀请专家、学者等党务内行认真做好"送党课下基层"活动，进一步提高了广大党员的思想认识，开阔了视野，真正发挥了推进"绿色崛起、多元发展"和实现陵川小康梦的正能量。六是开展了党员"志愿服务"和走访慰问活动。以党员自愿服务为主体，以固定或流动服务为渠道，"七一"期间，开展了党员报到社区、志愿服务工作，组织医疗就诊、劳动就业、税收服务、技术培训、司法援助等进行集中咨询、分散服务。同时，积极开展了走访慰问活动，帮助老党员、困难党员解决一些生活实际困难，切实体现了党组织的关怀和关心。

4.开展了党费核定和定额收缴工作。一是严格工资标准核定。为了统一口径，工委所属支部一律按2013年2月实领工资核定(扣除有关津补贴)，做到一视同仁，公开、公道、公平。直属管理单位参照上年工资固定部分，也以2月工资为基数，把季度与年终奖大体平均和工资捆到一块统一核定。事业身份党员同样以2月实领工资加上上年补发绩效工资的月平均数统一核定，而且扣除边远津贴、特岗津贴，独生子女费等一律执行一致，党费核定始终做到没有空白，没有例外，没有死角。二是收缴程序规范运作。其一是所属党组织和党员一律实行一次核定、逐月逐季上交和"党员以月、支部以季、工委以季"逐级逐层上交制度；其二是每个支部(总支)上交党费必须填报"党费收缴季报表"一式二份，自留一份，便于审查各支部党员接转情况和党费增减情况以及预防可能存在的"有名无费"空缺情况；其三是党支部上交党费严格按照核定表及其核定汇总表，查看有无错收、漏收、少收、随意减少情况，认真做到人、款、表、据（收据）“四相符”。2013 年共缴纳党费 37 万余元。

5.严把“入口关”，认真开展了发展新党员工作。为推进县直机关党组织发展党员工作的科学化、制度化、规范化，县直工委在发展党员工作中，严把关口，严格程序，严肃纪律，全年共新发展党员 49 名。

【宣传工作方面】

1.认真学习宣传了贯彻落实党的十八大和十八届二中、三中全会精神。组织了县直工委所属各党（总）支部十八大“十佳基层理论报告员”宣讲选拔赛，举办了十八大和十八届三中全会专题报告会 4 场，各党（总）支部书记、组织宣传负责人、2012—2013 年度受表彰的模范党员、新接受的预备党员、入党积极分子等约 500 余人（次）参加了学习。

2.扎实推进精神文明单位创建活动，讲文明，树新风，促进和谐机关建设。充分发挥了群众性精神文明创建活动中“群众”的主体作用，所属党（总）支部中，有 20 多个单位坚持不懈，持续开展群众性精神文明建设活动，收到了良好的效果。2013 年，经市精神文明建设委员会检查验收，县检察院、县烟草局、县煤运公司、县气象局、县移动公司、县残联、县国土局、县邮政局、县公路段、县委宣传部、县纪检委、县卫生监督所共 12 个单位被授予 2012—2013 年度市级精神文明单位。县工商局、县国税局、县供电公司、县曲艺队、县交通执法局等申报了省级精神文明单位，县地税局申报了省级精神文明标兵单位，6 个单位均已经接受了省精神文明建设委员会的检查验收。

3.开展了学习型党组织建设。在学习型党组织建设中，注重抓制度建设、抓考核考评、抓素质素养提升、抓解决实际问题能力。同时，注意发挥典型带动作用，彰显机关特色，创新形式，拓宽载体，以学习促实践，把提高理论水平、提高业务技能、提升个人素养和单位整体素质作为党组织建设的重要方面。

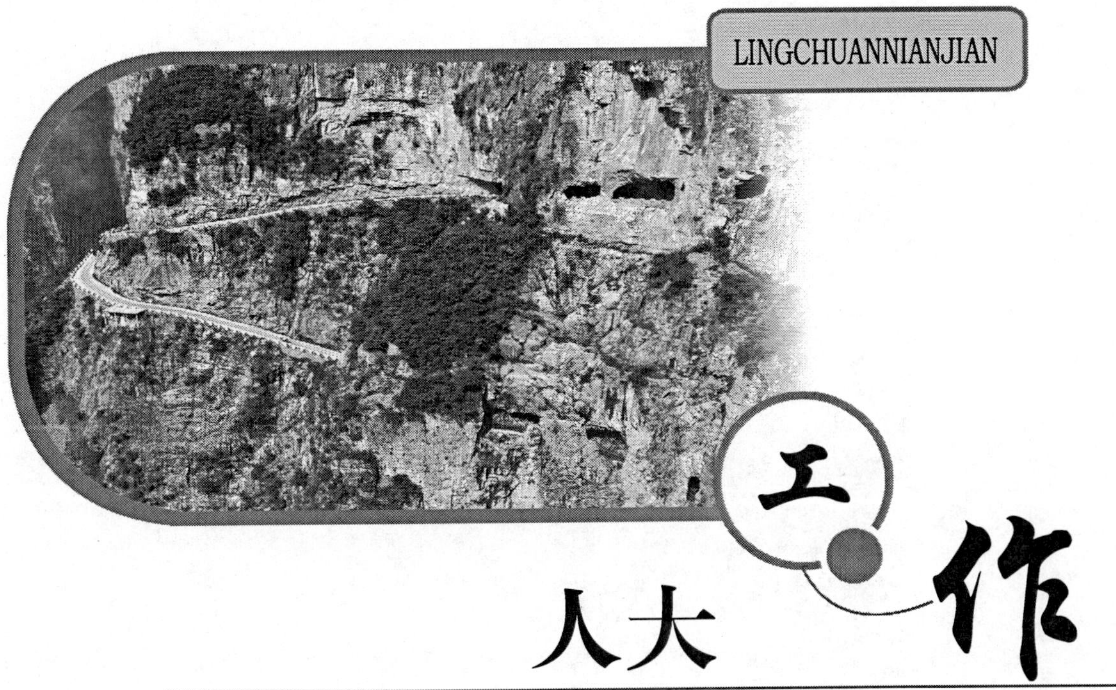

人大工作

人 大 工 作

【牢固树立全局观念，推动经济转型发展】

1.抓住重点工程项目实施全程监督。常委会将事关全县经济转型、民生改善、城镇建设、生态文明建设等24项重点工程，作为开展监督工作的重中之重，实行关口前移，提前介入，全程监督。先后两次专题听取相关工作部门情况汇报，三次深入工程一线了解项目进展情况，并形成了对重点工程项目建设情况的通报，及时对6个推进缓慢的项目提出了意见。

2.抓住提升质量效益实施重点监督。面对2013年经济运行下行压力较大等诸多问题，常委会深入各乡镇和重点企业，了解主要指标完成进度，察看工业企业生产经营状况，调研“一村一品”农业特色产业发展情况，并专项审议了县政府关于全县经济运行情况的报告。

3.抓住生态绿化工程实施深度监督。县人大常委会组成人员专程赴右玉县进行考察，放眼全省来定位，学习右玉找差距，并专项审议了林业绿化工程建设情况的报告，充分肯定了县政府举绿色旗、走生态路的工作理念和一以贯之植树造林的工作举措。同时，针对县城及西部身边增绿不够，管护工作尚有差距等问题，建议县政府要严格落实全县产业布局规划，抓住薄弱环节实施重点突破，大力发展生态绿色产业，打造生态文化旅游产业核心品牌。县政府高度重视，投资2000多万元实施了环县城绿化、道路绿化和村庄绿化等工程，打造了转型发展的新优势。

4.抓住计划预算执行实施跟踪监督。一是深化计划预算监督。严格监督执行人代会通过的“十二五”规划，同时紧密结合中央、省、市经济工作会议提出的新要求，审查和批准了全县当年经济社会发展计划，并督促发改部门认真做好政策走向、产业导向、资金流向等宏观指导工作，发挥了计划在稳增长、促改革、惠民生中的积极作用。二是延伸预算审计监督。常委会以严格审计监管为抓手，实施审计监督延伸，针对部分预算单位在工作中存在的屡审屡犯现象，要求被审计的20余个单位直接向县人大常委会汇报整改情况，督促被审计单位认真整改在预算执行、专项资金和投资项目中存在的问题，确保了财政资金安全高效运转，发挥了审计工作在维护发展稳定中的监督作用。

【高度重视民生改善，促进社会和谐发展】

1.着力推进“两街一路”工程建设。建设黄围东街、棋山路和鸿雁街，是增强县城辐射力带动力的重大民生工程，社会各界非常关注。常委会在2012年专项监督黄围东街工程建设的基础上，2013年再次将“两街一路”工程作为监督重点，先后三次深入工程一线视察调研，督促有关部门强化工作措施，加快工程进度。同时还专项审议了县政府关于黄围东街、棋山路和鸿雁街道路建设情况的报告，常委会充分肯定县政府在财力困难的情况下投资1.2亿元，在改善基础设施上所作出的努力，尤其是黄围东街的建成是迄今为止县城最宽、最长、最直的一条街道，为建设宜居宜业美丽县城增添了色彩。

2.着力推进磨河水库工程建设。建设磨河水库是打基础利长远的大事，全县人民极为关注。常委会高度评价磨河水库工程的实施来之不易，20世纪70年代，当时的县委、县政府动员全县人民历经5年修建了磨河饮水工程；进入新世纪后，县委、县政府历经10年实施了东水西调一期和二期工程；本届县委、县政府正在千方百计为陵川人民再办一件实事。这对于促进经济发展，改善人民生活具有重大的战略意义。

3.着力推进“十件实事”工程建设。为确保各项实事当年完成、当年见效，常委会创新监督形式，既把投资金额多、工程量大的工程通过实施阶段性监督来推进，又通过年终审议监督来问效，将监督效果体现在监督的过程中。常委会组成人员在听取和审议县政府关于2013年“十件实事”完成情况的报告之后，认为2013年所办实事含金量较高，投资额度较大，建设效果较好。同时建议县政府在今后的为民办实事中既要量力而行，又要尽力而为；要抓好前期准备，确保如期完成；要强化质量监管，发挥工程效益。

4.着力推进医疗卫生事业发展。常委会组成人员深入县级医疗卫生机构、各乡镇卫生院和村卫生室，召开座谈会，认真听取方方面面意见和建议，共同探讨分析当前本县医疗卫生行业面对的难题和应对的办法。并召开常委会会议专项听取和审议了县政府关于全县医疗卫生工作情况的报告，建议县政府要进一步加强人才队伍建设，努力增加财政投入，提高医疗服务水平，切实减轻患者负担，从而较好地推动了全县医疗卫生工作稳步扎实向前发展。

5.着力推进法治陵川建设。一是开展社会治安管理监督。常委会组成人员深入基层派出所和社区农村警务工作室，实地视察了解社会治安管理工作开展情况，为民便民服务情况。专项听取和审议了县政府关于加强社会治安管理工作情况的报告，大家充分肯定执法理念的不断转变带来了公安工作的新变化，重在基层的为民举措提升了公安工作的新形象。尤其是在全省公安机关群众安全感和满意度调查中，本县连续两年名列全省第一，人民群众深感欣慰。建议公安部门要进一步加大社会治理和打击犯罪力度，为改革发展保驾护航。二是开展重点领域执法检查。配合省市人大开展了对《山西省清真食品监督管理条例》的执法检查，推动了清真食品企业依法经营。配合省、市人大开展了“三晋环保行”检查活动，加强了对重点污染企业的监管，加大了水源地依法保护力度。三是加大涉法涉诉信访案件督办力度。针对涉法涉诉案件中出现的上访案件较多，而执行又比较困难的案件，坚持多方协调，实行联合督办，督促建立联合执行机制，依法维护群众利益。全年共接待上访群众220余人次，转交督办信访案件46件，为化解社会矛盾、促进社会和谐起到了积极的作用。

【不断深化工作评议，积极凝聚发展合力】

1.开展工作评议。常委会既注重工作目标承诺，更注重目标兑现落实。年初，24名县政府组成部门负责人和法检两院年度工作目标对外进行公示，接受全县人民监督。年终，组织省、市、县三级代表和部分乡镇代表进行座谈，对县政府各工作部门和法检两院全年工作进行了满意度测评。同时，在2012年对5名被任命人员进行工作评议的基础上，2013年又确定了5名政府组成部门负责人为重点评议对象，开展了工作评议调查，对被任命人员履职业绩进行了满意度测评，并将测评结果向县委汇报，作为依法任免干部的重要依据。

2.依法进行任免。常委会坚持党管干部和人大依法任免的有机统一，严格按照《陵川县人大常委会人事任免和监督办法》规定，依法进行任免。一年来，决定任命县人民政府副县长1人，决定了县人民政府代理县长，接受辞职1人，任命县人大常委会办公室主任4人，为地方国家机关依法高效运转提供了组织保障。

【创新代表工作机制，发挥代表主体作用】

1.促进代表活动常态化。一是活跃代表闭会期间活动。以市人大常委会开展的“代表小组活动建设年”为契机，以提高代表履职能力为目标，组织市人大代表赴中原经济区进行考察学习，组织县人大代表开展了“一县一业、一村一品”等专题调研活动，充分发挥了市、县两级人大代表在闭会期间的作用。组织各乡镇人大主席观摩了代表活动搞得好的市代表活动小组和县代表活动阵地建设，并在平城镇、秦家庄乡召开现场会，推进了以评议基层站所、代表向选区选民述职等为主要内容的“七个一”活动的深入开展，健全完善了体现代表履职轨迹的“七卡”“七簿”活动内容，推动了代表活动的规范化、常态化开展。二是拓宽代表知情知政渠道。2013年，先后邀请35名代表列席了县人大常委会会议，有26名代表参加了常委会组织的视察检查，为代表订阅了《人民代表报》，为代表赠送了常委会公报，在代表中开展了2014年度为民办实事项目建议征集活动，收集建议80余件，不少建议已列入县政府2014年确定的“十件实事”和重点工作。代表履职意识明显增强，代表活动实效明显提高。

2.促进建议办理制度化。一是严格办理程序。县十五届人大三次会议收到代表建议174件，常委会及时转交县政府及有关部门办理，并认真抓好交办、领办、督办、回访等环节，提高了建议办理的质量与效率。二是突出重点建议办理。选择代表关注度高、与群众关联度大的十件建议列为重点建议，专题听取重点建议办理情况汇报，取得了双赢的效果。三是专项审议办理结果报告。常委会专项听取和审议了县政府关于代表建议办理情况的报告，并进行投票表决，增强了建议办理工作的严肃性和实效性。

3.促进乡镇人大工作规范化。一是深化工作指导。督促12个乡镇人大全部建立起了代表活动室，初步达到了“七有”标准，指导乡镇人大开展了评议基层站所、代表向选区选民述职等活动，增强了评议实效。二是加强工作互动。坚持人大主席列席常委会会议，视察检查邀请人大主席参加，并召开专门会议，总结交流工作经验，提高了乡镇人大工作水平。

LINGCHUANNIANJIAN
政府工作

经济和社会发展综述

2013年,县政府团结带领全县人民,认真贯彻落实党的十八大、十八届三中全会精神,紧紧围绕"中原地区最具影响的生态休闲旅游健康度假中心"建设目标,坚定不移地走"绿色崛起、多元发展"之路,全县经济持续健康发展,社会保持和谐稳定,人民生活水平不断提高。2013年,全县地区生产总值完成32.3亿元,增长8%;全社会固定资产投资完成30亿元,增长31.2%;社会消费品零售总额完成14亿元,增长13.4%;城镇居民人均可支配收入达到14237元,增长9.7%;农民人均纯收入达到6109元,增长12.7%;财政总收入完成4.2亿元,公共财政预算收入完成1.8亿元,增长15.7%。

【积极应对下行压力,经济发展稳中有进】

坚持稳增长、调结构、促转型工作主线不动摇,认真落实中央宏观调控政策和省、市一系列决策部署,结合本县实际,制订出台了2013—2015年全县转型综改试验实施方案和2013年行动计划。全力推进项目建设,实施各类重点工程项目67项,完成投资25.2亿元。加大招商引资力度,签约项目38个,到位资金18.04亿元。鼓励和支持全民创业,全年新增企业和个体工商户1000余户。实施积极的金融、财政扶持政策,为企业提供金融贷款5.4亿元,减免、退税600余万元。深入开展"抓管理、提质量、增效益"活动,企业管理水平不断提高,质量效益显著提升,骏通铸管公司的"骏通"牌、工具公司的"工"牌、古陵山食品公司的"古陵山"牌3个商标荣获"山西省著名商标"称号,有力地促进了社会经济平稳运行,使县域经济综合实力在应对挑战中不断增强。

【坚持绿色生态理念,产业转型步伐加快】

坚持以"绿色崛起、多元发展"为统领,大力改造传统产业,关岭山煤业正式投产,司家河煤业进入联合试运转,南营河等4家煤矿正在加紧建设。

加快发展非煤和新兴产业，宝贵石艺、行源化工等一批项目顺利推进，鸿恺服饰、德通电子等一批项目建成投产，工业新型化步伐不断加快。积极发展特色农业，在稳定粮食生产的基础上，实施“三河一岭”中药材片区开发，推进正嘉原种猪、鸿生商品猪、亨远蛋鸡、偏桥底肉鸡和适度规模养殖园区建设，加快食用菌大棚立体栽培改造，扩大旱地蔬菜、设施蔬菜建设规模，特色农业提升到一个新水平。开工建设了佰润普物流园区、喜禾金小米加工、参洋党参初加工、百孚百富生物能源、昶烨生猪屠宰等一批农业新型项目，完成了珍菇坪工厂化食用菌生产项目，鸿生生物、古陵山食品、马圪当农业开发公司3家企业进入省级重点龙头企业榜单，农业产业化程度不断提升。围绕旅游产业化发展方向，坚持以战略性、全局性、开放性视野谋划旅游，加快“三区两园”创建工作，王莽岭国家地质公园揭碑开园，棋子山森林公园成功申报国家森林公园，王莽岭成功申报省级风景名胜区，凤凰欢乐谷成功申报省级休闲旅游度假区，“太行山公园”商标通过国家工商总局初审，陵川旅游的知名度和影响力进一步扩大。全年接待游客275万人次，门票收入4750万元，旅游总收入突破6亿元，产业发展取得新成效。

【突出基础设施建设，城乡环境不断优化】

坚持以改善人居环境和建设美丽陵川为抓手，持续加强基础设施和生态环境建设。磨河水库开工建设。赵马线棋源山庄至古郊段竣工通车。高陵高速沿线可视荒山绿化和环县城绿化成效明显，为生态陵川建设增添了一道亮丽风景线。县城黄围东街、棋山路新建和鸿雁街翻修改造如期完成，城南新区开发显现雏形，城市框架不断拉大。县城集中供热新增供热面积32万平方米，覆盖70%以上的居民户，集中供气新增用户1500户，覆盖60%以上居民户，城市功能不断完善。集中实施了一批小城镇建设工程，集镇辐射带动作用得到增强，崇文、礼义、附城列入全国重点镇建设名单。在巩固全省两轮“五个全覆盖”成果的基础上，加快农村饮水安全改造，新解决1万人的饮水安全。加速秸秆转化利用和农村清洁能源开发，推广秸秆生物质燃料锅炉1000台。深入开展农村环境整治，完成无害化厕所改造1万座，为330个村配备了垃圾清运车，行政村路灯亮化实现全覆盖，城乡一体化发展迈出新步伐。

【着力保障改善民生，群众福祉日益提升】

坚持把保障和改善民生作为公共财政的优先方向，全年用于民生的支出占总支出的89%。实施了教师周转宿舍、乡镇中心幼儿园等4项教育重点工程，狠抓了教师队伍建设和教育教学质量提升，高考成绩连续6年稳步提升。改扩建乡镇卫生院3所，基层群众就医条件明显改善。稳步提高新型农村合作医疗标准，参合率达到98.91%，超过全市平均水平。不断提高社保水平，城乡低保、新农保基础养老金、企业离退休人员养老金再次提标，各类社会保险参保人数达到23.5万人。扎实推进就业工作，完成了创业孵化基地一期工程主体建设，全年新增城镇就业岗位2640个，转移输出富余劳动力10238人。持续加大扶贫攻坚力度，完成移民搬迁1500人，启动了百企千村产业扶贫开发工程。高度重视困难群众生活，200套限价商品房公开配售，108套廉租房配租到位，新改造农村危房550户。群众性文体活动蓬勃开展，成功举办了第二届消夏晚会，县盲人曲艺队创作的钢板鼓书《退钱》荣获第十届中国艺术节大赛“群星奖”，本县的舞龙舞狮表演荣获国家体育总局“全国民族传统文化推广奖”。加强社会公德教育，开展了“最美乡村教师”“最美乡村医生”评选活动，丁端阳荣登“中国好人榜”，秦同和荣膺央视“2013年度三农人物”，弘扬了社会正能量，激发了全县干部群众干事创业热情。扎实开展安全生产专项整治，加强社会治安综合治理，推进平安陵川建设，群众安全感、满意度不断提升。

【强化政府自身建设，行政效能明显提高】

坚持把加强政府自身建设作为提高工作效能的重要举措，自觉接受县人大及其常委会的法律监督、工作监督和县政协的民主监督，主动接受社会监督，广泛听取各界意见建议，全年共办理人大代表建议164件、政协委员提案90件。大力推行重点项目“六位一体”推进机制和“四位一体”服务机制，部门工作和服务效能明显提升。深入开展行政审批“两集中、两到位”改革，全年清理、精简审批事项22项，审批效率明显提高。着力加强公共资金管理，集中财力办大事，在全国县级政府财政支出绩效评价中，本县位列全省第一，全国排名第31位。扎实开展“六五”普法，行政执法责任制全面推行。严格执行中央“八项规定”，文风会风明显转变。深入开展“三联一住”活动，干部作风明显改进。认真落实党风廉政建设责任制，强化了重点领域、关键环节的行政监察和审计监督，干部队伍风清气正。2013年，陵川县荣获全省政风行风评议先进县荣誉称号。

惠民十件实事

1.城乡生态建设工程

2013 年实际完成投资 6216 万元，占年度计划的 130.2%。主要建设内容为：一是实施村庄绿化 30 个，完成 31.77 万亩国家公益林和 43.3 万亩市级重点公益林管护工作，高陵高速通道绿化工程和环县城绿化工程；二是实施国家水土保持综合治理工程；三是实施以工代赈生态综合治理工程。截至年底，完成绿化面积 1350 亩；高陵高速公路沿线荒山绿化完成 10000 亩；完成了 30 个行政村村庄绿化(其中，乡镇所在地村庄 2 个，公路沿线和景区周边村庄 28 个)；完成国家公益林管护 35.29 万亩；完成市级重点公益林管护 43.3 万亩；国家水土重点建设工程综合治理面积 85.3 平方公里；以工代赈生态综合治理工程营造生态防护林 3500 亩，经济林 200 亩，修建小型淤地坝 5 座，石谷坊 40 座，修区间道路 6 千米。

2.县城街道建设工程

该项目实施年限为 2012—2013 年，2012 年开工建设，2013 年实际完成投资 8772 万元，占年度计划的 100%。主要建设黄围东街、棋山路、鸿雁街，三条街道采用三幅路断面形式，同时完成道路、给排水、道路照明、绿化等。

在项目推进中，共完成迁坟(丘)754 座；迁移通信、电力线杆 30 余根；拆迁民房（单位)31 户，7600 余平方米；开挖土石方 46 万方；铺设各类管线 15200米，水泥稳定碎石基层 23630 方；砌筑绿化隔离带 20 个；开挖树坑 1397 个；铺装人行道 30330 平方米，安装路沿石 5710 米；安装路灯 161 盏，智能交通电子警察信息系统 2 套。三条街道于 10 月 31 日已按照设计要求全面完成且竣工通车，并同步实施了供热、供气、供水、供电、雨水、污水管线铺设工程。

3.集中供热扩面工程

2013 年实际完成投资 2477 万元，占年度计划的 123.9%。主要建设新

建换热站2座，新增供热面积20万平方米。截至年底，龙门巷和陵川县医院两个换热站已完工投入运行。新增用户2000户(含单元楼)，新增供热面积32万平方米，超计划完成12万平方米。

4.廉租住房及农村危房改造建设工程

2013年实际完成投资2686万元，占年度计划的73.2%。主要建设廉租房186套(其中，2012年90套，2013年96套)，建筑面积9300平方米；完成农村危房改造550户，每户补助1.4万元。截至年底，2012年廉租住房主体已完工，室内外粉刷基本结束，具备入住条件；2013年廉租房已完成初设批复及施工招标，正在进行地基开挖。

5.磨河水库建设工程

2013年实际完成投资890万元，占年度计划的44.5%。主要建设枢纽大坝(最大坝高52.9米，坝顶全长97.69米)，取水泵站及供水管道工程(取水泵站装机3台，总装机容量270千瓦，供水管道采用压力钢管，全长1千米)，上坝公路、管理站房、配套实施机电及金属结构、大坝安全监测设施安装工程和水库移民征地补偿等。截至年底，该项目已完成可研、初设、环评等前期工作；完成红豆杉核心区的调整及林地征占许可；完成通往坝址的临时施工便道和10千伏输电线路工程，正在进行项目用地勘测定界，安装变压器和施工导流。

6.陵川县中医院迁建项目

2013年6月15日，陵川县中医院正式开工。当年实际完成投资900万元，占年度计划的60%。主要建设门诊综合楼8000平方米及太平间、厕所、食堂、停车场、污水处理、医疗垃圾处理、绿化等附属配套设施。截至年底，该项目已完成实地测绘、选址规划、用地规划、环评、土地勘界、地质勘探、初步设计、施工图设计审查等前期工作。

7.职业中学学生公寓楼建设项目

2013年实际完成投资1100万元，占计划的73.3%。主要建设地上5层学生公寓楼及其配套设施，建筑面积6354.7平方米，设计学生宿舍110间，可容纳800余名学生住宿。

项目从 2013 年 6 月底开工建设,年底按照初步设计要求已完成主体工程并通过验收,部分室内工程尚在施工中。

8.农村卫生厕所改造项目

2013 年实际完成投资 1242 万元,占年度计划的 100%。 建设 10000 座标准无害化卫生厕所。 截至年底,已建设标准无害化卫生厕所 10000 座。

9.农村电网改造工程

该工程实施年限为 2012—2013 年,2013 年实际完成投资 1900 万元,占计划的 100%。主要建设内容:一是完成 2012 年农村电网改造 10 千伏 525 线路改造工程的剩余工程量;二是 2013 年农村电网改造工程新建和改造 10 千伏线路 6.758 公里,新建和改造台区 35 个,配变 32 台,配变容量 8165 千伏安,低压线路 35.85 公里。

截至年底,投资 795 万元完成了 2012 年农村电网改造剩余工程;2013 年农村电网改造全面完成。

10.陵川县劳动力转移及农民培训工程

2013 年实际完成投资 420 万元,占年度计划的 100%。新增城镇就业岗位 2000 个,转移输出富余劳动力 10000 人,创业及技能培训 3000 人,培训农民 3.5 万人次。

截至年底,完成城镇新增就业岗位 2528 个,占年度计划的 126%;转移富余劳动力 10238 人,占年度计划的 102%;创业及技能培训 3718 人,占年度计划的 124%。开展各类培训 450 余场(次),发放各种实用技术资料、VCD 光盘 5.1 万余份,培训农民 3.79 万余人次,占年度计划的 108%。

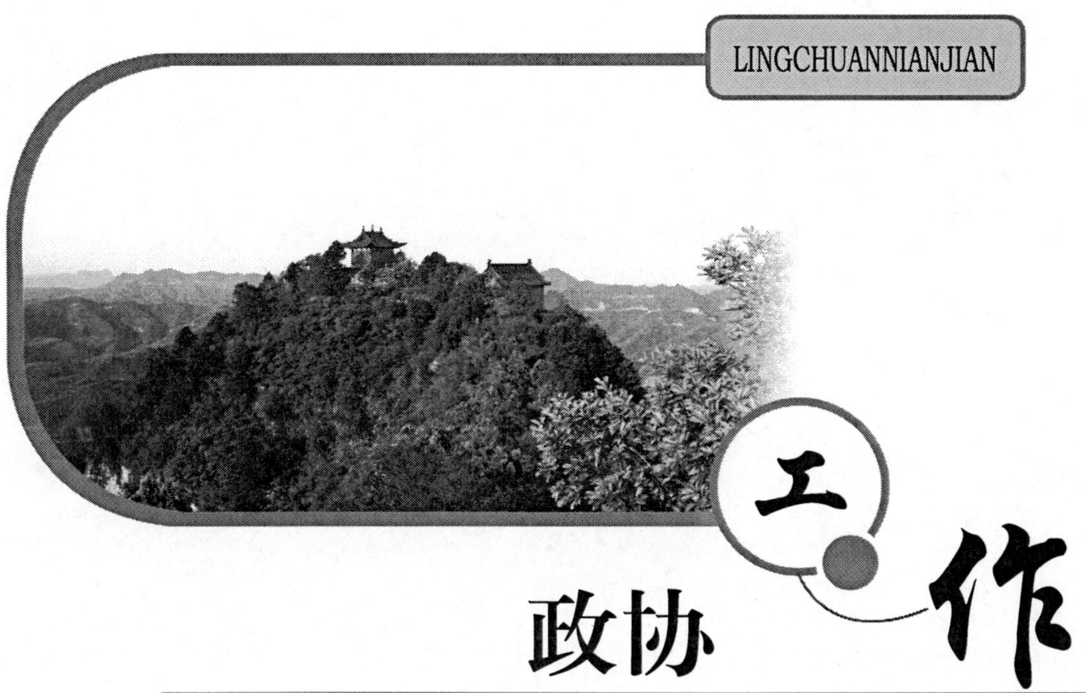

政协工作

政 协 工 作

【着力巩固团结奋斗的共同思想政治基础】

以党的十八大精神统一思想。为切实把全体委员和各界人士的思想统一到中共十八大和十八届三中全会精神上来，采取常委会集中学、班子成员宣讲学、教科文卫委指导学、委员活动小组研讨学、委员个人深入学等多种形式，在政协委员中广泛开展了中共十八大精神学习宣传活动，并于6月28日召开了“庆七一党的十八大知识竞赛”检阅会议，进一步丰富了学习宣传活动。党的十八届三中全会召开之后，采取多形式、多渠道在委员中掀起了学习热潮。通过学习，进一步增进了各界人士对中国特色社会主义的思想认同和政治认同，坚定了对中国特色社会主义的道路自信、理论自信、制度自信，坚定了在中国共产党领导下，坚持和发展中国特色社会主义事业的信念和决心。

以实现“中国梦”增进共识。实现中华民族的伟大复兴，是中华儿女的伟大梦想。党的十八大以来，习近平总书记发表了一系列内涵丰富宽广、思想深邃高远的讲话，提出了治国理政的新理念、新要求，并阐述了实现中华民族伟大复兴的目标和路径。为此，陵协以陵协发〔2013〕5号文件印发了《政协陵川县委员会关于深入学习宣传贯彻习近平总书记一系列重要讲话精神的通知》，就学习的内容、形式、要求作了明确的具体安排，在委员中掀起了学习热潮，激发了各界人士立足本职，爱岗奉献，同筑“中国梦”的激情和干劲。

以共同奋斗目标集聚合力。推进陵川转型跨越、实现“绿色崛起、多元发展”是全县人民共同的奋斗目标。在县政协八届三次全委会议期间和会议以来，委员们紧紧围绕这一奋斗目标协商议政、建言献策、躬身实践、宣传群众。会间，共有29名委员以大会专题发言，119名委员以联组讨论发言，118名委员以提案、83名委员以社情民意信息等形式，提出意见和建议1300余条，对推动全县转型跨越发展起到了促进作用。会后，委员们充分运用调研、视察、提案、信息等形式，建睿智之言，谋务实之策，行推动之实，为本县改革发展集聚了正能量。

【着力为推进“绿色崛起、多元发展”献计谋策】

深入开展专题调研献计。2013年，根据全县经济社会事业发展的需要，组织开展了“实用专业人才队伍建设”“推进城乡一体化发展”“创新农业经营体制”三大调研活动，形成了三个调研报告和建议案。提出了“加强领导，提高认识，着力营造尊重人才的良好氛围；创新机制，用活政策，着力创造优秀人才脱颖而出的良好环境；优化资源，合理配置，努力建设结构科学合理的人才队伍；加强培养，注重管理，实现人才资源数量与质量的同步增长；积极引导，热情扶持，全面提高农村乡土人才队伍的整体素质；创新模式，完善措施，切实加强后备人才队伍工作”的加强实用人才队伍建设的六个方面的建议；提出了“统一思想认识，厘清城乡一体化的发展思路；优化产业布局，夯实城乡一体化的经济基础；坚持规划先行，强化城乡一体化的顶层设计；完善基础设施，破解城乡一体化的瓶颈制约；强化公共服务，促进城乡一体化的内涵提升；加强统筹协调，形成城乡一体化的推进合力”的加快推进城乡一体化建设的六个方面的建议；提出了“围绕集约化发展，加快新型经营主体建设的推进工作；围绕专业化发展，加快农业产业化推进工作；围绕组织化发展，加快农民合作社和龙头企业推进工作；围绕社会化发展，加快社会化服务体系建设推进工作”的加快农业经营体系创新工作的四个方面的建议，为县委、县政府科学决策、推进工作提供了参考。

积极开展专题视察谋策。2013年，常委会紧紧围绕全县工作重点，组织开展了“行政效能建设、城乡环境整治、招商引资攻坚、旅游产业发展、质量效益提升”五次专题视察活动。面对面地与有关职能部门进行了交流沟通，在充分肯定工作成绩的同时，诚恳地、有针对性地提出了创新工作思路、完善工作机制、加强落实督导、发挥各个方面积极性、创优发展环境、注重新技术推广和应用、提升员工素质、坚持从实际出发等方面的意见和建议180余条。同时，有关专委会在综合各方面意见的基础上形成了五个方面的视察报告，送达县政府有关职能部门参阅，推进了相关工作的深入开展。

创新监督方式议政。全年共向35个单位派驻党风、行风监督员35名，及时对派驻单位的工作提出了意见和建议，推进了相关工作的健康开展。

【着力助推社会事业健康发展】

以提案办理解民忧。2013年，常委会着力在增强办理实效、规范办理程序、完善办理机制等方面求突破，采取政府领导领办、政协领导督办、新闻舆论监办等方式，认真办理委员提案，力推群众反映的热点、焦点、难点问题的妥善解决。截至2013年10月底，八届三次会议以来的提案全部办复完毕，办复率100%，满意率和基本满意率100%，推动了涉及产业发展、教育均衡、合作医疗、食品安全、环境保护、集体经济发展等事关国计民生问题的妥善解决。

以社情民意信息畅民意。2013年，常委会把社情民意信息作为反映群众愿望、化解社会矛盾的重要工作来抓，督导职能委办公室编报社情民意信息73期。其中《陵川各界认真学习十八大报告热潮持续升温》信息被全国政协采用；《建议我省加大发展“秸秆炭”项目力度》信息被省政协单篇采用；《应切实加强异地就医监管工作》《亟待规范整合支农资金》等15条信息被市政协采用；《急需加强对农民专业合作社的指导》等7条信息被《山西政协报》采用。这些信息及时准确地反映了各界人士的思想动态、社会诉求，为有关各方采取措施，化解矛盾，提供了可靠情况。

以文史资料振民心。为发挥政协文史资料“存史、资政、团结、育人”的重要作用，2013年常委会组织编辑出版了《一代学问大家——郝经》一书，力求在提升陵川知名度和激励广大群众重视文化教育等方面，作出积极探索和实践。同时，本着“展示陵川山水之秀美，重现陵川人文之厚重，提升陵川旅游之声望，激励县人图强之斗志”的方针，着手组织编撰《陵川山水文化录》一书，以期为提高本县“文化软实力”起到推动作用。

【着力加强人民政协自身建设】

以主题实践活动搭起履职平台。为充分发挥委员主体作用，常委会组织开展了“我为绿色崛起、多元发展作贡献”和“谋策献计践行”主题实践活动。

一年中，委员共为民办实事、办好事300余件(次)，提出有价值的意见建议400多条，引资5000余万元，领办经济实体26个，产生经济效益2.8亿多元。

以八项规定为律条提升素质。一年中，常委会认真贯彻中央八项规定和厉行节约反对浪费等一系列改进作风的部署要求，引导委员努力改进调研方式，力克形式主义、官僚主义、享乐主义和奢靡之风，进一步弘扬艰苦奋斗、勤俭节约的优良作风，提升了委员素质，推进了工作落实。

以探索创新力开工作新局。为创造性做好新形势下的政协工作，组织开办了“政协继承与创新”论坛，在委员中开展了协商民主制度化、规范化、程序化探索和研究工作，征集论文78篇(章)，对开创全县政协工作新局面起到了推进作用。

综合政务

民 政 工 作

【突出社会救助体系建设，强化基本民生保障】

1.有效实施城乡低保工作。2013年底，全县共有城乡低保对象17150户，20316人，全年发放低保资金4506万元。其中，城市低保2517户4260人，发放资金1590万元，人均月补助水平282元；农村低保14633户16056人，发放资金2916万元，人均月补助水平151元。

一是出台了《关于对农村低保年度审核工作的补充意见》。对低保申请程序、低保评议和低保经办人员、村干部近亲属登记备案进行规定，完善了低保制度。二是召开了低保听证会。贯彻学习了新的低保政策，征求了行风监督员和基层代表对做好低保工作的意见和建议，为切合本县实际出台新的《城乡低保审核办法》提供了工作依据。三是进行了低保复核。通过复核，共有821户1116人退出低保。其中，城市低保退出177户396人；农村低保退出644户720人。做到了"保障对象能进能出，保障标准能增能减"，基本实现了应保尽保。四是落实了低保提标工作。从2013年1月起，城市低保保障标准每人每月提高30元；农村低保保障标准每人每月提高24元。提标后，城市低保月保障标准为390元/人；农村低保年保障标准为1876元/人。五是开展了入户抽查工作。按照上级要求，对全县11个乡镇的城乡低保户进行抽查。共抽查城市低保138户、农村低保626户。六是完成了低保网络数据更新工作。根据市低保中心要求，对2011年以来的全国低保信息系统网络数据及时进行了更新，共录入数据17150份。七是落实了低保优惠政策。发放春节一次性生活补贴451万元，发放购书补助卡20342张，发放电费94万元（每户每月补助7.15元，2012年下半年47万元、2013年上半年47万元）。八是规范了农村低保档案，共整理档案14633份。

2.稳步推进五保供养工作。2013年底，全县共有五保对象1986人，其中，分散供养1638人、集中供养348人。集中供养标准为每人每年4000元，分散供养标准为每人每年1900元，发放资金477.32万元。

一是落实了县政府为集中供养机构拨付的33万元补助经费，保证了崇文、礼义、平城、附城等集中供养机构的正常运行。二是对农村五保对象进行了全面复核。经过复核，对自然减员进行了清退，对申请对象及时进行了审核，实现了动态管理、应保尽保。三是完成了西河底中心敬老院改扩建工程项目上报和潞城中心敬老院改扩建项目的前期工作。

3.扎实开展城乡医疗救助工作。进一步规范救助程序、简化审批环节，开展了“一站式”及时结算服务试点，方便了救助对象，确保特困重病患者得到及时有效救助，全年共救助2961人，发放医疗救助金331万元。另外，还资助19739人参加了医疗保险和新型农村合作医疗，资助资金81万元。

4.广泛开展社会救助工作。2013年开展了“助学”“助孤”以及特困群众重大疾病患者的救助等工作，成为全县社会救助的一项有效补充。

一是孤儿基本生活得到了保障。全县在册孤儿29人，其中，机构养育2人、社会散居孤儿27人。发放生活保障金20.2万元。二是开展了捐资助学活动。帮助36名贫困大学生解决了“入学难”问题，为他们发放助学金48000元。三是组织了“送温暖、献爱心”社会捐助活动。全县共有98个单位，5200人参加了捐助活动，共接收各类捐款26.25万元，为解决本县受灾群众和困难群众的基本生活提供了有效补充。

【突出救灾应急机制建设，提升灾害应急救助能力】

1.灾民救助扎实有效。全年落实救灾资金300万元，发放救灾粮33.3万斤，妥善安排了本县灾民的基本生活，确保了灾区的社会稳定。

一是突发性自然灾害得到及时救助。2013年，六泉乡“3·7”森林火灾发生后，根据县护林防火指挥部安排，民政局具体负责高家、赤叶河2个村，21个自然村860名灾民的转移安置工作任务。接到任务后，民政局倾尽全力投入到安置工作之中，先后调运帐篷30顶、棉被400条、棉大衣300件，出动救灾车次18车次，支付安置费用6.336万元（自助安置4.836万元、集中安置1.5万元）。经过4天3夜72小时的奋战，使灾民无一人在安置中生病，无一人饮食不适，无一人伤亡，圆满完成了县护林防火指挥部下达的灾民转移安置工作任务。二是对救灾款物管理使用情况进行了全面检查。根据市局《关于开展自然灾害生活救助资金专项检查的通知》精神，民政局同财政局组成联合检查小组，从8月24日至31日，利用8天时间，采取查阅财务凭证、入户进行核对的办法，对乡镇的救灾款物管理使用情况进行了全面细致的检查。检查中，对发现的问题能当场整改的及时进行了指导整改，对不能当场整改的进行了逐一登记、分类整理，并下达整改通知限期整改。三是防灾减灾宣传形式多样。在“5·12”防灾减灾日前夕，民政局参加了县政府应急办牵头举办的防灾减灾宣传活动。采取悬挂宣传标语、制作宣传图板、设立咨询台、发放宣传资料、实地讲解灾难自救知识等多种形式，广泛开展防灾减灾知识的普及，极大地提升了广大干部群众的防灾减灾意识，当日共发放宣传资料1500多份。四是积极筹措资金，补充救灾物资。“3·7”火灾后，县政府及时拨付救灾资金20万元，购置了棉大衣400件、棉衣100套、棉被500床、行军床100张、折叠床10张、棕床垫200个等，对救灾物资进行了补充，保持了本县的灾害紧急救援能力。五是灾害信息员能力得到提升。入汛前夕，组织12个乡镇灾害信息员进行了业务培训。从自然灾害情况统计制度的基本内容及基本方法、灾情信息报送基本规范和程序及灾情信息报送需注意的问题等方面进行了全面的培训。通过培训，进一步提升了灾害信息员的信息统计和报送水平，切实提高灾害应急反应速度，确保灾害发生后及时、准确、全面上报灾情，为领导科学决策提供了依据。六是“综合减灾示范社区”创建活动有力开展。完成了仕林苑和城南2个减灾示范社区的申报工作，在健全机制、完善预案、组织演练和开展宣传等方面进行指导，有力地推动了2个社区防灾减灾活动的开展，使社区居民防灾减灾意识得到进一步增强。

2.两节走访慰问经常化。在“两节”期间，县四大班子领导对部分重灾户、特困户、五保户、低保户和优抚对象困难家庭进行了走访慰问，为他们送去被子、衣服、大米和食用油等生活物资，走访慰问500多人次，发放慰问金8万余元。

【突出维护优抚对象权益，完善双拥优抚安置体系】

1.严格落实优待抚恤政策。以关爱功臣为重点，严格落实各项优抚政策，

进一步提高优抚保障水平。全年发放优抚资金1638万元，支出医疗补助金75万元。

一是为重点优抚对象解决看病难。在往年坚持局内报销制度的基础上，民政局和县人民医院签订了《陵川县重点优抚对象医疗补助"一站式"结算服务协议》，为重点优抚对象提供住院服务，2013年，惠及601人次，其中，通过"一站式"结算住院费用52人次，方便了对象就医。二是认真落实提标政策。一至四级残疾军人护理费从2013年1月1日起提标；重点优抚对象抚恤补助金从2013年10月1日起提标。全年为1747名重点优抚对象发放抚恤金、生活补助金、春节期间一次性生活补助914.92万元。三是为77名新中国成立前老党员发放春节期间一次性生活补助2.772万元，发放生活补助资金22.62万元。四是完成了60周岁以上农村籍退役士兵和60周岁烈士子女的申报工作。截至年底，全县上报并审批60周岁以上农村籍退役士兵79名、农村籍60周岁烈士子女45名。五是零散烈士纪念设施维修抢救工作。2013年上级下达陵川县零散烈士纪念设施任务共78处，其中，零散烈士纪念厅12处、零散烈士纪念碑66处。至年底，本县修缮完成44处，下达优抚事业单位补助资金141.5万元。另外，已经开工建设的有20余处。六是组织优抚对象进行了体检。分别于6月和8月，组织25名参试人员、15名残疾退伍军人参加了体检，并且首次组织符合条件的人员赴山西省康复医院进行了为期一月的疗养。同时，申报残情1人，申报提残手续4人。七是完成了优抚信息的录入工作，共录入各类优抚信息2942份。

2.积极开展国防和军队建设各项事务。围绕国防和军队现代化建设需要，积极落实了党和国家的各项政策。

一是落实军休干部的两个待遇。组织军休干部党员参加民政局离退休干部党支部的组织生活，为其缴纳城镇职工医疗保险和大病医疗保险，发放工资19.0217万元。元旦、春节期间，对6名军休干部及其遗属、无军籍退休职工进行了慰问。二是为313名城乡义务兵家属发放优待金450万元。三是认真做好涉军人员的信访稳定工作，切实解决困难和问题。处理涉军信访50余件，涉及240余人。针对性地解决了他们提出的问题，保持了社会稳定，无一人非正常上访。四是安置工作顺利推进。共接收2012年退役士兵110人和2013年转业士官2人，发放2012年退役士兵自谋职业一次性经济补偿金106.2万元。组织17名退役士兵参加了职业技能培训。为30名符合安置条件的安置对象发放待安置期间生活补助13.572万元,并组织他们进行了档案考核和文化考试。

3.双拥工作向"融合式"方向发展。在元旦、春节、八一期间,县委、县政府主要领导对县人武部、武警中队、武警消防大队进行了节日慰问。同时,对24户重点优抚对象进行了走访慰问,带去价值6.2万余元的慰问品。民政局为县人武部11名未就业随军家属发放了生活补助金3.036万元,营造了良好的双拥共建工作氛围。

【突出基层民主政治建设,推进和谐社区创建】

1.加强网格化平台建设。结合全县实际,在县城7个社区实现"四级"网格化管理的基础上,2013年又在50个村(社区)开展了网格化管理平台建设。

2.完善村务监督委员会工作机制。配合县农廉办出台了《关于规范村务监督委员会工作运行机制的通知》。要求全县371个行政村的村务监督委员会统一规范建立村务监督委员会"一账三簿"工作制度。即,一账:村务监督委员会工作台账；三簿:村务监督委员会列席"两委"会议记录簿、村务监督委员会会议记录簿、村民意见反馈记录簿。"一账三簿"工作制度的建立,确保了村务监督委员会运作规范化、制度化、经常化,客观反映了村务监督委员会各项工作轨迹。同时,会同县农廉办、县财政局联合下发了《关于落实村务监督委员会主任岗位报酬的实施办法》(试行)。办法规定:从2013年元月起，将全县所有行政村在职的村务监督委员主任岗位报酬列入了村享受岗位报酬人员范围。

3.农村社区建设试点取得新成效。3月,在全县12个乡镇371个村委会选择了33个不同类型的村进行了农村社区建设试点工作,对试点社区建设工作的各项内容进行了分类细化，并在10月底对全县33个试点村的农村社区建设工作进行了检查。

【突出社会专项事务建设，优化民政公共服务职能】

1.积极开展流浪乞讨人员救助工作。县社会救助管理站本着“以人为本、为民服务、提供便利”的原则，为流浪乞讨人员区别情况提供了饮食、住宿、通信联系、生活救助、临时安置、返乡救助和专人护送返乡等多种救助。通过建立巡查值班制度，定期不定期上街对县城胡同、角落等人群稀少的地方进行巡查，先后救助44人次。其中，劝导外省流浪乞讨人员返乡7人次，送市救助管理站1人次，送礼义、平城敬老院2人次，买票返乡的16人次，接收本县在外流浪人员7人次，救助本县困难人员7人次，送福利院弃婴4人次。另外，还处理无名死尸3人次。

2.依法办理婚姻、收养登记工作。全年办理结婚登记2070对，离婚登记263对，补发结婚登记148对，出具无婚姻证明120份。为了满足广大对象的要求，民政局创新工作，建立预约登记制度，在节假日和特殊日子，实行预约登记，极大地方便了在外工作人员，共预约登记结婚16对。同时，依法办理收养登记2件。根据省民政厅关于做好2013年婚姻登记机关等级评定工作的通知要求，民政局抽调工作人员加班加点对2000年以来的2万余份婚姻档案进行了补录。

3.大力助推养老产业发展。一是积极开展“星级敬老院”创建活动。完成了山西省民政厅《关于开展农村五保供养服务机构等级评定工作》和市级敬老院的星级评定工作并接受了省级验收评估，本县共申报了崇文、平城、礼义3所中心敬老院。二是加快推进养老服务机构建设。县老年公寓主体已经完成，具备入住条件。完成了西河底中心敬老院改扩建工程项目上报和潞城中心敬老院前期准备工作。在此基础上，还兴建了陵川第一所私人社会福利中心——华承社会福利中心。三是“农村(社区)老年人日间照料中心”建设。7月，经过实地考察，本县确定建设32所“农村(社区)老年人日间照料中心”。项目建设主要以村级闲置公共设施改造为主，新修为辅。全县32个“农村老年人日间照料中心”于11月底全部验收完工。经过审核认定，32个“农村(社区)老年人日间照料中心”分为三类，其中，一类25个、二类5个、三类2个。根据类型和建设工程进展，下拨补助资金198万元。

4.民间组织管理有序推进。按照市局要求,进一步规范了社会组织年检内容、标准和流程,对部分社会组织试行直接登记,全面启动了社区社会组织备案工作。2013 年新登记社会组织 7 个,其中,社会团体 3 个,民办非企业单位 4 个。至年底,全县共有社会组织 78 个,其中,社会团体 56 个,民办非企业单位 22 个。参加年检的社会组织 70 个,年检率达到 90%。

一是试行部分社会组织直接登记。民政局于 10 月 18 日制定了《关于对部分社会组织实行直接登记的实施方案》。方案规定:从 11 月起,在全县范围内对部分社会组织实行直接登记。直接登记的范围包括行业协会商会类、科技类、公益慈善类、城乡社会服务四类社会组织,法律法规设定需前置审批的除外。二是全面启动了社区社会组织备案工作。从 9 月起,将全面实行社区社会组织登记备案制度。所在乡镇人民政府,负责社区社会组织的成立、变更、注销等备案和管理,日常活动由所在地社区居委(村委)会指导和监督。民政部门负责本县内社区社会组织的综合协调、指导工作。至年底,全县社区社会组织备案达到 32 个。

5.区划地名管理得到加强。一是积极做好政区大典陵川部分编撰工作的后续工作。此项工作涉及全县 31 个单位和 12 个乡镇的政区概况、自然条件、经济、社会和基础设施等情况。任务重,工作量大,涉及面广,技术含量高,县民政局积极主动与有关单位和乡镇联系沟通,要数据,催进度,上门查阅资料,到年底基本完成。二是加强行政区域界线日常管理。2 月,出台了《陵川平安边界创建工作实施方案》,7 月,积极配合高平、泽州民政局完成了陵川、泽州、高平的边界联检任务。11 月,根据省、市有关要求,民政局与 6 乡镇的 12 名管理人员签订了《界线巡视、界桩托管》委托书,并落实了待遇。

6.完成了人大代表建议和政协委员提案办理工作。全年共办理人大代表建议 1 件,政协委员提案 3 件,所有建议、提案全部按要求进行了办理,满意度达 100%。

人力资源和社会保障工作

【落实就业优惠政策】

1.主要任务指标全面完成。城镇新增就业岗位2628个，占县定考核任务2000个的131%，占市定考核任务2500个的105%；转移富余劳动力10238人，占年任务10000人的102%；下岗失业人员实现再就业568人，占年任务560人的101%；对159名就业困难人员实施就业援助，占年任务148人的107%；城镇登记失业率控制在3%以内。

2.强化技能培训和创业培训。全年累计开展电脑操作、营销、保安、保洁、物业管理等各类创业及技能培训4820人，占年任务3000人的161%。

3. 开发公益性岗位帮助困难群体就业。全年累计开发公益性岗位827个，涉及用工单位70余个，支出岗位补贴及社保补贴2433.4万元。

4.积极发放小额担保贷款助推创业。为93名有创业愿望的创业培训学员和部分下岗失业人员发放小额担保贷款487万元。

5.加大招才引智力度，全面落实人才强县战略部署。坚持走出去引进来的工作方针，累计引进各类高端人才20人，硕士以上（含）毕业生15人，紧缺急需人才31人。通过公开招聘，为县电视台、县教育局、县民政局等单位悉心选拔优秀人才65人。

【扩大城乡社保覆盖面】

1.社会保障体系更趋完善。全县各项社会保险参保人数达到233942人，基金征缴达到1.8亿元；共有39797人享受到社会保险待遇2.1亿元。具体是：城镇职工养老保险完成19033人，占县定考核任务18929人的101%，占市定考核任务18600人的102%，其中，企业养老保险完成10899人、5064万元，占年度任务10600人、4700万元的103%、108%；机关事业养老保险完成8134人、8051万元，占年度任务8000人、7900万元的102%、102%。城乡居民社会养老保险完成141169人，占年度任务139350人的101%，其中，新型农村社会养老保险完成 138442 人、1406 万元，占年度任务 136650 人、1367 万元的 101%、103%；城镇居民基本养老保险完成 2727 人、27 万元，占年度任务 2700 人和 27 万元的 101%和 100%。城镇基本医疗保险完成 30044 人，占县定考核任务 29452 人的 102%，占市定考核任务 29200 人的 103%，其中，城镇职工医疗保险完成 17445 人、城镇居民医疗保险完成 12599 人、医保基金征缴完成 2705 万元，占年度任务 29200 人、2200 万元的 103%、123%；工伤保险完成 20780 人、465 万元，占年度任务 20000 人、450 万元的 104%、103%。生育保险完成 13883 人、181 万元，占年度任务 13700 人、180 万元的 101%、101%失业保险完成 9033 人、230 万元，占年度任务 9000 人、330 万元的 100%、70%。

2.社保待遇稳步提升。新农保基础养老金增加 15 元提高到 80 元。企业养老保险退休人员月人均增资 221 元提高到 1756.5 元。失业人员失业保险金由每人每月 580 元上调为 930 元。城镇职工基本医疗保险最高支付限额提高到 12 万元，大额医疗保险提高到 43 万元。城镇居民基本医疗保险最高支付限额提高到 10 万元，大额医疗保险提高到 23 万元。城镇职工门诊慢性病的病种增加到 30 种，城镇居民门诊慢性病的病种增加到 20 种。企业离退休人员冬季取暖费补贴标准由原来的每人每年 1400 元调整为 2400 元。

3.社保服务高效便民。全县扎实推进“一卡通”工作，累计激活并发卡 132846 张。其中城镇医保参保人员已使用新型社保卡 27610 人，确保了参保人员在全市定点医疗机构和定点零售药店可持卡就医、购药，并在医疗费用结算时凭卡实现即时报销。

【城乡居民人均可支配收入有序增长】

1.落实社会保险待遇发放。新农保基础养老金由原来的 65 元提高至 80 元。企业退休人员养老金人均月增资 221 元，冬季取暖费补贴标准由原来的每人每年 1400 元调整为 2400 元，全部按政策发放到位。

2.出台新的最低工资标准。按照《关于调整我省最低工资标准的通知》（晋政发〔2013〕43 号）文件精神要求，本县最低工资标准由原来的 945 元增加至 1090 元。

3.机关事业单位完成调资。全县机关事业单位2013年正常晋升工资和津补贴、绩效工资标准的调整及核定工作全部落实到位，人均月增资200元以上。

【劳务经济效益显现】

作为经济基础较弱、工业发展相对滞后的经济欠发达县城，劳务经济是快速增加农民收入的捷径之一，经过五年的悉心培树，成功打响了“古陵采掘”这一劳务品牌，全县在外从事煤矿工作的人员累计达到8000余人，年工资收入达到4亿元。同时，积极引进来料加工工作，“棋源电子”的品牌也逐渐打响。

【打造大型创业就业服务平台】

陵川县创业孵化基地一期建设工程项目在2012年完成项目选址、初设、三通一平等工作的基础上，2013年全面开工建设。该项目位于平城镇杨寨村，占地面积41.06亩，总建筑面积16521.33平方米，主要功能区包括会议培训中心、厂房、餐厅、公寓楼、产品展销厅、农家乐及相关配套附属设施，项目核定概算总投资4534.83万元。该项目年底基本完工。

【建设基层就业和社会保障服务平台】

陵川县就业和社会保障服务设施建设项目包括陵川县就业和社会保障服务中心和礼义镇、平城镇、潞城镇、附城镇4个乡镇的就业和社会保障服务站。总建筑面积5253平方米，其中，新建陵川县就业和社会保障服务中心4058平方米；新建礼义镇、平城镇、附城镇就业和社会保障服务站，总建筑面积900平方米；改建潞城镇就业和社会保障服务站，改建面积295平方米，该工程概算核定为1091万元。到年底，平城镇与附城镇的就业和社会保障服务站主体已经完工，潞城镇的就业和社会保障服务站正在改造。陵川县就业和社会保障服务中心的前期手续已办理完毕，中标施工单位已对部分土石方进行了开挖。

【保障农民工合法权益】

一是多部门联合检查。在做好日常监察和专项检查的基础上，劳动监察部门、社会保障部门和信访法制部门协调配合，在劳动监察的基础上，督促用人单位进行社会保险登记和社会保险缴费,并进一步完善用人单位信息,实现信息化管理。二是加快工资保证金制度的出台。及时出台了《陵川县工资保证金管理暂行办法》和《陵川县创建农民工工资无拖欠县实施方案》,在保障农民工合法权益方面迈出了新的步伐。共有13家建设单位按照工程中标价的4%缴纳工资保证金305万元,确保了农民工工资被拖欠时能够足额领到工资,从制度上保障了农民工的合法权益。

信访工作

【概述】

2013年,全县信访总量418批次2627人次,批次和人次与上年同比分别增加7.42%和6.57%。其中,来信18件,占信访总量的4.31%,同比下降5.26%;来访390批次2627人次,占信访总量的93.30%,同比分别增加9.14%和6.57%;网上投诉10批次,占信访总量的2.39%。从来访类型分类:来县集体访110批次2251人次,同比分别增加8.75%和2.17%;来县个体访280批次376人次,同比分别增加9.56%和11.28%。发生到市集体访27批次752人次,同比分别增加16.53%和23.68%;发生到市个体访24批次28人次,同比分别增加20%和27.27%。没有发生赴省集体访;发生赴省个体访11批次16人次,同比分别增加21.55%和26.48%。发生进京非正常重复访2批次2人次。

从反映情况看:劳动社保类问题90批次919人次,占来访人数的34.96%;城乡建设类问题67批次609人次,占来访人数的23.18%;揭发控告类问题14批次254人次,占来访人数的9.67%;农村农业类问题85批次245人次,占来访人数的9.33%;民政类问题88批次201人次,占来访人数的7.65%;国土资源类问题22批次115人次,占来访人数的4.38%;旅游管理类问题1批次113人次,占来访人数的4.30%;交通运输类问题3批次39人次,占来访人数的1.48%;卫生计生类问题3批次34人次,占来访人数的

1.29%;教育类问题9批次21人次,占来访人数的0.80%;环保类问题10批次19人次,占来访人数的0.72%;其他问题26批次58人次,占来访人数的2.21%。

从结案情况看:上级转办、交办案件全部按期办理完成,其中交办积案(包括重点、疑难复杂案件)30件,办结30件,化解结案率为100%。县自立案件249件,办结232件,结案率为93.17%。

【受理情况特点】

1.信访总量高位运行。全年信访总量418批次2627人次,批次和人次与上年同比分别增加7.42%和6.57%,信访总量仍在高位运行,不稳定因素仍然较多。

2.信访主体多元显现。随着社会发展加速,各类社会矛盾凸显,社会管理逐渐走向法制化,人民群众要求分享改革发展成果的愿望和对自身利益问题的关注越来越高,信访主体已从农村低收入人群蔓延到各阶层和各类人员。

3.信访问题日趋复杂。信访问题涉及的领域不断扩大,类型越来越多,涵盖了农村干群矛盾、城镇公共设施建设纠纷、拆迁补偿纠纷、农民工讨薪、社会保障、煤矿经营纠纷、旅游开发、村企矛盾、历史遗留问题、涉法涉诉等各个方面。

4.群体上访组织明显。群体性上访有策划、有领导、有出纳、有会计,组织化明显,通过集资、聚会等形式,教唆、煽动上访人违反《信访条例》规定,围堵、冲击党政机关,静坐、堵塞交通,威胁、辱骂接访工作人员。

5.择机上访愈加突出。部分上访者往往选择重大节日、重大活动或敏感时期,到北京、省、市和其他重要公众场所上访,以期造成较大声势和重大影响,引起上级机关和领导重视,达到自己的目的。

6.缠访闹访有所增加。有的对于信访问题的处置结果不满意多次上访;有的对于信访问题的处理速度不满意接连上访;有的同意处理意见息访后又反复或提出新问题再行上访等。一些信访老户不断上访反映历史遗留问题,利用时过境迁、政策演变、当事人难寻和领导干部变动不知情等原因,夸大其词甚至颠倒黑白，频繁找县委、县政府主要领导哭诉“申冤”，以期达到利益满足。

7.涉法上访不断增多。不少应该通过司法途径解决的民事纠纷、协议合同纠纷、工程承包款结算等涉法涉诉问题，信访人认为信访渠道成本低，希望行政干预求得快速解决。也有走司法途径穷尽仍不服判决结果的，转而又找党委政府解决问题。

方志工作

【出版《陵川民俗》】

《陵川民俗》于6月出版发行，全书共30万字，印数3000册。

【出版2012年《陵川年鉴》】

2012年《陵川年鉴》，于11月出版发行，字数31万字，印数3000册。

【点校六修《陵川县志》】

2013年县志办开展旧志整理工作。点校第六修《陵川县志》，该志书由清乾隆五年（1740年）县令雷正修，景象元纂。至年底，点校完成定审稿，正在准备付印。字数30万。

【指导修志工作】

指导完成《陵川县民政志》《杨寨村志》编写工作。至年底，《陵川县民政志》印刷出版，《杨寨村志》正在进行最后的审稿，两本志书共55万字。同时，完成2012年省年鉴和市年鉴资料报送工作。

住房公积金管理工作

【住房公积金扩面和归集】

2013年，共归集住房公积金1995.56万元，占年初计划归集1900万元

的105%，全县累计归集住房公积金业务总额为10591.61万元，住房公积金余额8423.66万元。

【住房公积金贷款】

2013年，全县实际新增发放个人贷款286户，新增发放贷款金额共计2310万元，累计发放公积金贷款总额为14422万元，委托贷款余额9034.38万元，个贷率为95%。

【公积金提取情况】

全年为符合规定的提取住房公积金756.82万元。

老 龄 工 作

【落实老龄政策，重点落实高龄、特困补贴】

一是认真落实市政府关于《加强老龄工作，积极应对人口老龄化的意见》的文件精神，5月24日县老龄办召开专门会议对高龄老人在全县的12个乡镇371个村进行摸底登记，经汇总全县80岁以上老人为2593人，其中，90岁以上135人、百岁老人1人。二是在古郊乡东上河村建立“山西省银龄行动援农基地”，种植药材200亩，主要以黄芩、党参为主，再加上其他生产项目，农民的收入将会有大幅度的增加，省老龄办除了在经济上给予支持外，还将专门邀请专家给农民上课，进行技术指导。

【宣传新修订的老年法】

一是6月26日在县城举办新修订《中华人民共和国老年人权益保障法》专题讲座。二是2013年6月22日，及时转发了市老龄委关于宣传新修订老年法的通知，及时指导乡镇老龄委和老龄委成员单位，积极宣传贯彻老年法，掀起学习老年法的热潮。三是县老龄办7月1日在县城举办老年法宣传咨询活动，在活动中共发出以老年法为主的宣传资料5000余册。在贯彻宣传老年法活动中，新闻媒体及时进行了报道，取得了很好的效果，体现了党和政府对老年人的关怀。

【"敬老月"活动】

一是在全县开展走访慰问送温暖活动。2013 年是市、县两级给高龄老人发放尊老金提标扩面的第一年。对全县 80 岁以上高龄老人进行了慰问。在重阳节期间，市老龄办领导慰问了本县唯一的百岁老人靳来凤和平城镇后河村的老女党员张改凤等。敬老月期间，市、县两级共发放尊老金近 60 万元，体现了党委、政府对老人的关怀。

二是开展维权活动，老龄意识和敬老意识增强。在全县以维护老年人合法权益为重点，切实把各项惠老优待政策落到实处，在"敬老月"活动期间，设立服务窗口，方便老年人出行，给老年人提供便利条件，营造了一种良好的尊老氛围，取得了良好的社会效果。

三是隆重召开"敬老文明号"暨敬老助老先进表彰大会。大会表彰了礼义镇 12 个"敬老文明号"单位和郑新娟、李杰等 42 名"孝亲敬老的好儿女、好媳妇"以及武呈祥等 44 个"老年温馨家庭"。

残联工作

【康复服务工作】

1.创建了陵川县全国白内障无障碍县。建立了贫困白内障患者救助长效机制，制定了《陵川县创建全国白内障无障碍县实施方案》，10 月得到省创建组的初步验收。

2.创建了 7 个社区残疾人康复示范站和 1 个高标准社区康复示范站，为 100 名残疾人发放了轮椅。

3.县残联邀请市康复医院 4 名专家举办了为期三天的残疾人社区（村）康复协调员培训班，来自基层的 50 名康复协调员参加了培训。

4.全年完成白内障复明手术 120 例，辅助器具供应 120 件，低视力家长培训 12 名，盲人定向行走 35 名，肢体残疾人社区康复 35 名，智力残疾儿童社区康复 15 名。

【社会保障工作】

1.全面落实社保工作。全年新增残疾人低保人数365人，其中，城镇低保69人、农村低保296人。本县采取以个人缴费、集体补助、政府补贴相结合的方式，开展了新型农村社会养老保险和新型合作医疗工作，残疾人参加农村（城镇）合作医疗人数13194人，占残疾人总数的85%。

2.实施“阳光家园”计划和助学项目。对140户智力、精神和肢体重度残疾人家庭进行了资助，每户资助866元，对10名重度精神、智力残疾人进行了机构托养，每人资助金额2175元，共计资助143100元。为1名贫困残疾人家庭子女大学生申请3000元助学金项目，为6名学龄前儿童申请了补助金18000元，有效地保障了残疾考生接受高等教育的权利。

【扶贫创业工作】

1.落实扶贫助残工程。残联全体干部职工积极参加“四联一帮”志愿服务活动，全县共扶持16户残疾人家庭从事养殖、种植、便民超市等项目，扶持金额共计32000元，基本实现脱贫致富。

2.陵川县农村贫困残疾人危房改造“阳光安居工程”全面启动。2013年实施了农村贫困残疾人“阳光安居工程”，对100户农村贫困残疾人进行了危房改造，其中，无房户10户、危房户90户，危改项目中进行维修的23户、置换的37户、新建40户。截至年底，全县100户危房改造户已全部竣工，圆满完成了2013年度农村贫困残疾人危房改造任务。

【法律维权信访工作】

1.机动轮椅车燃油补贴发放到位。全年共为180名残疾人发放了机动轮椅车燃油补贴46800元，全部发放到位。

2.家庭无障碍设施改造工程到位。结合本县实际，40户残疾人家庭无障碍设施改造已全部到位。

3.普法教育宣传到位。2013年残联举办了残疾人维权工作业务和维权工作人员培训班，接受培训人员66人次；印发《中华人民共和国残疾人保障法》宣传册5000份，发放法律法规知识宣传单12000份，为9名贫困残疾人实施了法律援助，为20名贫困残疾人进行了法律救助，有效地保障了残疾人的合法权益。

4.残疾人信访工作机制到位。2013年,成立了信访工作领导组,建立残疾人信访理事长接待制度。共接待残疾人来信来访(咨询)86人次,处理问题61人次。法律援助9人,法律救助18人,发放宣传资料10000份。杜绝了群体上访和越级上访事件的发生。

机关事务管理工作

【建设“节约型机关”】

1.在认识层面上,把建设节约型机关作为学习贯彻科学发展观和构建和谐社会的一个重要载体,坚持“两个务必”的要求,牢固树立节俭意识和成本意识,利用各种学习教育活动,加大宣传力度,促进机关后勤管理、服务、保障等各项具体职能工作“花小钱,办大事,办成事,办好事”。

2.在制度层面上,进一步制定完善和落实了建设节约型机关的各种规章制度,扩大涵盖面,在水、电、气、用车、基建、办文、办会、办事等方面,进一步细化标准,加强监控力度,规范操作行为,切实降低了机关的无谓浪费。

3.在技术层面上,积极引进和应用“高效、低耗、环保”的科技新成果。在电气、基建、设施设备和办公用品上采用先进节能“绿色”产品,推广节能新技术,延长使用周期,降低费用开支。

【建设“服务型机关”】

1.提高会议的服务水平。确保我县第十五届二次人民代表大会、政协第八届三次会议、三级干部暨劳模大会以及县里安排的各种小型会议顺利进行,行政局从改造服务环境、优化服务流程、提高服务人员素质等方面,全力做好“两会”等重大会议的保障工作。两个工作环节,一是和负责接待服务工作的陵川宾馆、楠园大酒店积极协调,对相关人员严要求,强管理,并认真开展业务培训,努力做好接待工作;二是制定有针对性详尽的工作方案,完成了街面标语悬挂、会场布置、会议经费预决算和餐券的发放工作。

2.提升环境服务质量。一是对机关保安队伍进行了专门训练，在原来的基础上，完善并健全了安全保卫工作制度，新建了外来人员登记制度和排查报告等制度；二是规范了车辆出入和停放秩序，规划了车辆停放车位；三是规范了政府大院的消防工作，按要求进行了消防日日报；四是保绿化，经常性翻新公共区域的花卉，随季更新大院通道花卉，加强绿化护养，增加绿化层次；五是完善机关大院各单位的安保机制。

【建设“平安型机关”】

1.打造平安大院。严格执行外来人员、车辆登记制度，确保机关正常工作秩序。重新安装了机关大院的监控设施，安装探头25个，且并入了公安专网，从硬件上得到了保障。注重设备安全。加强供电、供水、供暖等系统设备维修管理，对院内安全系统不间断进行巡检、维修，把一切隐患消灭于萌芽状态之中，确保设备始终处于良好的运行状态。

2.打造平安工程。2013年维修了人大办公楼的屋顶；对县委楼后车棚进行了拆除改造；对机关办公用房进行了改造；维修改造大院整个供暖系统；维修了政府、县委门头。在各项工程中强化工程质量和进度管理，切实抓好安全施工、文明施工，确保各项工程安全无事故。

行政服务工作

【概况】

本年度进驻部门窗口32个，涉及行政审批85项，服务事项32项。

【行政审批】

对县级行政审批部门向县政府上报的107项审批项目，经清理对接，保留85项，精减22项；制定和完善了20多项规章制度，落实了首席代表制、首问负责制、限时办结制、服务承诺制、一次性告知等制度；开展行政审批“两集中、两到位”改革，行政审批事项平均办结时限由改革前的21个工作日压缩到5个，办结效率提速76%，即办件比例达到58%。

【行政服务】

建立了《工作规范》《考核办法》，以及一整套行政服务格式文本。编印服务指南，建立公示制度，办事流程等；开展了“红旗窗口”“服务标兵”“党员示范岗”等评比活动。

【服务业务】

行政服务工作实现“四无”标准化，即受理无门槛、方式无距离、事项无积压、过程无投诉。已受理 95669 件，办结 95640 件，办结率 99.9%，收取规费 3116859.4 元，接待群众 96521 人次。

【公共资源平台】

公共资源交易中心为建设工程招投标、国土资源交易和政府采购，累计办理业务 41 宗 / 次，交易额 22433.97 万元。

接 待 工 作

【接待工作】

全年，接待处共承担公务接待任务 600 余批次，共计 5600 余人次。其中，圆满完成了全国人大原法律委员会主任委员杨景宇、胡康生一行，全国政协、中纪委、中组部、中华全国手工业合作总社相关领导来陵川视察接待工作 10 余批次；接待省委组织部长汤涛，省政府王一新副省长，省政协原副主席郭良孝、副主席李雁红等省级领导检查团 20 余批次；接待市委书记张九萍、市长刘润民等市级检查、观摩、调研团 70 余批次；完成南非卡卡杜市文化经贸考察团和新加坡项目考察团等外事接待任务，接待外省、市、县考察团 50 余批次；县委、人大、政府、政协领导赴临汾、长治、襄垣等地学习考察对外联络和后勤服务工作；完成各类公务接待、领导调研用车任务，安全行车近 10 万公里。

【接待经费】

坚决按照中央八项规定、《党政机关厉行节约反对浪费条例》《党政机关

国内公务接待管理规定》以及省、市、县一系列有关厉行节约、规范公务接待工作的文件精神，接待处进一步规范接待范围，对不属于接待范围的接待任务只协助服务；规范接待审批程序，凡是由接待处安排的客人，必须由县委、人大、政府、政协办公室及相关单位提供来宾情况的明传电报或公函，否则一律不予接待。在每一次接待活动结束后，本次接待费用做到立走立清，并严格执行接待处来宾用餐通知单和住房通知单，严把接待经费报销审批程序，严格执行"三签单"制度，即报销时要有来宾情况通知单、消费清单和发票三单齐全，对于超接待范围和超接待标准的费用一律不予报销。

档 案 工 作

【主要业务工作】

1.八号令《机关文件材料归档范围和文书档案保管期限规定》贯彻落实情况。全县行政事业单位共365个，其中行政单位58个，事业单位307个，需要编制文书档案归档范围和保管期限表的单位有223个。截至9月底，共有60个单位完成了文书档案归档范围和保管期限表的编制工作。

2.九号令《各级各类档案馆收集档案范围的规定》贯彻落实情况。制定了《陵川县档案馆接收档案范围实施细则》及编制说明；确定进馆单位157个，监管单位66个。

3.十号令《企业文件材料归档范围和档案保管期限规定》贯彻落实情况。全县国有企业共91家，集体49家，私营43家。7月上旬组织部分(4家)参加了市局组织的企业档案业务培训。

4.资源整合煤矿档案整理归档检查情况。对全县所有生产或整合矿井进行了检查，组织所有煤矿档案管理工作人员(14人)参加了市局组织的煤矿档案业务培训，促进了煤矿档案管理工作。

5.指导基层档案管理工作。指导了县政府办、县政协办、县法院、县发改局、县人社局、县宾馆、县地税局、县煤运公司、关岭山煤业等单位的档案规范管理工作。

6.完成晋城市档案局交办的各项工作任务。一是开展了档案法律法规宣传,国际档案日在县城中心地带设立了咨询台,悬挂了横幅,分发档案法律法规宣传资料200余份,参加了省、市组织的征文活动。二是积极组织参加市里的各项业务培训,提高档案管理人员素质和能力。三是对全县2006年以来县政府为投资主体的工程项目进行了摸底调查(共25项)。

群团工作

工 会 工 作

【推进“调查研究年”活动】

4月下发了《陵川县总工会2013年工会工作重点调研课题的通知》，“调研年”活动中全县共形成调研报告及其他材料39篇，其中，县工会完成调研报告13篇。

【深化群众性经济技术活动】

扎实开展“建功十二五”立功竞赛。经统计：2013年共有86个基层开展了形式多样的劳动竞赛，参赛职工达到7300人次，职工提合理化建议330条。乾丰公司原料制备车间、鸿生淀粉公司动力供气组等4个班组被市总工会命名为“市级工人先锋号”。

深化职工素质工程。在各项主题素质教育活动中，共有3600名职工参加了读书活动，收集征文3篇、读书心得25篇，为职工发放8000份购书优惠卡，发放新修订的《工会章程》等维权法律法规5000份，组织2000余名女职工开展了《女职工劳动保护特别规定》知识竞赛。

抓住选树、关心、引领环节营造比学赶超氛围树典型。4月陵川县公安局等5个集体和丁端阳等27名个人被市委、市政府授予模范集体和劳动模范称号。全年通过两节送温暖、日常救助等活动，为13名困难劳模发放困难补助、慰问金1.6万元。

【开展“创建和谐劳动关系”活动】

推进民主管理机制。扩大非公企业民主管理覆盖面。按照“组建一家工会完善一家维权机制”的要求，及时跟进新建企业工会的民主管理制度建设，年内7个新建非公企业工会建立起职代会、厂务公开民主管理制度，提高民主管理质量。重新为所有建制企业发放了《职工代表大会规范化手册》。2013年，全县213个建制单位都按时召开了职工（代表）大会。

推进工资集体协商机制。按照工资协商“322”管理目标，开展了区域性

集体合同规范、典型选树和工资协商代表培训三方面的工作，截至年底，全县23个基层建立起工资集体协商制度，其中区域性合同4家；覆盖企业53个，覆盖职工4310人。

推进劳动安全参与机制。2013年县工会全部参与了7个煤矿的复产复工验收，从健全组织、维护权益方面提出整改意见20余条；与安监局联合下发《关于开展2013年度"安康杯"竞赛活动的通知》，在健全劳动监督检查员、群众安全监督员两支队伍的基础上，完善了企业劳动争议调解组织，13家100人以上的企业建立起劳动争议调解委员会，5家100人以下的企业设立了劳动争议调解员。

【开展工会各项品牌帮扶活动】

规范困难职工档案。6月以来，已不符合要求的困难职工档案退出系统，对新申报的困难职工及时录入困难帮扶系统，重新审核建立困难职工档案2413份，为工会开展各项救助活动夯实了基础。

依托品牌活动进行帮扶救助。元旦、春节送温暖活动中筹集资金32万元，对11个困难企业，618名困难职工、困难劳模、困难工会干部进行了走访慰问；11月"关爱女职工行动"中对46名困难、单亲女职工进行了慰问，发放关爱金2.3万元；"夏送清凉"活动中筹集7.3万元资金，"金秋助学"活动中为85名困难职工家庭子女送去了13.6万元助学金，其中农民工家庭子女18名；职工大病互助活动中，一方面是抓好第六期互助期内的补偿，到年底已有68名患病职工获得补偿15.3万元。另一方面是做好第七期大病互助的动员、互助金的收缴工作，第七期大病互助截至年底参加人数已达到8679人，参加人数稳步增长。

共青团工作

【加强青少年思想道德教育工作】

2013年，在全县青少年中开展了"学习十八大精神，做自信陵川人"走进青年系列活动，县情教育活动，"树一个志向，弘扬三种精神"，"三观三热爱，青春中国梦”及“红领巾相约中国梦”等主题教育实践活动200余场316000人次。4月9日，开展纪念陵川解放68周年扫墓活动；5月2日，举行纪念五四运动94周年暨首届陵川县“陵川发展与青年责任”主题青年发展论坛；5月31日，开展“放飞我的梦，实现中国梦”心愿墙签名活动；6月21日，召开陵川县优秀青年“创业梦，陵川梦，我的梦”座谈会；8月，集中开展“争先综改、竞逐中原，年轻干部怎么办”大讨论活动。全县各级团组织和团干部开通官方和个人微博18个，建立工作QQ群15 个，与电信合作建立中国电信手机通信平台1个，提升了运用新媒体引导动员青少年的能力；先后举行“爱心· 生命·希望”“飞扬青春、梦圆陵川”等大型文艺晚会，主导创编《捧起生命的希望》《青春的力量》等文艺作品，在青少年中倡导积极向上的青春正能量；8月，举办“唱响青春正能量·给力美丽新陵川”青年歌手大奖赛，一大批优秀文艺青年脱颖而出。

【服务青少年工作】

1.青年创业就业工作有序开展。创业主题先后举办“大学生对话青年企业家”“共青团与青年企业家面对面”“陵川发展与青年责任”青年发展论坛、“创业梦、陵川梦、我的梦”座谈会等一系列活动，全年共完成发放小额贷款264笔1174.78万元，其中县农信社完成229笔1043.28万元，通过邮储银行完成33笔131.5万元，扶持创业项目264个，其中农民专业合作社20个，带动就业1584人，完成全年任务；联合县人社、农业、科技等部门开展实用技能培训工作，组织SIYB培训15期400人；进城务工青年订单式培训50人，全部实现就业；完成劳务输出600人；新建华丽港购物广场见习基地1个，新增见习人员45名并全部上岗。

2.维护青少年的合法权益工作。研究制订了《关于加强社会闲散青少年教育管理的实施方案》等；开展五类重点青少年群体摸底排查工作，全县共摸排出各类重点青少年468人；12个乡镇成立12支以综治部门牵头，乡镇团委配合的含教育、就业、法律、心理四个分队的关爱重点青少年群体志愿服务队，签订重点青少年群体教育管理和服务协议书468份，结对重点青少年468人，形成比较完善的结对帮扶网络；深入开展关爱农民工子女志愿服务行动，捐建“七彩小屋”1个，4个志愿者组织分别结对4所农民工子女较集中学校，结对人数2389人，结对率90.42%，为农民工子女免费课业辅导2188人次；举办“服务高考，与你同行”、“青少年健康成长，12355在行动”、“法制进校园”、“心灵有约”等各类12355公益大讲堂主题活动共计35场，参与人数53900人；开展“共青团与人大代表、政协委员面对面”活动2次，“倾听”活动12次，形成调研报告1份，酝酿政协提案1个；开展“暖冬关爱”、“与爱同行”等关爱活动25次，为184名贫困学生提供帮扶资金56.8万元；同时，继续开展“四项教育”进校园、“阳光工作室”“青少年维权岗”等独具特色的工作和活动，深化青少年维权工作。

【服务党政工作】

1.“青年文明号”。为全力支持陵川县打造中原地区最具影响的生态休闲旅游健康度假中心，团县委在全县青年文明号单位中广泛开展“岗位学雷锋，行业树新风”“与爱同行”结对助学和青年岗位能手评选活动。6月21日，启动以“创建青年文明号，服务发展软环境”为主题的县级“青年文明号”创建活动，新创建2013年县级“青年文明号”13家。

2.“青年安全生产示范岗”。完成苏村煤业有限公司综采队生产一班为省级“青年安全生产示范岗”的申报验收工作。与县安监局联合评选出2013年度陵川县“青年安全生产示范岗”11个。

3.“青年志愿者”。3月5日，“美丽陵川·青年先行”青年志愿服务年活动正式启动，政治、文化、社会、生态文明和扶贫济困五大志愿服务队成立。五大志愿者服务队28支分队的队员们分别开展发放倡议书、集中清扫各街道步道绿化带、举办法律讲堂、关爱进城务工人员子女、关爱农村留守儿童、关爱老人等志愿服务活动，同时全县12个乡镇2000余名志愿者集中开展志愿服务活动。自3月5日起，社会志愿服务队开展重点青少年关爱行动35次；生态志愿服务分队逢周末在棋源广场、街心公园开展环保志愿活动共计41次935人次，开展“禁止野外用火，保护绿色家园”“绿色祭祖、文明祭祖、青年在行动”等志愿活动45次，覆盖全县20000余名中小学生；政治志愿服务队形成调研报告2篇，提交提案1篇；文化志愿服务队开展“爱心·生命·

希望”“飞扬青春、梦圆陵川”“唱响经典、唱响感动”红歌会等大型文化活动4次、小型文化活动9次，独立创作各类文艺节目35个；扶贫济困志愿服务队开展“暖冬关爱”“大爱陵川·温暖西部”“一张纸，一份爱”等各类关爱行动20余次，募集资金38万余元，衣服、棉被6000余件，覆盖2800余人；大学生“三下乡”社会实践等志愿服务持续开展。

4.“希望工程”。通过积极争取省青基会和社会各界支持，通过“圆梦行动”“希望工程”“百名特困团员救助工程”“暖冬关爱”“与爱同行” 等助学活动，共为184名贫困学生发放助学金56.8万元。

妇联工作

【促进妇女创业就业】

1.举办女性专场招聘会。2月，在县社会保障和人力资源局举办女性专场招聘会，5家企业提供1560个岗位，35名女性到场应聘，帮助630多名妇女足不出县实现就业。

2.妇女小额信贷工作。2013年，陵川县妇女小额担保贷款工作进一步深入开展。截至9月底，2011年发放的首批“妇小贷”人员的30万元贷款按时收拢了资金，保障了妇女贷款的信誉度。2013年又有67名创业妇女享受到了贴息贷款，共发放贷款550多万元。

3.为陵川女企业家创业“护航”。帮助女企业家秦莉莉的陵川县六畜通顺养鸡有限公司成功申报省巾帼现代农业科技示范地，争取到位项目经费6万元；帮助女企业家许雪梅争取到第二次贴息贷款8万元；目前正帮助女企业家宰密凤的森语花卉合作社争取8万元的妇女小额贴息贷款。

4.加强巾帼文明岗的动态管理。8月，县妇联对全县各机关事业的巾帼文明岗基本情况进行摸底调查后，推荐了6名文明岗的负责人参加陵川县举办的“十二五”巾帼文明岗负责人培训班，通过培训，提高文明岗管理水平，扩大文明岗品牌效应，促进巾帼建功活动创新发展。

【促进妇联工作再上台阶】

一是关爱留守妇女儿童。5月31日，县妇联和关工委分别到崇文镇沙上头寄宿制小学、礼义镇梁泉村看望了20多名留守儿童，向他们送去书籍、学习用品，以及节日的祝贺。一方面通过“妇女之家”，加强对留守妇女儿童的教育引导，面向留守妇女宣传有关法律法规，开展实用技能培训，传授妇幼保健常识，交流家庭教育心得，帮助留守妇女提高素质，增强致富本领；另一方面，利用“妇女之家”深化对留守妇女儿童的维权服务，对留守妇女儿童开展安全防范教育，进行心理情绪疏导，调适婚姻家庭关系，切实加强对他们的人文关怀。

二是做实做强“春蕾计划”。争取到省妇联在本县秦家庄小学设立“中国儿童基金会春蕾班奖学金”，从2011—2014年，连续三年，每年50个名额，每名春蕾班小学生可获得1200元奖学金。六一节前夕，县妇联陪同市妇联工作人员，走访慰问了崇文镇仕图苑、平城镇东街村的两所幼儿园，为小朋友们送去节日的祝福，慰问品、书籍、学习用品和体育用品共计5000余元。12月13日，县妇联邀请省讲师团，在陵川二中和实验小学开展了2场“保护我们的孩子，家庭教育大篷车”巡回公益讲座，有500多名家长参加了活动。市、县妇联联合开展“爱心行动”，对本县15名贫困儿童和10名贫困妇女进行救助，救助金额近万元。

三是开展节日活动。3月7日上午，在县人大五楼会议室召开了全县各界妇女座谈会，共有67名各行各业、各条战线的妇女代表参加了会议。会上，10名各界妇女代表畅所欲言，介绍了自身的工作及创业经历，并交流了经验。8月，县委组织部和县妇联在杨村乡村干部学校联合举办了妇女干部健身操比赛。比赛共分4个组，代表与会的110名各界妇女干部参赛。

【优化妇女儿童发展环境】

一是维护妇女儿童合法权益。三八节期间县妇联与县司法局联合举办了“创建平安家庭、法律大讲堂进社区”三八维权周活动，帮助青少年提高法律意识，自觉学法、懂法、守法、用法。4月，继续深化“平安家庭”创建，以家庭的小平安、小和谐促进社会的大平安、大和谐；开展法律援助，全年共帮助妇女儿童37名。开通了面向全县妇女特别是困难妇女群体的“12338”妇女维权公益服务热线,为全县广大女性提供切实有效的帮助。截至11月,县妇联共受理来信来访12件,23人次,结案率100%,有效地维护了妇女儿童的合法权益。8月,县妇联试点开展“两癌”救助工作,为县里的2名家庭困难的“两癌”患病妇女成功申请到10000元的专项救助金。12月,又为两名患病妇女办理申请救助手续,希望能给她们带来生活的信心。9月,县、乡两级都进行了新一届妇联换届工作。10月,县妇联申请到4个省级示范“妇女之家”。全县乡镇、行政村、社区“妇女之家”实现了全覆盖。其中在全县建立了19个“妇女之家”示范点,即每个乡镇建立1个“妇女之家”示范点,建立7个社区“妇女之家”示范点。

二是推进两个规划。2月,对历年的专职妇干中生活特别困难和年纪偏大的人员进行生活现状调查摸底工作,对部分生活特别困难和年纪偏大的专职妇干进行了救助慰问。4月,正式颁布《2011—2015年陵川县妇女儿童发展规划》的文件。实施“母亲健康快车”大型公益项目,深入社区街道、农村厂矿,开展为广大妇女进行宫颈癌筛查和各类妇科病普查等工作。陵川县属全省项目执行县之一。陵川县2010年列入全省农村妇女宫颈癌和乳腺癌免费检查项目试点县。至2013年底,完成5000例宫颈癌筛查,1000例乳腺癌筛查,发现宫颈癌前病变及宫颈癌病变4人。

科 协 工 作

【建设科技工作者之家】

1.提高学会工作水平。一是加强规范管理,规范确认26个县级学会,对新组建的医师学会、恒泰可燃废弃物利用研究所和节能学会进行重点指导。至年底,全县学会组织共29个,会员总数达到1700余名。二是组织学会参加科技之春宣传月、科技周和全国科普日活动。三是加强内外联系交流,对口完成了河北邢台科协考察团考察、晋城市老科协陵川重点工程视察和国务院新农村建设办公室陵川调研工作。

2.组建科普志愿者队伍。重点开展组建了晋城市“中国科普志愿者”陵川注册工作,在县域范围内注册发展“中国科普志愿者”106人,涉及全县各行各业和广大城乡,为今后科普工作的有效开展奠定了基础。

3.推荐表彰科技工作者。共推荐7人担任省、市青少年科技教育协会理事或会员;8人参加由省委宣传部、科技厅、科协和农委组织的山西省首届新农村科技致富带头人评选;1人参加山西省第七届优秀科技工作者评选。

【科普惠农工作重点】

1.科普惠农项目。建立科普惠农项目库,筛选储备农村专业技术协会、农村科普示范基地和农村科普带头人等17个重点项目入库。适时向上级科协推荐6个协会、2个基地和1名带头人。2013年,中国科协、财政部表彰奖励的协会1个,奖补资金20万元;省科协、省财政厅表彰奖励的协会1个,奖补资金10万元;市科协、市财政局表彰奖励的协会2个、基地1个、单位2个、服务站1个,奖补资金8.5万元;县科协、县财政局表彰奖励的协会4个、基地3个、带头人2个、服务站2个、扶贫点1个,兑现县级奖补资金27050元。科普服务“三农”,推动了基层科普行动计划的深入开展。

2.惠农服务站点。对原有的13个科普惠农服务站进行了全面考核,取缔7个、保留6个,新建设3个。全县基本规范运行的科普惠农服务站共9个,惠及全县7个重点农业生产乡镇,及时、高效、便捷地为农民群众提供了农资供应和技术服务。

年内,五色土健康食品股份有限公司科普示范基地在上海光大会展中心国际大酒店举办2次山西特色农产品展销,举办1次太行山地区特色农业发展论坛。

【落实全民科学素质纲要】

1.传统品牌科普活动。全年共举办科普宣传20余场次,印发科普资料5万余份,组织科普知识竞赛1次,参与活动的科技工作者累计达到350余人次,受益群众达到2万余人次。

2.推进青少年科技创新实践。在全市“第六届学生科技月活动暨第十二届青少年科技创新大赛”中，本县选送作品25件，获奖25件，涉及109人，参赛人数、参赛作品数和获奖作品数在全市六县区和市直总排名中均为第一。在山西省第九届宋庆龄少年儿童发明奖评选中，全市6件入围作品均为本县选送，其中有5件作品获奖。本县不但代表晋城市参加了在太原举办的山西省第28届青少年科技创新大赛，而且代表山西省参加了在南京举办的全国第28届青少年科技创新大赛。有3件作品获得国家专利，2件作品受邀参加青少年科技发明创新三大国际赛事之一的“德国纽伦堡科技创造发明大赛”。

春、秋两季在一中、二中、职中、实小、棋源中学、棋源会堂和老干部活动中心进行了8场“晋城科普大讲堂”科普宣讲报告，受众3500余人次。

文联工作

【文学艺术活动】

一是中华诗词协会，组织协会会员于3月17日上午在陵川一中会议室召开了2012年工作总结会。会上，发放了《陵川古代诗词选辑》等书籍，同时举办了专题讲座。4月13日又组织诗词爱好者前往福兴寺采风，参观了桃花园、南宫庙等景点。9月7日上午，在文广新局会议室举办了第六次诗词讲座，有来自全县各行各业的40多名会员参加了讲座，本次讲座由陵枫诗社社长焦书文主讲了《从形式上认识和创作古体诗、格律诗》，同时对学会班子进行了调整。诗词学会2013年出版《太行诗词》两期，其分社棋源诗社出版了《春雨诗集》，南苑诗社出版《狮口》两期。

二是摄影协会，组织会员走出县域，于4月13—14日深入泽州县李寨风景区进行采风活动；5月25日下午又在畜牧局会议室组织摄影爱好者召开2012年工作总结会和知识讲座；国庆节期间，摄影协会参加了由晋城市委宣传部、泽州县委、县政府主办的乡村摄影展览周活动，本县15名会员80余幅摄影作品参加了展览；在“太行神韵、沁河风情”大赛中，大赛仅设6

个奖项，本县会员王卫明、宋计斌分获二、三等奖，这是本县近年来个人在市级摄影大赛中取得的最好成绩。

三是县文联于5月22日召开2012年工作总结会，随后组织各协会近50人赴华严寺进行了采风活动；6月22日，同摄影协会、丈河村共同启动了“最美乡村——风光、风情摄影赛”。

四是书法协会带领书法爱好者下乡村、走庙会、进婚礼，把活动办在了基层。

【文学创作】

辛贵强的散文一组在《西部作家》第1期“荐赏栏目”推出；散文《家在田园》在《参花》第3期发表；散文《娘亲不管我的事》在《小品文选刊》第4期发表；散文《羊性》在《农民文学》总7期发表；散文《草木之人》在《中国乡土文学》第6期发表，同篇刊登在《太行文学》第4期；《说狼述豹》在《华夏作家》杂志第4期发表；散文《中间色》同时在《杜鹃》文学杂志第1期、《西部作家》第5期发表；散文《战胜父亲》获北斗六星文学网站马缨花文学一等奖。

程爱鸿的散文《民房的旋律》在《先锋队》2013年13期总第241期发表；《这样的处罚有点冤》在《山西日报》10月29日发表；散文《我与老爸黄昏恋》在《山西作家》第3期发表；散文《可能是陶片》在4月4日的《太行日报》发表；散文《印象马圪当》在5月12日的《太行日报》发表；散文《愿这些图形岩画般永存》在8月25日的《太行日报》发表。

秦新法的散文《回答幸福》在《农民文学》第1期发表；散文《冬天的深度》在《梦阳》第1期发表；散文《冬季无雪》在《文学月刊·季度版》第1期发表；散文《触摸幸福》在《散文世界》第2期发表；散文《本性》在《西部作家》第4期发表，并入选2013年出版的《2012年山西散文年选》；散文《清风贯古今》获晋城市“廉政文学”二等奖。

毕潞玲的散文《梦回童年》在《太行文学》第1期发表；散文《在尘埃里开出花来》在省刊物《火花》第6期发表；散文《夕阳下那枚红五星》在纪念延安双拥运动70周年征文活动中荣获散文二等奖。

杜林梅的散文《行走在岁月深处的泽州廉吏》获晋城市“廉政文学”三等奖。

在首届山西文化产业博览交易会上孙军伟的布贴画《富贵牡丹》荣获“山西文化产业博览交易会神功杯工艺美术精品奖”银奖；鸣鹿根艺的《苏东坡》荣获银奖；田东方的剪纸“梅、兰、竹、菊”荣获铜奖。

【《古陵文学》杂志】

2013年出版4期《古陵文学》，并随机增设了反映乡镇发展的“乡镇风采”栏目。其中派作者19名深入12个乡镇，对“一事一议”财政奖补17个村进行了调研，出版了1期《古陵文学》专刊。

红十字会工作

【社会救助成效显著】

2013年初，红十字会举行了“红十字博爱送万家”活动，为全县10000余户急需救助家庭送上价值10万元的30多吨面粉及“2012年彩票公益金”的30多吨面粉，并对贫困、大病的100多户家庭救助5万元，发挥了红十字在政府领域中的助手作用。此次活动中的60多吨面粉主要是发放到全县遭遇自然灾害和意外伤害者因病返贫的特困家庭，还有五保户、低保户、孤寡老人等困难群体手中，真正让他们感受到党和政府的温暖。

【灾害面前彰显人道救助职责】

4月20日，四川省雅安市芦山县地震发生后，红十字会积极发扬人道、博爱、奉献的红十字会精神，在街心公园组织开展雅安地震爱心募捐活动，为援助雅安凝聚正能量。参与活动的志愿者接待每一名捐款人，走上街头分发募捐倡议书，努力争取更多的善款。

【宣传活动取得实际效果】

5月12日是全国第五个“防灾减灾日”，陵川县红十字会在县应急办的组织下与19家单位联合开展了以“识别灾害风险，掌握减灾技能”为主题的防灾减灾集中宣传活动。

侨 联 工 作

【帮助困难侨眷、侨属解决困难】

在春节来临前夕,侨联组织人员对部分侨眷侨属代表、困难党员、困难群众等进行了走访看望和慰问,送上了慰问金和慰问品共计3000余元,全年通过各种形式共走访慰问孤、老、病、困归侨侨眷10余人次,提高了帮困的工作面,受到侨眷的好评。

【积极参政议政,促进社会和谐】

参政议政是侨联组织的一项重要工作,2013年4月召开的人代、政协"两会"中,侨界代表共撰写提案5份,社情民意5份。

【深入侨属企业调研,开展科技帮扶】

2013年,重点对平文龙的养猪场进行技术指导,专门从县畜牧中心为其找来技术人员和资料,帮助他解决技术难题。针对侨属苏和平家庭困难,积极为他策划,帮助他开办了私营的小型超市。为侨属企业杨军胜的养鸡场聘请专家进村指导,提高管理水平,促进企业增收。

【收集整理《晋城侨联志30年》资料】

为贯彻落实党的十八大精神,纪念建市30周年,市侨联主席办公会议研究决定启动《晋城侨联志30年》编撰工作。陵川县侨联专门召开主席办公会议安排部署这项工作,通过近一年的收集整理,到年底把陵川县侨联的相关资料整理完毕。

工商联工作

【引导非公经济代表人士建言献策】

在年初的"两会"上,工商联界别的政协委员和人大代表紧紧围绕全县关注的非公经济发展、社会发展和民生的热点难点问题提出了20多条有价值的意见和建议，对县委、县政府作出重大决策具有极其重要的参考价值。完成了县政协布置的知识竞赛、政协论坛等多项工作任务，受到县政协的一致好评。

【加强培训，提高非公有制经济代表人士思想政治水平】

1月，工商联在县城组织召开了陵川工商联学习贯彻党的十八大精神座谈会暨工商联七届四次常委会议，广大非公经济代表人士统一了思想，增强了发展县域经济的信心。5月，工商联组织工商联常委对鸿生化工厂车间生产、库存保管等一系列先进的管理模式进行了参观学习，并召开了工商联七届五次常委会议；6月在礼义商会的“礼义镇第二届优秀民营企业家”表彰会上，近20名非公经济人士和商会负责人对礼义镇的民营企业进行了参观；9月，召开工商联七届六次常委会议，并形成了《陵川县工商联关于我县非公经济发展中存在的困难及建议》报告。10月12日，组织全县4名非公经济人士赴太原学习10余天，参加了全省小微企业创业技能培训班；10月29日，举办了陵川县工商联非公经济人士培训班，全县非公经济人士150人参加了培训。培训邀请了中国营销学院教授、100%目标达成系统创始人陈永芳。通过培训，极大地提高了非公经济人士的思想政治水平。

【推进基层商会建设】

全县共有4个乡镇商会，特别是礼义镇商会在组建“礼义商户贷款担保协会”的基础上，2013年又开展了“礼义镇第二届优秀民营企业家”“优秀青年”评选活动。平城商会结合自身工作特点，在非公经济党建方面工作突出，受到了县非公经济领导小组的一致好评。

军事

军 事 工 作

【战备训练工作】

一是开展战备建设。认真学习贯彻全军《战备工作条例》,严格落实战备制度,狠抓联合战备值班,熟悉应急指挥流程,修订完善了应急应战16种方案预案及相关保障计划,补充完善了县乡两级应急物资器材,适时组织了5次战备演练。完成了作战值班室信息化建设,严格落实全要素战备值班。二是抓好首长机关训练。于10月15日至17日参加了分区统一组织的副团职以下军官能力比武考核,政工科干事严志取得个人第四名,人武部取得了综合成绩第三名的好成绩。11月6日,省军区吴参谋长到本部检查战备训练工作,给予高度评价。三是注重在实践中锤炼队伍。与县森林防火指挥中心联系,邀请专业人员对120名民兵应急分队骨干成员进行了森林扑火知识学习和救火器材操作培训,提升了应急分队对森林火灾的扑救能力。在2013年陵川"3·7"特大森林火灾和10月六泉锥山森林山火扑救中,武装部先后出动民兵2000余人次,圆满地完成了任务。本部常态化民兵应急分队"就地取材、整合编组"的先进做法及在森林防火中的突出表现被《华北民兵》报道。

【部团和民兵基层建设】

落实中办〔2012〕9号文件,依据省军区部团建设"三个文件",推进基层民兵阵地建设和人武部基础设施建设,基本配齐了森林灭火、抗洪抢险和反恐维稳等专业装备器材,巩固和完善了基层民兵组织建设。4月,在本县秦家庄乡召开了民兵整组工作试点观摩及部署会,为全县民兵整组工作有力展开提供了较好的示范引路作用。2013年,全县民兵基层阵地覆盖率已达到了90%,全部按照"六有"标准进行配置。积极推进营区新建工作,完善各种手续。4月28日正式开工,年底搬迁入住。

【安全管理工作】

一是扎牢安全稳定的思想根基。开展"学法规、用法规、守法规"活动和作风纪律教育整顿。二是严格落实制度规定。每周定期组织早操、队列、政治教育以及各类学习，并严格执行考勤登记。三是注重突出重点抓安全。突出抓好“两节”“两会”、国庆等战备期和敏感时期的安全稳定工作，针对安全预防重点，扎实开展安全隐患排查治理活动；严格人、车、枪、弹、密、网、赌、毒的管理，特别是对驾驶员每月开展一次警示教育，定期邀请县交警大队警官讲授道路安全法规课，强化驾驶员的安全行车、文明行车意识。

【军民融合式发展】

一是落实党管武装工作制度。分析武装工作形势，研究解决人武部训练基地、民兵应急分队建设、职工养老保险和优抚安置政策落实等重要涉军问题。二是开展国防教育工作。八一前夕，专程邀请国防大学王保付教授给全县副科以上干部作国防形势专场报告；组织县委、人大、政府、政协、县直机关干部、乡镇干部、民兵应急分队、消防官兵和企业代表，共300多人参加了军事日活动，并组织县委常委及县委、人大、政府、政协领导到晋城市河西部队参观，到市民兵训练基地开展军事训练。结合民兵整组，对“青年民兵之家”的基础设施进行了完善，补充了部分国防教育资料，进一步巩固了基层文化阵地。三是开展双服务活动。积极开展“四帮一助”活动，深入农户调查贫困原因，研究增收措施，定时进行帮扶。积极组织民兵预备役人员投身精神文明建设、生态建设和平安建设，主动承担急难险重任务，发挥桥梁纽带作用，妥善解决8起问题突出、时间较长的涉军上访难题，使受害的几名现役军人家庭权益受到维护，3名退伍老战士身份得到确认，待遇得到落实。

【征兵工作】

2013年，征兵时间调整改革。一是深入宣传发动。利用电视、报纸、网络、短信平台等信息媒介大力宣传，利用消夏晚会展演国防节目机会造势，利用车辆流动宣传、张贴标语等浓厚氛围，点燃了适龄青年的参军热情。特别是将夏秋季征兵政策法规在陵川电视台黄金时段长时间滚动播出，宣传效果较好。围绕征兵宣传题材编演的节目《参军最光荣》在下乡演出中受到群众一致好评，并被选送到北京军区部团建设现场会演出。2013年，全县在男兵征集上，报名总人数为482人，比上年增加了近100人，达到了任务数的3

倍以上。二是提高兵员质量。确保体检结果的保密性，确保体检结果的真实性。结合政审工作实际，采取现场访谈和电话调查相结合的方法，对体检合格人员逐一进行走访调查，确保新兵政治上不出问题。三是坚持廉洁征兵。在人武部营院门口设立举报信箱，在县电视台、县政府宣传栏公布四级举报电话，与各基层武装部长以及负责政审的部门有关人员签订了廉洁征兵责任书，明确纪律要求和政策规定，确保廉洁征兵工作落到实处。

司法

公 安 工 作

【主要工作业绩】

1.全年共接警 14415 起,有效警情 3873 起。其中,违法犯罪类 1896 起,交通事故类 958 起,火警类 114 起,群众求助类 425 起。

2.立刑事案件 238 起,破 164 起,3 起命案全破。其中,立现行刑事案件 188 起,破 104 起;破外地案 14 起,隐积案 46 起;破八类主要案件 6 起,侵财类案件 83 起,涉毒刑事案件 9 起;抓获各类犯罪嫌疑人 124 名,打掉各类犯罪团伙 3 个,涉及成员 9 名;抓获网上逃犯 54 名;立经济犯罪案件 26 起,破 23 起,涉案金额 450 余万元。

3.受理各类行政治安案件 456 起,查处 456 起。其中,受理治安案件 417 起,查处 417 起,调解 230 起,调解率为 55.2%,处罚各类违法人员 317 名,行政拘留 135 人。

4.查处各类交通违法案件 26585 起,酒驾案件 19 起;办理各类机动车注册登记 1839 辆;受理道路交通事故 216 起,死亡 25 人、受伤 95 人,直接经济损失 40.6 万元,与上年相比,事故起数上升 1.4%、死亡人数持平、受伤人数下降 26.4%、直接经济损失上升 18%。

5.发生火灾 13 起,直接财产损失 5.1 万元,无人员伤亡。与上年同期相比,火灾起数上升 30%,直接财产损失下降 68.78%。

6.集中搜爆重点涉爆村庄 259 个次、重点地区 302 个次、重点户 1205 户次,收缴自制火药枪等枪支 5 支,废旧炮弹 1 枚,废旧手雷 1 枚,子弹 81 发,信号弹 13 发,雷管 16 枚,导火索 24 米,黑火药 300 克,烟花爆竹 605.15 万响,各种礼花 2040 个。

7.检查指导重点单位、部位、路段和企事业单位 3786 个次,发现隐患 382 处,下发隐患整改通知书 81 份,当场整改 295 处,限期整改 87 处,整改率达到 100%。

8.审核行政案件 193 案，其中，拘留 126 人，罚款 89 人，警告 5 人；审核刑事案件 75 案，其中，移送检察机关审查起诉 122 人，刑事拘留 32 人，取保候审 69 人，监视居住 15 人，逮捕 40 人。

9.出动警力 560 余人次，组织开展各类现场督察 290 余次，明察暗访 330 余次，发现和督促整改隐患苗头问题 113 处，提出督察建议 218 条，编发《督察通报》15 期。

10.排查化解各类矛盾纠纷 356 起，接待群众来信来访 72 起，全县未发生一起群体性事件。

11.为群众办理二代身份证 11542 个，临时身份证 2052 个，迁入 1833 人，迁出 2311 人，办理出国出境手续 212 人次、港澳通行证 308 人、台湾通行证 82 人。

12.“便民服务在线” 平台答复群众咨询 26 次，先后为群众解决疑难户政、交管问题 10 起，收到群众留言表扬 6 次，发布信息 1206 条，采用 619 条，接受网上评议 52 次，受理群众申请事项 59 项，群众满意率达 100%。

13.编发信息简报 282 条，被市局采用 19 条，县政务信息采用 95 条；组织专项调研 5 次，形成调研文章 7 篇，省厅、市局采用 3 篇。

14.在各类媒体发稿 709 条(篇)，其中，国家级 34 条(篇)、省级 93 条(篇)、市级 210 条(篇)、县级 372 条(篇)；向市局“警营之窗”投稿书画作品 230 余篇，发表 62 篇。

15.全局共有 38 个集体、76 名个人受到县级以上表彰。其中，6 名同志荣立个人三等功，2 个集体荣立集体三等功。

【主要工作亮点】

1.维稳大局持续稳定。针对 2012 年底陵川县出现的“实际神”聚集滋事苗头，坚持严管严控，依法严查，确保了 2013 年未再发生类似问题，确保了全县全年重大群体性事件零发生、重点人员零失控、涉法涉诉问题零上访、“法轮功”邪教组织零滋事、网上舆情导控零失误。

2.打防效能不断提升。全年命案全部告破；交通肇事逃逸事故发一破一；全县刑事案件“零发案”天数达到 260 天，与 2012 年相比增加 8 天；全县“零发案”村达到322个，与2012年相比增加10个；刑事案件同比下降15.7%，三类可防性案件同比下降53%；重大火灾事故“零发生”。

3.基层基础稳步推进。强力推行“固定＋流动”的社区警务建设模式，高标准建成了17个固定警务室。崇文派出所完成了“三队一室”建设，礼义、平城等派出所完成了“两队一室”建设，其他派出所推行了“按块划责、综合用警、一警多能”模式。

4.规范执法常抓不懈。进一步规范完善了执法场所建设，深入开展了取保候审突出问题专项整治，坚持惩教并重，充分运用以案说法、公开听证、公开调解等方式，不断开展“说理式执法”活动，最大限度增强了执法公信力，全年无新的涉法涉诉案件产生，未发生行政复议被撤销、行政诉讼败诉和国家赔偿案件。

5.监所管理成绩显著。建立完善了“六大监管机制”，看守所实现了连续19年安全无事故，连续13年被省厅命名为“二级看守所”。

6.组织建设不断加强。大力开展基层组织建设年、支部晋位升级、星级化管理等活动。刑侦、崇文、交警三个党支部被县委组织部确定为基层党组织示范点，公安局被市精神文明建设指导委员会表彰为“2013年度市级文明单位标兵”。

7.安全感和满意度进一步提升。坚持用群众满意不满意来衡量公安工作，扎实开展了“无发案村庄”“无违法违纪单位”和“群众满意单位”“两无一满意”创建活动，群众安全感和满意度进一步提升。

【交通警察大队工作】

1.办公室综合工作。共编发交警信息102期，被省交管局采用9条，被市交警支队采用46条，被陵川政务信息网采用87条，被县公安局采用52条。在全局28个科室中，本队信息采用量位居第二。

2.秩序管理。共查处各类交通违法案件26394起，其中，现场处罚14962起，非现场处罚11432起；查处超员案件4起、未取得机动车驾驶证案件19起、酒驾案件18起。

3.事故处理。共受理道路交通事故198起，造成22人死亡、88人受伤，

直接经济损失339480元。与上年同期相比，事故起数持平、受伤人数下降30.7%、死亡人数和直接经济损失分别上升22.2%和6%。

4.车辆管理。共办理各类机动车注册登记1656辆，检验各类机动车4825辆，发放检验合格标志6404个，补换领各类机动车行驶证、驾驶证1124个，组织记满分驾驶人学习41人次，组织开展警示教育313人次。

5.事故预防。共组织排查事故隐患和危险点段11次，摸排各类交通安全隐患126处，彻底整改121处，限期整改5处，安装警示标牌、标志等69块，施划标志标线1.5万多平方米、停车泊位1008个，安装减速带650米。

6.安全宣传。共组织春运、“3·25”中小学生安全教育日、“4·30”全省交通安全日和“五一”“十一”黄金周、“12·2”全国交通安全日、“讲文明、戒陋习、保平安”大教育活动、安全宣传月等一系列交通安全宣传活动15次，其中，大型活动7次，开办交通安全课89课时，发放各类宣传资料70000余份，张贴宣传标语420余条。

7.勤务保障。共参加各类道路安全保卫42次，出动警力900余人次、车辆160余辆次，圆满完成了春运、清明、五一、十一、高考、市运会成人组篮球赛等重大交通安全保卫任务，受到了市、县领导的高度评价。

8.队伍建设。大队被省公安厅交管局评为“文明交通示范公路先进集体”，被市政府评为“安全生产先进单位”和“安全隐患排查整治工作先进单位”，连续两年被县委、县政府评为全县机关“优秀单位”。9个中队14次受到市、县公安机关表彰奖励，17名民警21次受到省、市、县公安机关和县委、县政府表彰奖励。

检察院工作

【以服务大局为先导，依托职能参与社会治理】

积极服务全县重大战略工程。主动介入重点时期森林防火督察工作，督促林区、乡镇、村委等各级责任人认真履职，保护生态环境资源安全。围绕保障性安居工程，联手项目建设单位，深入廉租房、限价商品房和林区棚户区改造工程及主管单位，实地了解工程进展情况，共同分析解决存在的职务犯罪隐患，保障了重点工程顺利推进。

积极服务和保障民生。严厉打击销售假药、网络诈骗、拒不支付劳动报酬等侵害民生民利犯罪，并把追赃、退赃、赔偿损失作为首要任务，切实维护被害人合法权益。抓住人民群众关心的退耕还林、农机直补、医疗卫生等热点问题，先后到县林业、农机、国土、卫生等行政机关，开展专项预防调查，针对发现的问题，及时提出检察建议。

积极推动社会治理法治化建设。健全完善涉检信访工作机制，引导群众依法理性表达诉求，42 件（次）群众来信来访全部依法妥善处理。开展刑事被害人救助工作，为 4 个刑事被害人家庭发放救助金 5.7 万元。加强对社区矫正的法律监督，定期到司法行政部门、乡镇司法所及矫正人员居住地进行督察。不断深化“检校共建”预防未成年人犯罪工作，多次深入中小学校开展法治宣传教育，出台了五个规范性文件，扎实开展涉罪未成年人社会调查、分案起诉、犯罪记录封存等工作。

【以执法办案为中心，努力维护全县社会大局稳定】

依法打击各类刑事犯罪。共受理提请批准逮捕的刑事案件 32 件 45 人，同比下降 65.6%，审查后依法批准逮捕 44 人，不捕 1 人；受理审查起诉案件 91 件 140 人，同比下降 39.7%，审查后提起公诉 80 件 120 人，报送市院重大刑事案件 4 件 5 人。严厉打击影响社会稳定和群众安全感的犯罪，对发生在本县的故意杀人、故意伤害（致死）等 3 起重大恶性案件，及时提前介入，依法引导取证，确保了案件顺利侦破；快捕快诉“两抢一盗”等多发性侵财犯罪 16 件 23 人；依法起诉危险驾驶和交通肇事犯罪 26 件 26 人。

查办和预防职务犯罪。共初查各类职务犯罪案件线索 16 件，立案侦查 5 件 6 人，其中贪污贿赂案 2 件 3 人，渎职侵权案 3 件 3 人，全部为大要案件。在省、市院的统一部署和协调指挥下，查办了山西煤销集团国际贸易有限公司副经理杨某（副处级）涉嫌受贿 410 余万元案件，立查了一国有公司人员滥用职权造成 390 余万元损失的渎职案件，查办了两起科级领导干部

玩忽职守案件。结合办案到环保、安监等部门开展预防职务犯罪警示教育，全年共开展预防调查36次，受理预防咨询48次，进行案件分析7件，开展警示教育32次，向有关单位提出预防建议30件，提供行贿犯罪档案查询104次。

强化诉讼监督。加强刑事诉讼监督，对应当立案而不立案的监督立案6件8人，对不应当立案而立案的监督撤案8人，追加起诉3人，追诉漏罪1条，对认定事实不清、量刑畸轻的2起案件提起抗诉。加强对刑罚执行和看守所监管活动监督，积极开展监外执行、清理久押不决案件等专项检查活动，进行日常安全检查330次，联合检查8次，及时发现并纠正监管违法行为，消除安全隐患，促进依法监管，看守所实现了连续19年安全无事故。

【以促进严格执法为宗旨，切实加强自身执法监督】

主动接受人大、政协及社会各界监督。不断深化检务公开，及时发布检查工作的动态信息，接受社会各界监督。

切实强化自身执法办案监督。严格执行党风廉政建设责任制和廉洁从检各项规定，坚持"一岗双责"和民主集中制原则，建立了干警执法档案，加强对检查人员的监督制约，进一步增强了干警的规范办案意识。全面实行案件集中管理机制，通过统一受理、流程监控、案件评查、统计分析、信息查询、综合考评等方法措施，对所办案件进行动态管理和全程监控，确保了执法办案活动规范进行。

法 院 工 作

【概况】

2013年，法院共受理各类诉讼案814件，较上年上升20.95%，诉讼标的总金额2900多万元，审结802件，结案率达98.52%；受理各类执行案159件，执结率达89.94%。

【履行审判职能,推进平安法治建设】

1.刑事审判。以施行新修订的刑事诉讼法为契机,强化程序公正等六个意识,全年共受理并审结刑事案112件152人。依法严厉打击故意伤害、抢劫、强奸等严重暴力犯罪,共判处21件30人;依法惩治酒后寻衅滋事以及持械聚众斗殴等严重扰乱公共秩序犯罪,惩罚犯罪与教育感化相结合,共判处8件12人;遏制易发、高发犯罪,判处盗窃、交通肇事以及危险驾驶犯罪43件51人,加大了对“多次盗窃”“入室盗窃”“携带凶器盗窃”“扒窃”这些特定盗窃行为的打击力度,增强了人民群众安全感。坚决惩治非法采矿犯罪,判处5件30人,对非法采矿的投资人和管理人依法重判,对受雇的参与者从轻处罚,惩罚与警戒并举;对因非法采挖非煤零星矿产品而发生重大责任事故的,也从严判处。切实威慑失火犯罪,原则上不宜适用缓刑,确为年事已高、身患疾病的,依法决定暂予监外执行,既惩罚犯罪又保障人权。关注新形态犯罪,对利用网络诈骗、利用虚假注册公司专营虚开增值税专用发票犯罪依法惩治,以净化市场经济环境。判处贪污、贿赂、渎职犯罪5件10人,依法推进反腐败斗争向纵深发展。同时,把握法定从轻减轻、酌定从轻等情节,做到该宽则宽,当严则严,宽严相济,罚当其罪。

2.民商事审判。全年共受理各类民商事纠纷702件,较上年上升22.65%;审结690件,结案率达98.29%。重视城镇化建设中的商品房交易以及后期物业纠纷,百德·佳苑小区商品房预售合同纠纷的涉众性、个体差异性,诉前研判,分别立案,适度合并审理,专题研究法律适用,辨法析理,受理的102件中以裁定撤诉有效化解53件,占51.96%;就花园小区的同类纠纷,经立案审查因合同约定有仲裁条款,告知应走经济仲裁程序,对仲裁过程中移送的保全申请及时作出了裁定。强化各类市场主体的诚信交易责任,还审结其他合同纠纷156件;厘清主体责任,审理易发多发的机动车交通事故责任纠纷60件,调判结合,注重运用交强险的“稳定器”作用。妥善处理常见的权属、侵权等纠纷80件,尤其正视相邻关系纠纷的复杂性以及不重规划的现实性,依法制裁违法行为,贯彻有利生产、方便生活、团结互助、公平合理精神,服务了新农村建设。妥善处理婚姻家庭、继承等传统民事纠纷304件,依法理循事理寓情理，大力倡导和睦友善的社会风尚。面对民商事案件持续攀升，贯彻先行调解原则，正确处理调解与判决的关系，突出重点，研究难点，关注热点，深刻领会“枫桥经验”的时代内涵，依法调解或经调解而撤诉461件，调撤率达66.81%；调解不成的及时判决，注重发挥好司法的教育、评价、指引和示范等功能，收到新成效。

3.行政审判。基于有的行政机关不依行政处罚法遵循法定程序，不依行政复议法告知复议机关和期限，不依行政强制法履行催告义务，所申请的7件行政非诉执行案，经合法性审查，裁定不予执行。对申请执行拆除违法建筑的行政决定，依据新的司法解释，释明相关法律已赋予行政机关强制执行权。同时，关口前移，根据行政诉讼法，对不符合立案条件涉民生权利的低保、医保、政策性供煤等问题，外围协调，敦促基层政府重视落实政策；对于涉违法占地等民行交织的相邻纠纷，告知当事人先行向有关职能部门举报，其不答复、不查处的，可提起行政诉讼，以积极的司法引导，促进行政机关依法作为，以解决深层次社会矛盾。

4.执行工作。开展专项执行行动，公开执行员联系电话，随时接受被执行人行踪及财产线索举报，多途径破解“执行难”。结合建立失信被执行人数据库工作，上网公布失信被执行人名单，真正使“老赖”网上有名、脚下无路，实现对潜在失信者的有力震慑。开展涉党政机关、涉民生案件执行积案清理工作，督促主动履行法律义务，执行工作取得新突破。全年受理当事人申请的各类执行案159件，执结143件，执结率达89.94%，其中，完全执结率为80.40%，执结标的总金额1600万元。此外，坚持实行民事调解结案归庭执行负责制，占98%的促成自动履行；刑事附带民事赔偿调撤率达82.64%，均当庭履行。从而以维权实现维稳，尽力达到案结事了，兑现司法诚信。

【强化审判科学管理，创优增信彰显司法进步】

1.推进窗口建设，提升司法为民服务水平。做实诉讼指引、立案审查、判后答疑、初访释解等立案窗口基本工作，接受立案疑难诸多问题专题培训，体现在立案细节，对农民专业合作社退伙清算、公司解散、股东知情权等商事纠纷把握好立案标准，提高了立案准确性；基于外出务工人员在工作日请假难，推出假日法庭、预约立案，落实便民措施；让困难群体打得起官司，对17案给予司法救助，共缓减免诉讼费27660元，切实维护公民诉权；针对退费机制不畅、核批周期过长问题，建立小额退费预备金制度，让300元以下的随时退领，对大额退费的在登记时将电话背书于票据，方便联系，全年对207案退费79160元，其中小额退费153件26378元。按照中央的决策要求，启动了涉诉信访改革工作，开展涉诉信访案件排查，分类处理，依法导入诉讼，做好信访稳控对接，依法打击违法上访，教育引导缠访、闹访者在法律轨道内解决合理诉求，都做了有益的尝试。

2.规范质效考核，加强审判监督工作。坚持做好案件月评查，综合运用司法统计分析，以质效考核季通报促绩效评价，巩固了在全市基层法院"保二争一"的可喜成效。重点评查改判、发还、信访案件20件，以问责制倒逼质量提升；把监外执行、缓刑备案审核列入审监范畴，与社区矫正无缝对接，无一脱管、漏管。贯彻新修订的民诉法，遵循"法院纠错先行，检察监督断后"的原则，正确对待检察建议，引导申诉，依法审查，给予权利救济。

3.强化庭审功能，体现新诉讼法的程序价值。新修订后的两大诉讼法均于2012年1月1日起施行。刑事审判主要体现在扩大简易程序适用、重视庭前会议、应用和解程序、把握强制医疗程序等方面，与规范量刑公开、严格执行程序相融合，切实"让人民群众在每一个司法案件中都感受到公平正义"；民事审判以落实诚实信用、公益诉讼、小额诉讼、第三人撤销之诉、民间调解司法确认、行为保全等新制度为推动，按照最高法院提出的"公正、事明、理顺、法清"的要求，以裁判文书上网公开倒逼提高庭审和裁判文书质量，感受压力，努力"让人民群众感受到公平正义就在身边"。

4.深化内部管理，构建机制化管理体系。遵循司法管理特性，在后半年布置着力司法审判管理的构建任务，明确了功能定位和责任。结合腾退办公用房，优化资源配置，让科技资源物有所值，以及推进司法警务数据化管理，强化司法保障，在科技强院方面迈出新步伐。

5.改进信息宣传，扩大办案社会效果。五起失火案及时判决、及时宣传，被省、市各大媒体刊转发，社会反响强烈，有普遍教育意义；对依法不负刑事

责任的精神病人作出首例强制医疗决定,《太行日报》获取信息深度解读为《第 001 号强制文书》,起到示范引领作用;地产商高某不顾资本能力借用资质且拒不支付农民工劳动报酬被判刑,披露于媒体,引起人社部的关注。应对个案舆情,在开通的本院官方网站上澄清法律事实和法律依据,引导自媒体理性表达意见;试行裁判文书上网,以推进司法公开回应社会关切,适应网络、微博、微信等新兴媒体的时代要求,增强了责任感。

6.参与社会管理创新,延伸审判职能。开展“密切联系群众,司法为民大走访、大调研、大服务”主题实践活动,多层次参与社会管理创新。走进交警部门,前置优先促成民事赔偿,探索快审快结交通肇事案;服务于规模型企业,对牵涉其工程地的闹访交通肇事案,释明法律关系,妥处民事赔偿,并提供法律咨询;开展司法解释前基层调研,与统计分析专题结合,完成调研课题 30 多件;诉前调解 100 件的同时,还注重拓展渠道,开展大走访,初步建立起覆盖全县乡村的电话联系网,进而与司法行政机关联合走访社区矫正对象,提升适用非禁监刑罚的审判质量。这些都为继而开展的全县政法机关“联村、联企、联创”活动,积累了一定经验。重视开展司法建议工作,先后发出 4 份司法建议书,推动依法行政,积极作为有为。

司 法 工 作

【营造法治氛围,普法依法治理工作实现新提高】

1.2013 年是“六五”普法中期检查督导年,司法局以此为契机,同县委宣传部、依法治县办公室共同组织开展了“六五”普法的检查督导,分组对全县部分乡镇、县直重点单位的普法依法治理工作进行了抽查,对被检查单位在组织领导、保障机制、普法教育、依法治理、监督检查等方面不同程度存在的问题,及时提出了整改意见和建议。通过被检查单位的及时整改,有力地推动了全县“六五”普法工作的深入开展。

2.以“法律六进”为载体,大力开展以领导干部、公务员、青少年、企业经营管理人员和农民为重点的普法教育。完善了党(工)委中心组学法制度,强化了对全县公务员和企业经营管理人员的法律法规培训和考试;督促全县中小学把法制教育列入教育计划,积极开展警校共建、检校共建活动,初步形成了学校、家庭、社会“三位一体”的青少年法制教育网络;针对农民普法,在继续办好《农村普法》电视栏目,通过“送法下乡”推动农村“万家学法读书”活动开展的同时,还组建了以大学生村官为主体470余人的法律宣传志愿者队伍,并支持县曲艺队围绕农民的生产生活编排了30个法制文艺节目,在全县农村巡回演出,极大地提高了全县农民的法制意识和法律素质。

3.以创新载体为抓手,扎实有效地开展了对领导干部、公务员、企业经营管理人员学法用法和普法考试无纸化工作。按照省、市的安排部署通过上下沟通协调,2013年对全县83个单位(含12个乡镇)进行了学法用法和普法考试无纸化软件的安装,并利用这一平台在11月27—29日,对安装单位人员进行了考试,参考人员2600余人。系统安装率和参考人数均居全市六(市、县、区)之首,改变了本县过去普法教育学与不学一个样、考试走过场的弊端,提高了普法工作的效率。

4.以“12·4”全县法制宣传日为平台,集中开展了以宪法为核心的全民普法活动。领导率先垂范,县委书记、依法治县领导组组长石云峰积极参加市电视台组织的“法治论坛”,并在《山西法制报》发表了《创“四推四用”模式,促法治陵川建设》的署名文章;县委常委、政法委书记、依法治县领导组副组长常先勤在本县电视台发表了《大力弘扬法治精神,共筑伟大中国梦》的电视讲话;县司法局、旅游局、住建局等9个单位印刷部门法律法规6500册,积极开展了“送法下乡”活动;“12·4”当天,县农业局、教育局、民政局等28个单位在县街心公园设立了法制宣传咨询台,发放各种宣传资料8万余册,县委、人大、政府、政协领导也参加了当天的活动。“12·4”期间,各乡镇和县直各单位还积极开展了法律知识讲座、法律知识竞赛等形式多样、内容丰富的法制宣传活动,在全县营造了良好的法制氛围。

5.以建设“法治陵川”为目标,全力推进依法治县工作。首先建立了普法依法治理“1+6”工作机制,制定了《陵川县依法治县领导组工作制度》等7项

工作制度和《陵川县依法治理领导组规范性文件联席会议制度》等6项工作制度。其次，继续在全县农村（社区）和县直单位分别开展了以“民主法治村（社区）”和“依法治理示范单位”为主要内容的依法治理创建活动。最后，开展了严打整治、打击私挖乱采、环保专项行动、校园周边环境整治、安全生产专项整治等依法治理活动，有力地推动“法治陵川”建设不断取得新成效。

【强化司法行政职能作用，基层工作取得新成效】

1.完善机制，着力化解调处社会矛盾。按照县委、县政府《关于建立社会矛盾纠纷大调解工作机制实施方案》的要求，建立和健全了县、乡、村、组、户、员调解工作网络，拓建了道路交通事故、劳动争议、医疗纠纷、工矿企业等行业性、专业性调解组织。实现了县有调解工作领导小组、乡（镇）有调解中心、村有调解委员会、村民小组有调解小组、每15户有1名纠纷信息员。基本在全县实现了纵向到底（县、乡、组、户、员），横向到边（各专业性、行业性调解组织）的调解组织架构。建立了公调对接、信访与诉讼对接等工作机制，进一步加强了对群体性、突发性、易激化等矛盾纠纷的调解力度。这项工作走在了全市前列，11月23日分管司法工作的副市长赵沂旸在平城、附城等地进行了调研，局领导并于12月3日到市政府进行了专题汇报。

2013年，全县共排查调处各类矛盾纠纷544件，成功化解519件，有效地维护了基层社会稳定。

2.改进措施，安置帮教工作规范发展。一是实现了信息化管理。司法局和基层司法所安装了刑释解教人员安置帮教工作管理软件，通过认真排查摸底，进一步预防了脱管漏管现象，切实做到了对辖区内的刑释解教人员“五必清”，即“所犯罪名必清、改造表现必清、现实状况必清、就业情况必清、家庭关系必清”。二是对重点人员实施了必接必送，落实了安置帮教的各项措施。2013年，共接送重点刑释解教人员3名。工作中抓好了“五个及时”：（1）及时登记造册；（2）及时进行家访；（3）及时签订帮教责任书；（4）及时进行法制教育；（5）及时落实帮扶措施。

2013年，全县共有刑释解教人员541余名，帮教率达到100%，安置率达90%以上，重新犯罪率控制在2%以下。

3.规范管理,社区矫正工作成效显著。

一是审前调查评估全面化。2012年后半年开始，按照上级的要求和法院、监狱等部门的委托,凡是拟决定适用社区矫正的人员都要委托司法局进行审前调查评估。2013年,共接受法院、监狱社会调查委托函74例,实地调查74例。司法局的意见都被相关部门采纳,采信率100%。二是档案管理规范化。依据《社区矫正实施办法》和《山西省社区矫正实施细则》的规定,按照“一人一档”原则,对每名社区服刑人员均建立了社区矫正执行档案和社区矫正工作档案,按照所属乡镇区划,分别管理。确保了服刑人员信息登记的准确无误，建立了明确完备规范的社区矫正工作台账。三是日常管理制度化。针对不同的社区服刑人员,在日常监督管理中,严格按照分级管理进行,无论是社区服务、教育学习,还是思想汇报、考核奖惩,都严格统计依规进行,实行了监督管理的制度化。四是沟通协调经常化。社区矫正工作涉及公安、检察、法院、财政、民政、人社等多个部门,为强化成员单位之间的沟通协调,由县综治委、政法委牵头成立了特殊人群专项工作组,建立了联席会议制度,全年共召开联席会议4次。五是监控管理网络化。12月司法局与陵川电信分公司合作启动了社区矫正信息管理系统,通过GPS网络、手机定位、人脸识别和计算机网络技术,对全县现在册社区服刑人员的监控全覆盖,实现了社区矫正工作从“人防”到“技防”的转变。

2013年底,全县累计接收社区服刑人员270人,累计解除矫正153人,到年底在册社区服刑人员117人。累计组织开展矫正人员学习1650人次,个别谈话教育186人次,服刑人员共进行思想汇报960人次,参加社区服务1086人次。

【构建高效法律服务体系,法律服务再创新业绩】

1.公证工作。一是在重点工程建设、国有土地使用权转让、拆迁改造等事项中,为相关人办理了大量财产继承、房屋买卖、声明、委托等公证;二是配合政府工作,为政府的相关工程建设提供全程的公证法律服务;三是采取“进村进社”等有效方式深入群众,宣讲公证法律制度,提供公证法律义务咨询,开展为老、弱、病、残等困难群体办理上门公证服务等活动,赢得了群众认可和支持。截至年底，共办理各类公证事项136件，免费为当事人代写、修改法律文书30余件，解答法律咨询200人次。

2.律师作用得到更好发挥。完善了《律师事务所年度检查考核办法》《律师执业活动年度考核规则》，进一步规范了律师执业活动；推动律师开展政府法律顾问工作，主动参与政府信访接待；截至12月10日，全县律师共担任常年法律顾问8家，办理刑事案件25件、民事案件58件，代写法律文书210份，解答法律咨询600余人次。

3.继续加大法律援助工作力度。积极向中华律师协会争取了一名公益律师，来陵川县开展法律援助工作，充实了全县法律援助队伍，这在晋城市是唯一一家。2013年，全县法律援助机构共办理法律援助案件56件，解答法律咨询520人次，代写法律文书130份。

人文环境

国土资源

【加强耕地保护，确保农田稳定】

落实了县、乡、村、户四级耕地保护责任制，县与乡镇、乡镇与村层层签订了耕地保护责任状，将保护耕地责任逐级分解，特别是严格落实"占一补一"耕地保护机制，确保了全县45.75万亩耕地和41.72万亩基本农田面积不减少。同时，开展基本农田划定工作，对好地、平地、高产良田，以及集中连片耕地等均纳入保护范围。专业队依据规划已完成了外业核查，现正对照数据库进行调整工作。

【狠抓土地开发，实现耕地占补平衡】

一是全年共完成新增耕地项目23个1960亩，其中，开发项目22个，整理项目1个，超额1500亩完成任务。另有3个开发项目等待初验，面积320亩左右。二是完成10个市级土地开发项目招标工作，面积853.59亩，争取市财政专项资金940万元。同时完成2012年度1个省级土地开发项目招标工作，涉及15个村、14个片区，面积1583亩，争取省财政专项资金2477.75万元。三是完成1个省级土地开发项目1508.7亩的可研评审工作，完成2014年度市级项目12个1500亩的前期踏勘工作。

【服务项目用地】

一是完成4个城市批次735.84亩和1个乡村批次43.65亩的建设用地上报工作，建设用地面积达到了385.46亩，占整个报批面积的49.5%。第一批次上报2个项目，面积28.74亩，其中，农用地21.72亩（耕地18.78亩），未利用地7.02亩；第二批次上报11个项目，面积396.84亩，其中，农用地64.85亩（耕地51.59亩），建设用地328.28亩，未利用地3.71亩；第三批次上报2个项目，面积56.57亩，其中，农用地46.19亩（耕地39.36亩），建设用地9.78亩，未利用地0.60亩；第四批次上报1个项目，面积253.69亩，其中，农用地202.84亩（耕地169.97亩），建设用地44.75亩，未利用地

6.1 亩。乡村批次涉及 7 个村的农户建房，总面积 43.65 亩，其中，农用地 40.46 亩（耕地 34.85 亩），建设用地 2.65 亩，未利用地 0.54 亩。二是严格规范出让和供地程序。公开出让土地 4 次 11 宗，面积 326.02 亩，其中，工业用地 5 宗 211.03 亩，商服用地 1 宗 0.94 亩，住宅用地 5 宗 114.05 亩，成交价款 8508 万元。三是完成供应土地 28 宗，面积 418.69 亩。其中，商服用地 2 宗 16.47 亩，住宅用地 8 宗 134.59 亩，工矿仓储用地 5 宗 199.70 亩，其他项目用地 13 宗 67.93 亩。2009—2011 年平均供地率为 89%，2012 年统征土地 18 宗，面积 257.63 亩，已供 11 宗，面积 145.60 亩，供地率为 57%；2013 年统征土地 37 宗，面积 624.95 亩，已供 22 宗，面积 186.34 亩，供地率 30%。四是完成县城规划区及礼义、平城、附城 3 个建制镇的基准地价更新工作，县城规划区更新成果已通过省厅验收，并经县政府发布。五是及时公布土地供应信息。在中国土地市场网、国土资源局门户网站和县政府农廉网共录入各种土地供应信息 37 份，其中，国有建设用地公开出让公告 4 份，成交公示 13 份，宗地出让合同 11 份，划拨决定书 8 份，年度国有建设用地供应计划 1 份，保证了信息公布的准确无误。

【完善总体规划，创新推进用地机制】

一是完善了《陵川县土地利用总体规划》修编，4 月底将调整后的规划文本、数据库一并上报省厅。2013 年底，已做好省市两级备案的准备工作（省厅 2 套图纸、10 套文本，市局 3 套图纸、20 套文本）。二是推进三项用地新机制。增减挂钩：《陵川县城乡建设用地增减挂钩项目区实施方案》《陵川县城乡建设用地增减挂钩附城镇等 7 乡（镇）拆旧区土地复垦设计报告》分别通过省、市批复，争取用地周转指标 500 亩，建新区涉及 15 个项目，拆旧区涉及 18 个片区，确保了重点工程用地需求。矿业存量土地整合利用：《陵川县矿业存量土地整合利用实施方案》《陵川县矿业存量土地整合利用复垦区土地复垦设计报告》业已通过省、市批复，争取用地周转指标 73.90 亩，满足了关岭山、南营河、北关煤矿用地需求。工矿废弃地复垦利用：《陵川县工矿废弃地复垦利用规划（2013—2015 年）》《陵川县工矿废弃地复垦设计报告》分别通过国土部、省国土厅评审，初步拟定的复垦区涉及 4 个乡镇 23 个村、26

个地块,图斑面积 603.62 亩,为 2014 年用地奠定了基础。

【推进地籍管理,摸清全县土地家底】

一是全面完成农村集体土地所有权确权登记发证工作。对全县 378 个行政村 1694.12 平方公里的农村集体土地所有权进行了调查,全县共形成宗地 2719 宗,面积为 2541180.04 亩。其中,国有宗地 1023 宗,面积为 401806.04 亩;集体宗地 1618 宗,面积为 2118482.16 亩;争议宗地 18 宗(全部为集体土地所有权),面积为 1490.80 亩;涉省及外县飞地共 29 宗(全部为集体土地所有权),面积为 207.86 亩;崇文镇七社区只登记不发证宗地 31 宗,面积为 19193.18 亩。依据确权发证条例、规范及省市土地管理部门文件,本次仅对全县 1618 宗集体土地进行了登记发证,发证率达到 100%,该项工作已于 4 月 24 日通过了检查验收。二是制定了《陵川县农村集体土地使用权登记发证工作实施方案》,编制完成了《陵川县农村集体土地使用权和宅基地使用权地籍调查技术设计书》,完成了 198 个行政村 28.8 平方公里的农村集体建设用地和宅基地地籍测量任务,拉开了农村土地使用制度系统改革的序幕。三是建立了实时更新与年度统一变更相结合的土地变更调查常态化管理新机制,编制并出台了《陵川县土地变更调查常态化管理实施方案》,建立了土地变更调查共同责任制度,为开展土地管理各项工作打下了基础。四是完成了全县适宜开发复垦为耕地的小块未利用地现状调查。全县未利用地总面积 493976.85 亩,其中,内陆滩涂 12320.55 亩,裸地 12973.05 亩,河流水面 1438.35 亩,其他草地 467244.90 亩,适宜开发整理为耕地的有内陆滩涂、裸地和其他草地。五是一张图工程。2012 年 1 月建库单位对基础地理信息、第二次土地调查、基本农田、土地利用总体规划等成果以及 2008 年、2009 年、2010 年度土地“批、供、用、补、查”等业务档案进行了扫描录入,共录入 107 个项目,总面积 6816.72 亩,数据量 5.57GB。

【加强矿山企业管理,规范矿产资源开发】

一是督促煤矿企业完成兼并重组后采矿权价款处置工作。2013 年关岭山煤矿应缴价款 1900 万元,在规定时限内缴纳;新沙河煤矿应缴价款 3000 万元,依据县政府批复文件,签订了延期缴纳合同,报省、市国土部门备案。

二是按照国土资源部门实行矿业权设置方案制度的要求，编制了陵川县“十二五”采矿权设置方案，设置非煤采矿权28宗。同时上报了非煤矿山采矿权出让计划，市国土资源局批准本县第一批出让10宗石灰岩矿采矿权。三是加强矿山企业开发利用监督管理，组织完成2012年度全县31座矿山企业年检和2012年度矿山开发利用统计年报工作。四是规范矿山日常监管，促进企业合理开发。同时建立矿山企业登记台账、储量台账、图纸交换检查记录台账。五是完善矿山储量管理，提高资源利用水平。2012年度全县唯一生产煤矿苏村煤业按规定要求聘请有资质单位编制了《2012年度矿山储量年报》，并通过省厅专家的评审、备案。

【重视隐患排查，推进地灾治理】

一是严格落实防灾责任，层层签订地质灾害防治责任书132份，发放防灾工作明白卡138份、避险明白卡875份，送达地质灾害隐患告知书138份。二是编制了2013年地质灾害防治方案，对138个地质灾害隐患点逐点编制了应急预案；地质灾害隐患点核减为84处。三是组织地质灾害群策群防员240人开展了地质灾害防治业务知识培训。四是12乡镇均于汛期内开展了突发性地质灾害隐患应急演练。五是县财政出资40万元编制陵川县2014—2020年地质灾害防治规划。六是2012—2013年下达省、市专项资金2393.77万元对5个地质灾害治理项目实施治理，西河底镇吕家河不稳定斜坡地质灾害治理工程完成初步验收；崇文镇城内滑坡地质灾害治理工程完成施工招投标，即将进场施工；崇文镇城西五谷山崩塌、王莽岭国家地质公园崩塌治理工程完成施工招投标；崇文镇张庄村滑坡地质灾害治理工程完成可研，处于勘察设计招标过程中。七是2012—2013年下达市级专项资金478.94万元实施6个地质灾害饮水解困项目，礼义镇西街村水源井工程、潞城镇后西沟村及西河底镇焦会引水工程完成初步验收；礼义东沟村水源井工程完成施工招投标；礼义镇平川村水源井工程完成了可研，处于设计、施工招标过程中；秦家庄乡司家河村水源井工程完成可研编制。八是争取2014年市级专项补助资金500万元，开展了崇文镇城内社区黄围东街滑坡地质灾害治理工程各项工作。

【地质公园揭碑开园】

一是“山西陵川王莽岭国家地质公园”取得建设资格，先后争取部级建设资金1352万元，于2013年4月22日（“世界地球日”）成功举行“山西陵川王莽岭国家地质公园”开园揭碑仪式，打造了陵川新的旅游品牌。二是4月22日“世界地球日”开展了地质科普宣传活动。三是与河南省地调院联系编制《山西陵川王莽岭国家地质公园地质遗迹保护实施方案（2013—2015年度）》，争取部级补助资金，加强对全县地质遗迹保护的投入。

【强化执法监察】

2013年，共出动巡查1552车次，其中，白天1026次，夜间526次；共发现制止国土资源违法行为44起，其中，土地违法行为5起，矿产违法行为39起。完成2012年度卫片执法检查工作。2012年度部下发至本县7个疑似违法用地图斑中，合法用地图斑4个，面积39.7亩（耕地35.25亩）；违法用地图斑3个，面积4.7亩（耕地1.74亩），国土资源局立案查处后，当事人履行罚款5万元。2012年度违法占用耕地面积占新增建设用地占用耕地总面积比例为2.35%，实现了“零约谈、零责任追究”目标。全年共受理信访25起（土地18起、矿产7起），其中，来信15起（土地10起、矿产5起）、来访10起（土地9起、矿产1起），全部予以了落实回复，未出现非正常群体访、赴省进京访，做到了事事有着落、件件有回音。

【测绘资质管理】

一是加强测绘资质资格管理。3月完成本县2个测绘单位的测绘资质年度注册工作。二是在全县范围内开展房产测绘、地籍测绘、地图市场大检查，其中，地图市场检查4次，检查6家商店（书店），检查地图产品291件，没有发现假冒伪劣地图产品。三是认真落实测量标志保护有关法律法规及制度，共检查测量标志316座次，特别是对四等以上108个测量标志进行了全面检查。四是完成了2012年度的测绘成果汇交工作，共汇交成果目录48项，现有的测绘成果保管完好，没有泄密情况发生。五是配合省地理国情普查工作组开展了全省在本县的试点工作，全部完成了本县1750平方公里的普查试点区域正射影像图制作、精细化数字高程模型、地理国情信息遥感释

译样本采集、地理要素数据采集以及部分统计与分析等工作，所有成果已上报国家测绘地理信息局进行评审验收。

【规范依法行政，推进基层所建设】

一是规范行政审批，大厅集中受理，全年共办理行政审批事项72件；二是提升窗口服务品质，加强业务能力建设，出台了《2013年加强业务能力建设进一步提升服务品质的实施方案》；三是严格工作流程，严把程序关，对各类业务办理从严审核，规范用印程序；四是出台了《2013年度依法行政工作要点》，按市局督察室要求上报了窗口每月受理的行政审批事项和服务事项办理情况效能统计表；五是开展了行政执法案卷评查工作；六是参加了全县依法行政集中宣传活动，面对面为群众解答问题。基层所建设重点工作：一是制定下发了工作方案和评比细则；二是派人深入9个基层所进行实地指导，督促各所按省厅、市局标准严格补课；三是按照基层所管理统一化、规范化标准要求，统一印制各类台账，制作宣传版面，包括廉政文化上墙版面和廉政警示牌，编印《基层所制度手册》和《办事规范手册》。

【加强普法教育，强化政务管理】

一是按市县要求开展了“4·22”地球日、“6·25”土地日、“8·29”测绘日、“12·4”法制宣传日及“安全生产月”“节能减排周”“防灾减灾日”等主题宣传活动。二是土地局门户网站编发信息82期，上报市局采用16篇、县委采用6篇、县政府公共信息网采用46篇、《陵川新闻》和《太行日报》及市级以上新闻媒体采用通讯报道11篇。三是制订了年度培训计划，全年举办重点业务培训17次，干部素质教育培训8次，培训达2370人次，组织行政执法证换证考试1次。四是继续引深文明和谐单位创建活动，2013年12月12日被市精神文明建设指导委员会授予“市级文明单位”荣誉称号。五是结合安全生产责任制的落实，严格应急值守、汛期巡查、车辆管理、突发公共事件处置等方面的制度，确保了全年不发生一起安全生产责任事故。

【加大资金征缴力度】

2013年完成各项经济指标6202.57万元，其中，国土纯收益5693.21万元

(占目标任务 4000 万元的 142%),新增建设用地有偿使用费 18.36 万元,矿产资源补偿费 407.64 万元(占目标任务 300 万元的 136%),土地复垦费 9.64 万元,耕地开垦费 41.07 万元,罚没款 24.57 万元,土地发证收费 8.08 万元。

环 境 保 护

【环保目标完成情况】

1.污染治理指标。一是化学需氧量、氨氮的减排责任主体分别是陵川县洁美污水处理有限公司、陵川县兴旺种猪繁育有限公司和陵川县丽霖养殖专业合作社。各企业污染防治设施运行正常。经测算预计,化学需氧量、氨氮较上年同期可分别削减 45 吨、6 吨, 可以完成市定削减 1.24%和 1.24%目标。二是二氧化硫减排主体是陵川县鑫源冶炼有限责任公司,根据全口径核查核算,该项指标没有完成。三是氮氧化物减排主体是陵川金隅水泥有限公司,根据全口径核查核算,完成了减排任务。四是烟尘和工业粉尘减排圆满完成。五是地表水出境断面达到了功能类别五类标准要求。

2.环境空气质量。截至 12 月 23 日,共监测有效天数 357 天。其中,一级天数 31 天,二级天数 299 天,三级天数 27 天,二氧化硫、氮氧化物、可吸入颗粒物三项主测污染物平均浓度分别为 $0.067mg/m^3$,$0.007\ mg/m^3$,$0.075\ mg/m^3$,均达到二级标准,综合污染指数 1.96。

3.饮用水源地保护。2013 年,展开了磨河饮用水源地保护区环境状况评估工作,评估报告已经完成修订,正准备评审。

4.城乡环境质量整治。编制完成《区域噪声污染防治区划》,展开了县城高污染燃料禁燃区研究划定。

5.环保专项行动。开展了重点企业环境安全大排查、百日大检查后督察、违法排污专项检查、扬尘污染治理、化工企业专项检查、生产化学品环境调查等 6 个环保专项行动。

6.建设项目环境管理。全县 7 家煤炭开采企业已全部编制完成了环境

影响评价书，并已通过了专家评审。至年底苏村煤矿已通过环保竣工验收，关岭山煤矿已申请环保竣工验收正待省厅组织安排展开验收，其余5家也在积极准备上报申请。共审批项目58个，其中，省、市批报告书（表）项目17个，县批报告表项目13个，登记表项目28个，环保竣工验收建设项目15个。

7.污染物减排核查准备工作。2013年本县列入晋城市主要污染物总量减排计划的项目有陵川县洁美污水处理有限公司污水处理项目、陵川县鑫源冶炼烧结机脱硫项目、陵川金隅水泥脱硝项目、兴旺种猪场、丽霖养殖专业合作社农业源减排项目，当年完成了陵川县洁美污水处理有限公司、陵川县兴旺种猪繁育有限公司2家企业的污染减排核查工作。

8.限期治理工作。全县共有陵川县鑫源冶炼有限责任公司烧结机脱硫、陵川县鸿生生物科技有限公司污水处理、德日升热源厂竣工验收3个限期治理项目，均取得了阶段性成效。

9.机动车尾气环保检测。全年共检验车辆5043辆，免检车辆409辆，发放环保合格标志5452枚，其中绿色标志5028枚，黄色标志424枚。

10.环保举报共受理各类环保举报15起，与其他部门协办举报3起，接受处理由市环保局、市政府、县政府等上级转来举报2起，处理率100%。

11.环境调查统计与排污权核定。开展了化学原料和化学品制造业调查，共调查企业总数11家，现场核查企业数2家，对县域内的45家重点工业企业、47家规模化畜禽养殖场、1家城镇生活污水处理厂进行环境统计和审核上报。25家企业已全部完成排污权核定。

气象工作

【重点气象服务】

1.地面测报。全年共完成总基数12153.7个，其中测报基数11153.7个，报表基数1130.0个，错情率0.0‰；各类常规观测资料上传及时率为100%，自动站数据传输及时率达99.9%；无超检仪器；申报连续“百班无错”2个，并验收通过。

2.预报预测服务。每日通过电视天气预报发布24、48小时短期预报,及时发布灾害性天气预警,按时制作发布旬、月中长期预报和季度长期预报、月气候影响评价。

短期预报:全年一般性降水预报准确率24小时87.3%、48小时83.3%。针对“三性”天气制作发布《重要天气预报》31期,短临预报11期,《天气快讯》48期。针对道路积雪结冰、春耕、春播、田间(苗情)管理、旅游、护林防火等工作提出138条建议及提示,共服务6万多人次。针对大雾、暴雨、道路结冰、大风、寒潮等灾害性天气通过电视台、政府网站、短信平台、电子邮件等渠道适时发布各种灾害预警信号27期,手机短信服务15000余人次。

专题专项服务:制作各种节日庆典、重大政治活动、经济建设、旅游、春播秋收期、春季晚霜冻、中高考、消夏晚会等各类专题专项预报76期,结合各项工作特点和天气气候特征有针对性地提出工作建议和提示360余条,共服务6万余人次,保障了各项重大活动顺利举行。

决策服务:抓住春运、春耕春播、护林防火、夏收、防汛、秋收秋播等特殊阶段灾害性天气特点及农事特点,制作并通过手机短信、乡镇电子显示屏、电子邮件等发布决策产品66期,服务4.5万余人次。

中长期预报:根据国家、省、市业务产品订正发布年、季、月、旬等中长期预报产品48期(长期15期、中期33期);针对各阶段工作特征和气候特点提出建议和预防措施160余条。

气候产品:编制发布了月、季气候影响评价14期,分别对评价期内气候概况、重要天气现象、主要气候事件及对各业影响评价和未来对应期气候展望、影响预评价及对策进行了详细分析。

3.为农服务“两个体系”建设。一是区域自动气象站建设。完成了2个单要素自动站建设任务,且运行正常。2013年底,全县区域加密自动气象站增加到23个。二是乡镇气象灾害应急认证工作。完成了全县所有乡镇和杨村镇所有行政村的气象灾害应急认证工作。三是气象防灾减灾标准乡镇建设。完成了西河底、杨村两个气象防灾减灾标准乡镇建设任务。

【其他工作】

1.人工影响天气工作。利用有利天气条件实施人工影响天气作业3次，发射火箭弹30发，减轻了旱情，降低了森林火险等级。

2.气象科普宣传。利用“3·23”世界气象日、“5·12”防灾减灾日、科普宣传周开展了气象灾害防御知识宣传活动。

人口和计划生育

【概况】

2013年度，人口和计划生育各项主要指标情况是：人口出生率为8.44‰，自然增长率为2.31‰，符合政策生育率为81.41%，综合节育率为94.14%，近两年社会抚养费征收兑现率为81.86%。

【党政推动计划生育】

2013年把免费孕前优生健康检查工作列入了年度目标责任制考核指标，并加大了对计划生育事业的投入。全县总人口25.8366万人，按照人均22.12元计算，应列入预算571.5056万元，实际列入859.9891万元，人均投入达到了33.28元。

【落实优先优惠政策】

一是严格人口计生部门审核计划生育情况，坚决实行“一票否决”制。组织人事部门、机关工委和精神文明办公室在党政领导干部选拔任用，机关干部评先、评模、晋职、入党以及申报省、市精神文明单位等方面，都由人口计生部门审核计划生育情况，把关盖章。全年共审查领导干部拟提拔人选75人、发展党员89人、晋升职称324人、省级先进单位4个、省级先进个人3人、市级劳模23人、其他先进单位和先进个人43个(人)；二是相关部门积极落实对计生家庭的优先优惠政策。全县共有172名农村独生子女享受到中考加分政策；共有132人享受到新型农村合作医疗住院报销时提高5%的优惠补偿金额6.4842万元；共有362户独生子女家庭和双女绝育家庭享受到城乡低保补助31.9968万元；共有5户独生子女家庭和双女绝育家庭享受到移民搬迁优惠补助金额7.14万元；共有3户独生子女家庭和双女绝育家庭享受到集体收益分配时优待金额1300元，使广大计生家庭优先享受到了改革发展成果。

【实施三项措施，确保低生育水平】

一是坚持狠抓社会抚养费征收工作。2011年10月至2013年9月，全县应征收社会抚养费546.0898万元，已征收447.0419万元，近两年社会抚养费征收兑现率达到了81.86%；二是大力开展长效节育措施落实工作。2011年10月至2013年9月，全县共落实长效节育措施3958例，近两年出生应落实长措人数2968人，已落实2613人，近两年长效节育措施落实率达88.04%；三是实施奖扶帮扶工程，提升计生家庭发展能力和幸福指数。落实国家、省"4+2"农村计划生育家庭奖励扶助政策。2013年，通过加强宣传培训，严格政策把握，深入村户核实，对奖励目标人群经县、乡、村三级公示，共确认奖扶对象10070人（户），奖励金额为694.545万元；落实《晋城市计划生育困难家庭救助管理办法》，确认独生子女伤残丧失劳动能力、独生子女家庭主要成员患重病、独生子女上学困难等计划生育困难家庭救助对象29户，共计救助资金12.74万元。开展计划生育家庭意外伤害保险工作，深化生育关怀行动，建立和完善计划生育家庭保险保障体系。共计为1412户计划生育家庭投保，合计保费42360元，其中，县人口计生局补助21180元。

【开展优质服务】

一是开展免费孕前优生健康检查工作。共检查服务对象808对，1616人，占前期登记目标人群800对的101%，并已全部完成系统录入；二是开展"第二春"独生子女、双女母亲健康体检活动。全县确定的服务对象为475人，其中，已有12人死亡。12个乡镇463名"第二春"目标人群已全部进行了检查，并且，检查出各种妇科疾病43例、建议取环9例，确诊了1名卵巢癌患者，另有3名疑似恶性病变患者建议到医疗部门进一步诊断治疗；三是继续为农村已婚育龄妇女进行乳腺、妇科B超、妇科内诊、血压和阴道分泌物等多个项目的免费检查，本年度全县共普检32910人，占全县农村已婚育龄

妇女的86%。

此外围绕市“凤之家”幸福促进行动工作目标，编印了系列《人口和家庭幸福知识手册》4万余册，投资4万余元建设了杨村镇杨庄村、西河底镇吕家河村和附城镇黑土门村等一批“人口文化大院”。

【推动网格化管理】

2013年完成了县乡村三级服务管理体系建设，共划分网格478个，选配网格长478个，配备网格员1434人，共有网格服务团队324个，服务人员1600余人。全年投入200余万元用于体系和网格化管理，先后完成了县级和12个乡镇中心、50个标准村级中心建设任务，为12个乡级网格管理员、20个重点村网格长配备了手机终端。

住房保障和城乡建设

【工程建设】

1.县城道路建设。黄围东街西起古陵路，东至棋山路，长1460米，红线宽42米。采用三幅路断面形式，服务年限15年，总投资9214万元。棋山路街道北起开云街，南至廉租住房南，道路长610米，红线宽30米，采用一幅路断面形式，总投资2224万元。鸿雁街翻修改造，街道西起棋源中学门前，东至棋山路，长828米，宽10—24米，采用一幅路断面形式，总投资1200万元。

三条街道建设工程共完成迁坟(丘)754座，迁移通信、电力线杆30余根；拆迁居民房屋29户、单位房屋2家，共计7600余平方米；开挖土石方46万方；按施工顺序实施了供热、供气、供水、供电、雨水、污水管线铺设工程，共铺设各类管线15200米；铺设水泥稳定碎石基层36—40厘米厚、63020平方米、计23630方；铺设沥青混凝土面层7—9.5厘米厚、63020平方米、计4790方；砌筑绿化隔离带20个、计5000平方米，安装花池石4100米，开挖树坑1397个，换填种植土3000余方；铺装人行道30330平方米，安装路沿石

5710米;安装路灯161盏;安装智能交通电子警察信息系统2套。累计完成投资12772万元。10月31日全面完工并竣工通车。

2.保障性住房建设。城镇保障性住房建设年度开工540套(廉租住房96套、限价商品房444套)、城镇保障性住房建设年度建成90套、农村困难户危房改造550户。

一是96套廉租住房建设项目。该项目选址于黄围东街南侧,占地5亩,建设规模为4696平方米,概算投资1504万元。年度完成了项目选址、用地审查、环评批复、可研报告、节能评估、土地勘界、省发改委可研批复、初设批复、施工图设计及审查、工程招标等工作。完成投资120万元。二是200套限价商品住房建设项目。该项目选址于黄围东街南侧,占地17.58亩,建设规模20384平方米,概算投资4770万元。至年底完成了地质勘探、初步设计及批复、施工图设计及审查、限定房价、限定地价、土地招拍挂等工作。主体工程四层封顶。完成投资2600万元。三是244套限价商品住房建设项目。该项目选址于黄围东街南侧,占地25亩,建设规模24028平方米,概算投资5514万元。至年底完成了项目选址、用地审查、环评及批复、项目申请报告、节能评估、土地勘界、省发改委项目申请核准、初步设计及批复、施工图设计及审查、限定房价、限定地价、土地招拍挂等工作。四是城镇保障性住房建设年度建成90套。该项目选址于黄围东街南侧、棋山路西侧,占地3.55亩,建设规模4429平方米,概算投资1026万元。年度工程全部竣工。完成投资1030万元。五是农村困难户危房改造550户。2013年550户改造任务全部竣工,并通过验收。完成投资1540万元。

3.县城集中供热扩面工程。筹备新建热源厂1座,选址于仕林苑社区东北,占地50亩,概算投资12000万元。建设内容:安装3台46兆瓦高温热水锅炉及输配电、除尘、脱硫、出渣等配套设施,建设换热站7座,铺设一次管网约3.8公里。到年底,完成了项目选址、可研编制、土地上报、环评等前期工作。

新建换热站2座,供热面积新增20万平方米。概算投资2000万元。选址于城西龙门南巷和县医院附近。到年底,两个换热站全部竣工,并投入运行;

铺设配套一次管网2800余米、二次管网40000余米。新增用户2000户(含单元楼)、新增供热面积32万平方米,超计划完成12万平方米。完成投资2477万元。累计接入面积达到191万平方米,接入户数达到8107户,供热面积达到151万平方米,供热户数达到7371户。其中,单位接入面积34万平方米,接入107户,供热面积31万平方米,供热105户;小区(单元楼)接入面积56万平方米,接入4000户,供热面积37万平方米,供热3216户;庭院房接入面积101万平方米,接入4000户,供热面积83万平方米,供热4050户。

4.县城集中供气扩面工程。2013年完成庭院管网覆盖新增2000户、达到9000户;用气户新增1500户、达到6000户。加气站建成,并投入运营。

【强化行业监管,住建管理工作规范有序】

1.规划管理。2013年,共审批发放城市范围“建设项目选址意见书”29份,“建设用地规划许可证”26份,“建设工程规划许可证”29份;建制镇、集镇、村范围发放“建设项目选址意见书”40份,“建设用地规划许可证”14份,“建设工程规划许可证”14份,“乡村建设规划许可证”12份。推动了全县重点项目落地建设。

2.建筑业管理。2013年共监督招标工程34项,全部为公开招标。共办理工程报建59项,发包许可证45个,办理施工许可证36项。监督工程39项,建筑面积28万平方米,总计投资5.9亿元,无一起质量安全事故发生。

3.房地产管理。2013年房屋所有权登记823件,计13.28万余平方米;商品房预售登记10个、登记面积约13.88万平方米;杜绝了无证开发、房价上涨过快、一房多卖等违法行为,保障了购房人的合法权益,规范了商品房市场秩序,保证了房地产开发市场的平稳运行。

4.市政公用事业管理。累计补修县城街道4300平方米、人行道1900平方米,清理进水口和检查井1100座、开云街排污渠维修450米,羊河铺底56米,维修路灯456盏,防洪清淤1100余方,更换雨污水井箅、井盖各170余套。确保了市政公用设施的正常运行。

交 通

【重点工程建设】

1.赵马公路(棋源山庄至古郊段)改造工程。该项目在2012年完成路基工程的基础上,2013年全面实施了路面铺装及防排附属设施建设。7月底完成了路基路面主体工程,并实现全线贯通,10月底所有工程全面完工,总计完成投资5136万元。

2.礼义至沙河段公路改造工程。礼义至沙河段公路是礼义镇工业发展和群众出行的一条重要通道,全长2.2千米。2013年通过县政府协调,公路沿线企业积极筹资对该公路实施改造,由交通局先期垫资组织施工。工程于5月初开工建设,6月底完工通车,总计完成投资650万元。

3.客运中心建设工程。该项目由山西汽运集团晋城汽车运输有限公司组织建设,占地50亩,总投资5000万元,资金来源为申请省交通厅500万元,其余资金自筹。主要建设内容为客运中心、综合服务楼、司乘公寓、维修车间、配套用房、加油站及室外配套工程,分两年完成,2013年完成主站楼的主体工程。

截至11月底,工程总体完成项目备案、节能评审、项目选址、建设用地规划、建设工程规划、土地预审、环保评审、发包许可、招投标手续、施工许可证共10项项目审批手续, 候车主站楼主体工程建设完成, 累计完成投资2504万元。

4.治超站点升级改造工程。2013年对横水公路超限检测站进行了全面升级改造,包括办公生活区、车辆检测区、钢架雨棚建设、执法大厅建设、不停车检测系统建设等,总投资100余万元。

【工作目标完成情况】

1.管养水平。全县列养县道10条259千米,年平均好路率达到81%,年平均综合值达到74,优良好路里程达到210千米。完成小修保养工程:

挖补油面93处6667平方米，修剪边坡215千米637400平方米，疏通边沟229.6千米，清理塌方258处15000立方米，维修挡墙8处530立方米，修复护坡25处1985平方米，加固边坡防护31处5900立方米，完成投资200多万元。

乡村道路列养总里程1150千米，养护优等路里程达到420千米，占37%；良等路里程580千米，占50%；所有乡村公路全部实施了管养，实现了养护全覆盖。完成小修保养工程：挖补坑槽5400平方米，硬化路面4800平方米，砌设挡墙5500立方米，整修水毁涵洞6道98米，绿化道路8千米，总计完成投资180多万元。

2.运输生产。2013年共完成货物运输量3540万吨，货物周转量86540万吨千米；完成旅客运输量160万人次，旅客周转量10230万人千米。

3.路政管理。2013年上路巡查出动人员2400人次，出动巡查车600余次，巡查里程32000千米，清除路障180余处，纠正各类违章290余件，下达违章整改通知书21份，立案查处6件，结案6件，拆除公路控制区违章建筑1起，检测超限运输车辆11238余台次，处理路产损赔14件，收取路产赔补偿费21680元。

4.治超工作。一是加强源头治超，对全县36家企业进行摸底排查，并协调各部门联动执法。二是开展专项巡查，共出动巡查车辆1400车次，行程60000余千米，投入执法人员850余人次。三是加强治超站点检测，全年共检测车辆7899台，查处超限超载车辆16台，罚款4800元。

【资助乡村道路建设】

一是根据县政府安排，先期垫资完成了礼义至沙河段公路改造，完成投资650万元。二是借助街巷硬化政策，先后帮助礼义镇、平城镇、杨村镇、附城镇、西河底镇、秦家庄乡、潞城镇、夺火乡、马圪当乡、古郊乡共10个乡镇，完成了乡镇政府所在地的街道建设，极大地改善了乡镇的居住环境。三是积极帮助农业园区和旅游区完善道路建设。先后资助完成上郊农业园区、秦家庄正嘉华农业园区、鲁山至华严寺旅游道路等园区道路建设10千米，完成投资309万元，为农业产业发展创造了优良环境。

【提升农村公路养护质量】

1.开展宣传发动。全年共出动宣传车50车次，散发宣传单2000份，书写宣传标语60条。

2.强化乡镇农村公路管理站的管理职能，要求各乡镇安排专门的办公场所，配备办公设施，明确专职工作人员，完善机构设置。同时交通局筹集资金，为各乡镇农村公路管理站配备了电脑、照相机等设备，为养护工作开展提供便利条件。

3.做好日常养护管理。要求养护人员保证出勤率，保证养护质量，管养路段做到路面平整、横坡适度、路容整洁、边坡稳定、排水畅通、结构物完好、标志标线齐全醒目、沿线设施完善、绿化协调美观。在2012年确定西河底和秦家庄为养护示范乡镇的基础上，2013年又确定三个养护示范乡镇，即礼义镇、杨村镇、夺火乡。确定文明县道3条88千米，文明乡道10条72千米，10月底组织进行了详细的检查验收和评比。完善安保工程建设20千米，总计安装波形梁钢护栏120处9000米，连接水泥混凝土防护墙16处861米，连接防护墙31处180米，完善标线1000平方米、标志50处。

【公共客运管理】

2013年结合县城面积规模逐步扩大的现状，新成立了“平安出租汽车运输公司”，新增50辆出租车投放市场。县道路运输管理所在县运输公司和省运长途车站，常年安排监管人员，全天候跟踪监督客运班车的运行情况，严格执行“三不进站五不出站”的管理制度，及时查处各种违章行为，确保旅客安全出行。

【开展专项整治，确保道路运输安全】

开展了打击黑车非法营运行为的专项整治行动。5月份，运管所联合市稽查支队，从高平、泽州抽调人员成立联合执法队，开展了打击黑车非法营运行为的专项整治行动，加强对重点区域、重点路段、重点对象的打击力度，采取流动稽查和定点稽查相结合的方法，严厉打击非法营运，坚决杜绝黑车进入运输市场，共计检查车辆58辆，查处非法营运车辆37辆，实施行政处罚22万元。

【依法维护路产路权】

2013 年,路政股执法人员加大公路日常巡查力度,共出动稽查车次 600 余次,出动人员 2400 余人次,行程 32000 千米。累计清除路障 180 余处,纠正各类路政违章 290 件,下达违章整改通知书 21 份,立案查处 6 件,结案 6 件,发现率和查处率都达到 100%。处理损坏公路赔偿案件 14 起,收取路产赔补偿费 21680 元。依法审批设置广告标牌等路政许可 2 件,检测超限运输车辆 11238 余台次,有效维护了公路的路产路权。

公路管理段

【公路养护】

2013 年共完成:清扫路面 3298.5 千米,清理水沟 829 千米,处理翻浆 79 平方米,处治坑槽 3117.4 米,热沥青灌缝 63400 米,冷胶灌缝 40200 米,处治沉陷 800 平方米,新增或更新标志 20 套,划设热熔标线 33 千米,新增道口桩 24 根,新增隧道内反光道钉 50 个,陵沁线新安装波形护栏 170 米,坪曲线恢复波形护栏 152 米，新增或恢复混凝土护栏 4.95 米，恢复或新建挡墙 1255 立方米,清理塌方 63454 立方米,刮雪 109.95 千米,撒盐 20.5 吨,备防滑料 1138 立方米,处理网裂 1702 平方米,维修涵洞 1 个,维修水沟 33 处,整理绿化平台 43.4 千米,罩面 6930 平方米,处理泛油 400 平方米,恢复边沟、急流槽 1377.6 立方米,维修护坡 273 立方米,增设防滑料台 324 个。至年底,公路管理段所管养的 119 千米干线公路,优良路率达到 80.69%。

【坪曲线综合改造工程】

在坪曲线综合改造工程中，共改造坪曲线 K14+500—K32+500 段路基、路面及安全设施,完成投资 3366.8 万元;改造坪曲线庆归洞、云泉洞和友谊门三座隧道,有效地处治了隧道顶部渗水、顶部不够宽等问题,完成投资 458 万元;安保工程方面,安装 A 级波形梁护栏 3862 米,安装 B 级波形梁护栏 5192 米,安装 SA 级混凝土护栏 683 米,安装 SB 级混凝土护栏 266.6 米,浆砌护墩连体墙 503 米,安装广角镜 5 个。

【路政管理】

2013 年,路产赔偿案件查处 16 起,立案 16 起,结案 16 起,依法收取路产赔偿费 255609 元;办理行政处罚案件 7 起,收取罚款 26800 元;依法办理路政许可 2 起,拆除非公路标志 17 块;及时恢复各类路用设施,其中,恢复警示墩 24 个,恢复护柱 125 根,清理路障 340 处 603 平方米,疏通水沟 360 米,恢复里程碑 2 块,恢复桥帽石 5 块,恢复桥护栏 9 根,恢复波形护栏 42 米、防撞墙 24.75 立方米,无公路“三乱”行为发生。与此同时,在坪曲线西段共绿化 3891 平方米、修建小矮墙 560 米。

邮 政

【主要经济指标完成情况】

邮政业务收入全年完成 1394.37 万元,完成年计划的 97.17%,同比增长 5.17%。

【企业经营管理】

1.保险专业。坚持“不看计划看市场”,积极推动保险业务跨越发展,1—11 月保费规模达到 4477.4 万元,实现收入 163 万元,完成年计划的 93.14%;积极实施“走出去”发展战略,累计组织召开网点沙龙 79 场、VIP 答谢会 1 场。

2.集邮专业。克服预订票源、热门邮品匮乏不足、地方经济落后的不利形势,主动走向市场,加大开发力度,强化业务宣传推广,开展了“感恩·爱心”个性化邮票营销竞赛活动,并取得较好成效,共制作个性化邮票 1251 版。积极开展了“盘库压库”专项活动,清理集邮品库存 23.68 万元。

3.电子商务专业。加大了短信业务宣传和营销技能培训力度,储蓄、汇兑、速递等短信业务加办率和包年短信加办率不断提高,加办新增短信 4466 条,较上年增长 210%,电子商务业务实现收入 38.25 万元;加大了代理渠道的建设和管理,6 个便民服务站叠加了代收费业务,累计代收金额达

到13.2万元。

4.分销专业。紧抓节日商机，大力开展“福至新春—邮礼天下”和“粽情端午”等营销活动，销售额和业务收入分别实现22万元和9万元，较2012年同期实现了较大增幅；依托农村支局所和三农服务站，不断拓展农资、酒水分销业务市场，销售化肥26吨、酒水200件，实现业务收入0.6万元，40余个三农服务站进行了铺货。

城市综合管理

【环境整治】

在宣传方面，城市综合管理中心组织执法人员走上街头，以宣传咨询、发放传单、悬挂条幅、上门讲解等形式，宣传县城环境整治的意义。共出动宣传车2辆，发放宣传资料2万余份，悬挂条幅10余条，并在各新闻媒体刊登播放通告，制作公益广告，营造了良好的县城环境综合整治氛围。

在环境整治方面，继续推行突击清、规范运、认真扫、错时保的工作模式，加大管理和督察力度，严格七净七天标准，坚持百分制考核。同时，稳步推进“一户一桶”工作的全面实施，督促清运车辆按时上门入户收集垃圾，确保了大街小巷干净整洁，实现了环境卫生管理全覆盖。

在秩序整治方面，继续按照“坐商进店、游商进市、车辆进位”的总体要求，重点对梅园街、古陵路、崇安街、望洛路等主要街道进行了整治，使主要街道的店外经营和流动摊点全部予以取缔。

在市容整治方面，一是成立了广告管理中队，对县城的广告招牌进行集中整治，对有碍于市容的破损广告牌匾进行了更换，对户外广告、条幅、庆典加大了管理力度。二是成立了建筑垃圾管理中队，对县城建设工地和建筑垃圾进行专业管理，使建筑垃圾污染县城的现状得到有效缓解。三是对县城进行了美化、香化，对部分路段进行了粉刷，对落雁街的步道进行了硬化，对公路段至县标两侧的绿化带进行了更换。

【园林绿化】

2013年，以补植补种为突破口，对县城各街道的绿化带进行了全面维护。一是对梅园西街公路段至县标道路两侧的绿化带进行了更换，投入资金近20万元；二是对体育场外进行了整体绿化。同时，围绕年初创建目标，积极开展创建工作，当年申报省级园林单位2个，园林道路1条，园林小区1个，三星级公园1个。申报市级园林单位2个，园林道路1条，园林小区1个。

【垃圾处理厂建设】

县城生活垃圾处理厂经过两年建设，至2013年底，土建工程全部完工，其他工程完成90%。共完成投资3000万元，通过有关部门单项验收，并报请省环保厅同意，现已具备运行条件。

农业经济

农业工作

【主要经济指标完成情况】

1.全县粮食总产量达到1.198亿千克；

2.农民人均纯收入预计能完成6071元的目标任务，同比增长12%；

3.农业龙头企业农产品销售收入预计完成4.8亿元，同比增长47.7%；

4.315个行政村6300盏太阳能路灯街道亮化工程全面完工；

5.农产品质量安全监管工作，全年无农产品质量安全事件发生；

6.20%的农村低收入居民收入不低于全县农民收入平均水平的53.7%。

【农业农村基础建设项目】

一是农业基础建设项目。旱作节水农业示范基地建设项目，总投资300万元，在秦家庄乡的10个村实施，通过修补完善废旧蓄水池，充分利用煤矿废水，实行节水补灌，建设1.2万亩玉米、蔬菜示范基地。测土配方施肥项目，总投资40万元，采集化验土样600个，完成“3414”肥效试验5个，单因子肥效试验10个，配方施肥校正试验点10个，发放测土配方施肥建议卡5万份，在3个经销点安装了县域测土配方施肥专家系统应用软件，促进测土配方施肥技术的推广应用，全县推广配方施肥面积达到30万亩。

二是农业服务体系建设项目。基层农技推广乡镇农技推广站建设项目，总投资443.6万元，其中，中央投资258万元，省投资24万元，市补助134万元，市代县配套27.6万元。截至2013年12月，除礼义镇外，其他11个乡镇的办公用房新建或改建工程全部完工，价值144万元的乡镇农技服务车和电脑、土壤水分养分测定仪、农药残留速测仪、病虫测报灯、培训仪器等设备已全部发放到位。植保田间观测场及应急药械库建设项目，总投资90万元，其中，中央投资72万元，省级投资9万元，市、县配套9万元，在礼义国营良种场修建300平方米的应急药械库，占地10亩的病虫害观测场，购置仪器设备133台。县级农产品质量安全检测检验站建设项目，总投资300万元，

其中，国家投资240万元，省级30万元，县级配套30万元，上级项目资金已到位，但由于建设地点变更，相关手续已报省发改委，待批复后立即实施。

三是新农村建设工程项目。行政村太阳能路灯街道亮化工程项目，为全县315个行政村安装6300盏太阳能路灯。新建户用沼气38户，并对45个沼气服务网点负责人员进行了集中培训，以便及时广泛开展服务。积极推广实施秸秆综合利用项目，投资170.34万元，在9个乡镇21个村推广生物质炉（即秸秆炭工程）用户1207户，推进了农村清洁能源的推广使用。

【农业产业化工程】

一是粮食丰收工程。坚持"政策调动、项目扶持、技术支撑、服务保障"的粮食生产机制，兑现粮食直补、农资综合补贴、良种补贴及"一抗三保"补贴资金2171余万元。铺开了玉米、小麦保险保费补贴试点工作，落实投保面积15.13万亩，秋后对6300亩受损作物理赔41.16万元；实施了玉米高产创建、粮食丰收工程，在礼义、平城、附城、西河底4乡镇建设了3个玉米高产创建示范片和1个谷子高产创建示范片，玉米平均亩产达630千克。整合项目资金280余万元，免费为项目区农户发放地膜7万亩175吨、有机肥260吨；推广了大丰26、先玉335等抗性好、稳产高产的玉米耐密型品种，配套实施了测土配方施肥、高产密植、秸秆覆盖等技术，引导农户科学种植；开展了以谷子黏虫、玉米丝黑穗病、黏虫为主的病虫害综合防治工作，全年防治面积达到41.51万亩（次）。全县落实春播面积34.44万亩，粮食总产量预计达到1.198亿千克。

二是特色种植业基地建设工程。"一村一品"专业村建设项目，在抓好2011年、2012年49个省级、34个市级"一村一品"专业村建设的基础上，2013年，新争取了省级"一村一品"专业村建设项目24个，申报市级项目27个。在省、市1200万元扶持资金的带动下，项目村累计投资2亿元，实施"一村一品"建设项目130余个，初步建成专业村近100个，"一村一品"专业村农民人均纯收入比全县平均水平高出近500元。特色种植业基地建设，建成了1万亩优质谷子示范基地，引进了10个新品种进行对比试验，推广了长生7号、晋谷21号、谷子精准化播种免间苗等新品种、新技术，全市优质谷子精准化播种现场会在本县召开；建成了尧庄露地蔬菜交易市场，全县蔬菜面积达到1.52万亩，其中，设施蔬菜面积达到2242亩，包括日光温室大棚525亩，春秋大棚961亩；引进了一批马铃薯脱毒种薯“原原种”，在平城进行扩繁；新发展优质果园2000余亩，改造中低产果园1500亩，全市无公害标准化果园创建技术培训会在本县召开。新建养蚕大、中棚30栋，全年养蚕6000余张，蚕茧产量预计25.6万千克，收入近1000万元（春茧48元/千克，秋茧32元/千克），特色种植业面积稳定在11万亩。农业调产农民增收项目，通过乡镇申报、部门审核，对2011年的665个项目贷款完成贴息200万元，对2012年800多个农业调产农民增收项目进行实地考察汇总，贷款总额5016万元，带动社会投资近亿元，需贴息200余万元。

三是农业产业化龙头企业建设工程。一是抓好已有龙头企业的稳定生产，积极争取鸿生生物科技、古陵山食品、马圪当农业开发三家企业进入第五批农业产业化省级重点龙头企业，争取7家企业进入市级重点龙头企业，引导他们进一步稳定生产，畅通销售，全年预计完成销售收入4.8亿元。二是抓好新上项目建设。棋源饮料5000吨山楂果肉饮料项目，投资2000万元，完成了厂房和库房主体建设及设备购置工作。三是积极组织6家龙头企业和2家合作社参加了第三届中国（山西）特色农产品交易博览会，现场销售28.5万元，完成贸易签约2.579亿元，招商引资签约1.33亿元。组织马圪当农业开发公司和晋翘中药材专业合作社参加了在武汉举办的第十一届中国（国际）农产品交易会，进一步提升了本县特色农产品的知名度。

农业综合开发工作

【省立项农业综合开发项目实现转型】

2012年省立项礼义镇中低产田改造项目圆满完成。在礼义镇椅掌、申庄、小平三个村实施中低产田改造面积3600亩，总投资完成420万元。新建2500方高位调节池一座，铺设输水管道24.2千米，建成灌溉水田2100亩。

新建、整修田间机耕路12.5千米,植树8120株,推广玉米新品种500亩。在完成2012年土地治理项目的基础上,将2013年度中低产田改造项目调整为生态治理项目,并在潞城镇以冶南为中心的三个村规划设计了4300亩生态治理项目,顺利通过省办组织的专家评审。项目总投资420万元,其中,省级财政投入300万元,市级配套60万元,县级配套和项目村自筹各30万元。工程设计营造以连翘为主的水保林2700亩,新建小型提水站1处,新建蓄水池1座,铺设灌溉管道5800米,新增水田面积400亩,修建田间道路9千米。

【中药材产业持续稳定发展】

2013年,全县中药材种植面积达到36.2万亩,比上年增长26.6%。其中,大田种植面积达到6.5万亩、以连翘为主的人工野生抚育面积29.7万亩,预计中药材总产值达1.69亿元,全县农民人均药材收入700元。“三河一岭”中药材片区开发项目总投资7735.1万元,其中,省财政专项扶贫资金1000万元。调运种苗160余吨,连翘苗200万余株,完成中药材种植面积9931亩,其中,大田种植4931亩、荒地种植连翘5000亩。特别是古郊乡片区集中连片建成3600亩药材基地,沿旅游公路形成10千米中药材绿色长廊,成为特色产业与旅游景观相整合的一个新亮点。优质道地药材基地建设项目总投资1703万元,其中,省级财政补贴资金200万元。完成面积20000亩,其中,党参640亩、黄芩12680亩、连翘6000亩、其他中药材680亩。全部受益后,年可产中药材300万千克,收入5045万元,项目区农户户均增收15390元。全县新发展中药材专业合作社44个,总数达到了130个,发展中药材订单种植面积3万多亩,有120余个村药材种植面积百亩以上,产业的集中度和覆盖面都有了很大提高。

【龙头企业建设】

2013年,农开局把中药材加工企业培育壮大作为一项重要工作,一手抓在建项目的推进,一手抓新上项目的引进。摩根汇丰养生堂中药材深加工项目基建工程基本结束,部分设备已经到位。太行中药材公司药用植物项目完成了设备订购。党参公司的党参保健产品开发项目获得北京同仁堂的同意。

山西参洋中药材开发公司党参工厂化干燥生产线已经临时安装，并投入运行。由甘肃陇西民安中药材开发公司投资在本县组建的陵川县百草堂药业公司，计划投资3000万元，与大型药材企业合作，直销本地的地产药材，并建设仁类药材加工生产线，年销售额可达到8000万元。厂址选定在原冶头中学旧址进行改造建设，公司的各类前期手续已经办理完毕，并展开了中药材经销业务。此外，安徽尚善公司在潞城镇建设黄芩种植基地的项目开始启动；晋城海斯制药公司结合百村千企扶贫开发任务的落实，初步确定在潞城镇建立中药材加工项目。由晋翘中药材专业合作社引进技术开发的连翘茶加工项目，正式投入生产，投放市场后，受到普遍好评，为本县连翘叶这一废弃资源的充分利用开辟了新途径。佰润普农牧业综合开发公司投资建设的中药材交易市场项目，正在加紧前期准备工作。

【项目争取】

2013年，农开局与有关部门密切配合，共争取上级资金1410万元，除正常的省市立项的农业综合开发土地治理项目390万元之外，争取省农业综合开发产业化项目110万元；争取省级中药材补贴项目资金200万元，对9个乡镇、39个村的20600亩中药材基地面积进行了专项补贴；争取省级中药材“一县一业”基地县建设资金500万元，申报扶持项目4个。涉及种苗繁育基地、中药材市场建设、党参工厂化加工、连翘茶加工等项目的重点环节。向科技部申报了富民强县中药材产业化开发项目，获得扶持资金210万元。

【对外交流合作】

2013年，本县中药材产业发展在省内外产生了很大影响，先后有吕梁、临汾、长治、晋中以及本市的阳城、沁水、泽州、高平等市县组团30多个，前来本县参观考察中药材产业，并就技术指导、种子苗木供应、产品销售等具体事宜达成多项合作意向。县农民技师王成龙，被古县聘为特邀专家，为古县开展连翘GAP认证提供规范化种植技术和培训技术人员。特别是从2012年10月开始，在中央电视台农业频道播出了本县中药材的公益广告，产生了很好的宣传效果。全国各地客商、种植户纷纷来电咨询、洽谈，本县中药材的市场知名度和影响力不断加大。

林业工作

【主要指标完成情况】

1.完成造林1.98万亩,占年度计划的100%。其中,太行山绿化工程0.9万亩;巩固退耕还林成果薪炭林工程0.1万亩,干果经济林工程0.2万亩;高速路主林带绿化工程0.13万亩;丹河流域生态治理修复工程0.3万亩;市县造林工程0.3万亩;矿区绿化工程0.05万亩。

2.完成植树65万株,其中,义务植树35万株。

3.完成育苗0.57万亩,其中,新育苗0.27万亩。

4.新铺开村庄绿化30个,完成村庄绿化30个。

5.查办林业行政案件11起。其中,盗伐林木案件3起,非法收购盗伐林木案件1起,擅自改变林地用途案件6起,非法狩猎案件1起。

6.森林火灾发生率控制在0.3‰以下,林业有害生物成灾率控制在4.5‰以下、无公害防治率达到80%以上、灾害测报准确率达到85%以上、种苗产地检疫率达到100%。

【加快造林绿化,持续改善城乡人居环境】

一是环县城绿化工程。环县城绿化工程是2013年县委、县政府确定的十件实事之首,是全县林业生态建设的重中之重,建设规模1350亩,涉及县城周边7个行政村(社区),22个作业小班,总投资2000万元。绿化模式为分片分区营造片状景观林,树种主要为树高2.5米以上的油松、侧柏和胸径3厘米以上的香花槐,同时配置1米高的连翘、山桃、榆叶梅等花灌木树种,以提高县城周边绿化景观效果。至年底,全面完成绿化任务,栽植油松、香花槐、侧柏、杨树、旱柳、山桃、山杏、连翘等苗木10万余株。

二是高陵高速公路沿线荒山绿化工程。该工程建设规模为1.0万亩,总投资445万元。共栽植侧柏、连翘、刺槐等苗木160余万株。

三是村庄绿化工程。2013年,本县实施村庄绿化30个,其中,乡镇所在地村庄2个,公路沿线和景区周边村庄28个,总投资180万元。绿化模式以营造小片林为重点,主要对进村道路、街巷、村民集中活动场所、环村林带等进行了绿化。

【壮大林业产业,加快增收致富步伐】

一是核桃干果基地建设。2013年,本县新发展核桃干果经济林0.8万亩,总投资250万元,其中,巩固退耕还林成果核桃干果经济林0.2万亩,国家投资70万元;市县干果经济林0.6万亩,市级投资180万元。林业局坚持"农民自愿、规模发展"的原则,组织技术人员从政策支持、资金扶持、基地规划、苗木调运、整地栽植、栽后管理、检查验收等各个环节入手,重点扶持集中连片面积100亩以上的核桃专业村,保质保量完成了栽植任务。同时,特邀山西省核桃专家陈维智和局机关技术骨干深入核桃重点乡镇和村庄举办核桃技术培训班20余次,积极引导农民加强核桃土、肥、水等综合丰产管理,大力推广核桃林低秆作物间作力度,共发放《核桃综合管理技术》《核桃实用管理技术》《核桃无公害标准化生产周期管理》《核桃树四季修剪技术》等实用技术资料2万余份,进一步壮大了产业规模,保障了建设质量。

二是连翘基地建设。按照"统一规划、工程带动、大户承包、发动群众"的原则,采取乡镇申请、政府供苗,村组织栽植、林业部门检查验收的办法,共调集连翘大苗600余万株,将连翘栽植任务布局在所有荒山绿化工程建设范围和积极性较高的村庄,进一步扩大种植面积,打造特色连片精品工程,高标准完成5.6万亩连翘造林工程,涉及崇文、潞城、礼义等9个乡镇98个行政村。

三是食用菌基地建设。依托国家和市级森林抚育补贴试点项目继续在本县实施的重要契机,林业局进一步强化服务职能,通过深入开展政策宣传、政策引导和技术扶持,对夺火、马圪当、古郊等乡镇开展食用菌养殖侧枝抚育工作积极扶持,优先安排,有效规范了侧枝抚育行为,解决了原材料不足的难题,确保了食用菌养殖项目的健康发展。

四是育苗基地建设。为满足本县生态绿化工程苗木需求,林业局积极和晋城市云舟工贸有限公司、陵川有才绿化公司达成合作意向,由县政府无偿提供土地，在县城职业中学段建成300亩育苗基地，总投资2000万元。是年，已到位资金1000万元，共修建水池2座、作业通道2500米，铺设引水管道2000米、田间灌溉管道5000米，栽植油松、侧柏、云杉、白皮松等各类苗木12万株。

【强化资源管护，确保全县林业生态安全】

一是森林防火工作。2013年，本县深刻汲取“3·7”森林火灾教训，在风干物燥、火险等级持续偏高的严峻防火形势下，紧急采取各项防控措施，严防了森林火灾的发生。通过全面落实县乡村户四级防火责任、严格管控一切野外用火行为、着力营造森林防火浓厚高压氛围、全力做好各项防扑火准备工作、严格落实各项森林防火责任追究制度等有效措施，在全县上下形成了各级部门各负其责、社会各界共同防范、广大群众主动参与的森林防火体系。

二是林业有害生物防治任务。林业局按照“预防为主、科学发展、依法治理、促进健康”的方针，积极推进营林、生物和无公害防治措施，从根本上遏制了林业有害生物发生的势头，有效保护了本县造林绿化成果和森林资源安全。全年有害生物成灾率控制在4.5‰以下、无公害防治率达到80%以上、灾害测报准确率达到85%以上、种苗产地检疫率达到100%。

三是森林资源管理。全年共依法办理森林抚育和食用菌养殖侧枝抚育采伐许可证76件，木材运输证39件，木材经营加工许可证50件，临时占用林地许可22件，配合完成了国家林业局林地管理核查和全国第二次重点保护野生植物调查工作，稳步推进了县级森林资源可持续经营试点管理工作。

四是毁林违法行为。2013年，重点对非法征占用林地、盗砍滥伐乱挖林木、乱捕滥猎野生动物和森林火灾等违法违规行为严惩重处，有效遏制了破坏森林资源违法犯罪行为，严厉打击了破坏森林、林地资源和野生动植物资源的违法行为，共查办林业行政案件11起。其中，盗伐林木案件3起，非法收购盗伐林木案件1起，擅自改变林地用途案件6起，非法狩猎案件1起。

五是国家级公益林和市级重点公益林管护项目。2013年，本县列入国家级公益林35.29万亩，涉及崇文、潞城、附城、礼义、六泉、古郊六个乡镇和第一山、西闸水两个国有林场，中央财政投资220万元；市级重点公益林

43.3 万亩，涉及第一山、西闸水两个国有林场，市级财政投资 180 万元。是年，共确定管护人员 300 余人，建成市级公益林大型公示碑 13 座、小型公示碑和管护责任碑 168 块，完成拉网 4000 米，维修刷新国家级公益林大型公示碑 26 座。

六是棋子山国家级森林公园申报工作。依托国家林业局专家组考察本县棋子山森林公园的重要契机，林业局积极组织人员完成了拟设立山西省棋子山国家级森林公园专题宣传片、可研文本和宣传画册的修改完善工作，有关材料已全部上报。

水务工作

【各项指标完成情况】

1.饮水安全提升改造工程，开工 5 处，完工 5 处，学校饮水安全工程 12 处，完工 12 处。解决 17 个村、0.56 万口人及 0.2 万师生的饮水不安全问题。

2.完成水保初治面积 2.9 万亩，新实施生态修复面积 5.9 万亩。完成 2012 年两期国家水土保持重点建设工程 85.3 平方千米，完成总投资 2986.32 万元。

3.提水 308 万方，售水 262 万方。

4.完成发电量 350 万度，供电量 2190 万度，上网电量 5 万度，售电量 1752 万度。

5.全县水产养殖面积达到 446.54 亩，水产品产量 171.3 吨，渔业产值 333.58 万元，实现利润 100 多万元。

6.完成水资源费征收 26.79 万元。

7.市下达我县农业灌溉实灌面积指标 3.5 万亩，完成率 100%。

8.万元工业增加值用水量降幅 5.5%，地下水回升 0.17 米。

【抓好水源建设，保障供水安全】

一是磨河水库工程。磨河水库坝址位于陵川县城东南部磨河主河道上，地理坐标为北纬 35° 39′、东经 113° 28′，磨河属海河流域卫河水系。坝址以上控制流域面积161.9平方千米，总库容241万立方米，工程总投资10881万元。总工期三年。主要建设内容：枢纽大坝、上坝道路，取水泵站。工程建成后，将大大提高水源地的蓄水调节能力，即使在大旱之年，也可稳定供水430万方，确保全县人民饮水安全。2013年8月4日，磨河水库被列入全省100座小型水库更新建设工程。10月21日，郭迎光省长宣布磨河水库开工。工程将分两期实施：第一期为枢纽工程部分，是年开工建设；第二期为供水工程部分，2014年开工建设。2013年完成总投资535万元。

二是饮水安全提升改造工程。(1)2013年共下达本县中央预算内农村饮水安全工程4处(西部集供供水工程、西河底集供工程等)，学校饮水安全工程12处，总投资241万元，其中，中央预算内投资210万元，市县配套及其他融资31万元。解决12个村、0.4万口人及12所学校0.2万师生的饮水不安全问题。截至12月，全县5处(西部集供工程、西河底集供工程等)农村供水，12处学校饮水安全工程已全部完成，全县17处农村供水工程已新建调节池8座2300方，维修调节池6座1500方，安装钢管20千米，安装塑管26千米，总计完成工程量3.5万方，完成投资560万元，解决28个村及12所农村学校饮水安全人口1万人。(2)陵川县供水自动化控制中心设在农村饮水管理服务中心。在全县10个供水管理站设立10个自动化控制分中心，在各分中心的64个蓄水池及控制设置信息采集和控制系统，形成各分中心信息共享的自动化供水控制系统。主机房已完成设备安装，完成投资200万元，自动化控制点10处安装完成。(3)水价补贴：陵川县2013年农村饮水安全计划水价补贴160万元，已补贴至各农村集体160万元。(4)陵川县水质检测中心于2013年4月开工，投资80万元，已建成水质检测室及办公房，陵川县水质检测中心实施方案已上报省市部门，需要上级部门尽快配备水质检测仪器及配套设备，使陵川县水质检测中心能够尽快投入运行。

三是农业节水灌溉工程。2013年主要完成各项节水灌溉工程32处。其中，2012年节水灌溉工程22处，完成投资346万元，新建调节池3座1100方，维修调节池10座2500方，铺设管道12千米，新增节水灌溉面积0.15万亩，改善节水灌溉面积0.05万亩；完成2013年节水灌溉工程10处，完成投资120万元，维修调节池8座2500方，铺设管道12千米，新增节水灌溉面积0.15万亩，改善节水灌溉面积0.05万亩。全年完成实灌面积3.5万亩。

【抓好河库整治，确保度汛安全】

全年重点完成四项工作：一是实施完成了山后、三泉、安阳水库除险加固工程。完成了山后、三泉、安阳水库的除险加固建设任务，包括大坝培厚加固、溢洪道扩建改造、卧管输水洞维修改造、上坝抢险道路铺筑，完成投资637万元，现已竣工验收。二是水库应急处理工程，本县共有中小型水库22座，其中，中型水库2座，小(一)型水库10座，小(二)型水库10座。对已除险加固的10座水库，实行了低水位运行；对没有除险加固的12座水库，全部实行了空库度汛。对全县22座水库制作了责任碑，11座土坝水库各储备了备防石500方，8月15日通过了省厅验收；主汛前完成了2012年上郊、申庄等公益性国有养护工程，完成投资147万元，并通过了省、市专家组验收。三是河道治理工程。主汛前对主要河道的清障任务进行了量化，各乡镇对所属河道的清障任务也进行了分解，共完成河道清障69.83千米，完成清淤量41.38万方。完成了古郊河、碾槽河、廖东河义门段、勤泉河勤泉段、茶棚河东头段、南召河偏桥底段的险工险段整治，确保了主要河流行洪畅通。四是抓好水库移民后期扶持工作。结合移民村实际，编制了全县2013年度水库移民后期扶持年度计划，总投资2589万元。务实推进移民项目实施工作，2013年省市下达本县移民项目资金473万元。做好直补卡发放和建立全县移民信息工作，做到移民补助基金实行一人一卡。2012—2013年共5个季度直补资金共计95.4万元，已发至全县移民户手中。

【抓好水土保持，改善生态环境】

一是国家水土保持重点工程建设。2012年国家水保重点建设工程共下达本县两批计划：第一批下达本县计划综合治理面积20平方千米，第二批追加项目下达本县综合治理面积65.3平方千米。两批总投资2986.32万元，其中国家投资2100万元。在工程建设中，水务局把水保建设项目与本县20万亩连翘种植基地建设有机结合，充分发动群众，大力推广连翘种植，建设了秦家庄小流域宋家坡示范区和石井示范区，实现了经济效益和生态效益

同步提高;把水保建设项目与高速公路沿线连片荒山绿化相结合,建设了七峪小流域南川及石字岭示范区、苇水小流域八渠示范区,采取刨大坑、还好土、种大树、浇大水、二次覆盖等措施,确保一次栽植、一次成活、一次成林、一次成景;把水保建设项目与长远规划相结合,在项目规划时,参考县里“十二五”规划,合理布局,集中连片,新老流域相连,逐年扩大,既保护了治理成果,又突出了治理效益,提高了群众参与的积极性。完成了2013年国家水土保持重点建设工程安阳和下川小流域初步设计并通过省水保局的批复。完成水保初治面积3.5万亩,新实施生态修复面积5.9万亩。二是小水电建设。全县水电供电主要由水电总公司担负供电任务,供电范围涉及潞城镇、六泉乡、古郊乡、夺火乡、马圪当乡、崇文和平城两镇部分村庄,共171个行政村,21900户、83000余人,供电覆盖面积1020平方千米,占全县幅员面积的60%。2013年完成:(1)水电代燃料项目实施后评工作。(2)上郊变电站至东双脑35千伏输电线路工程。放线测量、主要设备材料购置及部分杆塔基础等前期工作,完成投资60万元。(3)完成一处蓄水池,铺设长2640米的管道,完成投资35万元。(4)汇源水电站渠道水毁修复工程,完成投资10万元。(5)东双脑水电站完成厂区管理房屋维修工程,完成投资50万元。(6)古石水电站完成拦河大坝工作桥工程、引水工程维修、机房闸门更新,完成投资50万元。

畜 牧 工 作

【生产指标完成情况】

2013年,全县畜禽饲养总量达到250.9万头(只),同比增长20.9%。

1.家禽饲养量完成186.7万只,其中,存栏104.6万只,出栏82.1万只;

2.生猪饲养量完成29.8万头,其中,存栏13.4万头,出栏16.4万头;

3.羊饲养量完成22.7万只,其中,存栏14.4万只,出栏8.3万只;

4.大牲畜饲养量完成0.5万头,其中,存栏0.3万头,出栏0.2万头;

5.兔饲养量完成11.2万只，其中，存栏3.6万只，出栏7.6万只；

6.肉类、蛋类产量分别完成13480吨、7688吨。

【畜牧业生产在提高质量上有新突破】

一是规模养殖健康发展。2013年底，全县百头以上规模猪场（园区）243户、100只以上规模羊场（园区）441户、500只以上规模鸡场108户、重点特色养殖规模户达16户，总数达到808户。新建规模养殖场18户，总投资达3.3亿元，适度规模养殖比重达到70%以上，养殖结构得到进一步优化。

二是龙头企业逐渐壮大。通过招商引资和本土投资等方式，建成了一批上规模、带动力强的畜牧龙头企业。到2013年底，建成5万头规模种猪场1个，2万头规模猪场1个，万头规模猪场3个，30万只蛋鸡养殖企业1个，100万只肉鸡养殖园区1个，千只肉羊养殖小区3个，逐渐形成了一批以正嘉、鸿生、佰润普、亨远科技、鑫盛养殖、美洋洋养殖等大型养殖龙头为代表的企业，特别是晋城市昶烨农副产品有限公司30万头生猪屠宰项目进展顺利。

三是惠农政策落实到位。2013年共落实各类惠农扶持资金635.736万元，惠及农户916户。具体为：(1)落实2012年畜牧业发展风险基金347.57万元，其中，市级263.9万元，县级配套83.67万元，惠及农户265户。(2)落实生猪生产风险基金51.39万元，惠及农户300余户。(3)落实农业调产农民增收项目小额贷款贴息资金116.92万元，惠及农户351户，其中，组织发放2010年度第二次畜牧业小额贷款贴息42.52万元，2011年度第一次畜牧业小额贷款贴息74.4万元。(4)落实2012年度无害化处理病死猪补贴资金19.856万元。(5)落实山西省生猪养殖大县奖补资金100万元。(6)完成能繁母猪保险工作。全县应保母猪12964头，实保12964头，母猪入保率达到100%。2013年共为大型养殖场户规划新场达18户。

【畜牧产业结构在转型升级上有新亮点】

一是重点项目建设。2013年共承担市、县重点项目5个，其中，市级3个、县级2个，累计完成投资2.4565亿元。

1.正嘉5万头原种猪场建设项目。项目投资1.2亿元，已完成投资1.06亿元，主体工程及设备安装已全部完成，10月22日引进原种猪2500头，并投入运行。

2.鸿生10万头标准化生猪养殖项目一期工程。项目投资6000万元,已完成投资5580万元,主体工程及设备安装已全部完成, 10月1日开始已引进种猪600头,并投入运行。

3.亨远科技30万只蛋鸡建设项目。项目投资3000万元,已完成投资2100万元,生活区(职工楼、仓库、办公楼)、四栋鸡舍、饲料库和1500立方米的污水处理池已建成并投入使用,第五栋鸡舍鸡笼组装开始,第6—9栋鸡舍正在建设筹备。

4.偏桥底100万只肉鸡项目二期工程。项目投资1600万元,已完成投资1435万元,主体工程及设备安装已全部完成,具备投产条件,预计2014年2月投入运行。

5.佰润普2万头种猪扩繁场项目。项目投资5000万元,已完成投资4650万元, 一期主体工程及设备安装已全部完成,10月19日引进山西黑猪种猪100头,并投入运行。

二是招商引资工作。2013年招商引资工作完成签约项目2个,落地项目2个,共完成签约资金3500万元。其中,与安海维(北京)农牧科技有限公司就陵川县优质天然营养蜂蜜深加工项目签约资金1500万元;与北京世纪中建投资有限公司就潞城生态农业综合开发项目签约资金2000万元。同时开工项目完成投资16541万元。其中,正嘉5万头原种猪场建设项目完成投资1.06亿元,佰润普2万头种猪扩繁场项目完成投资4650万元,鑫鼎5万头商品猪场项目完成投资1291万元。

【动物疫病防控在提质增效上有新进展】

1.疫苗管理规范有序。2013年共组织订购、发放猪O型口蹄疫苗55万毫升、高致病性禽流感苗120万毫升、禽－新二价苗20万羽份、高致病性猪蓝耳病灭活苗15万毫升、活疫苗35万头份、猪瘟活苗55万头份、新城疫弱毒苗1460万头份、牛羊O型－亚洲Ⅰ型口蹄疫疫苗45万毫升、布病疫苗10万头份。

2.集中免疫确保密度。坚持“领导、人员、政策、资金、技术、督察”六到位,实行春秋集中免疫和月月补针制度，确保应免动物免疫密度均达到100%。全年共免疫接种猪口蹄疫16.4万头，牛口蹄疫2498头，羊口蹄疫13.8万只，高致病性禽流感118.6万只，鸡新城疫111.3万只，高致病性猪蓝耳病16.1万头，猪瘟16.4万头，羊布病7.7万只。开展疫情排查工作1055人次，累计排查畜禽112.1万头（只），消毒畜禽圈舍面积54.4万平方米。

3.强化监测以监促免。2013年共开展重大动物疫病免疫抗体监测工作4次，共检测血清样品10299份，监测项目包括高致病性禽流感、鸡新城疫、猪瘟、口蹄疫、高致病性猪蓝耳病等，覆盖了103个鸡场，29个散养鸡村，49个猪场，9个牛场，29个羊场。通过监测，全面掌握了全县动物免疫状况，及时对免疫效果不理想的场户发出预报，并限期完成强化免疫工作，确保畜禽群体处于免疫保护状态，真正形成了“以监促免、以督促免”的良好局面，确保了全县无重大动物疫病发生和流行。

【畜产品质量安全在提质上档上有新成效】

1.动物卫生监管有力。制定出台《关于做好2013年动物产地检疫工作的通知》，完善考核办法，建立奖惩机制，实行责任追究，加大检疫规范化力度。完成动物产地检疫56万头（只）；收到申办《动物防疫条件合格证》85件，审查不合格4件，办理81件，换证及年检158件；更新识读器15台，共输入涉及戴标、免疫、检疫信息20多万条。

2.网格管理日臻完善。对畜产品质量安全监管工作采取“县、乡、村、场”四级网格化管理机制，将所包乡镇（村、场）和领导、管理、监督等责任落实到人，全面实现横行到边，纵行到底，不留死角的网格化管理模式。实行“三定一月一履职”工作制，同时填写《陵川县畜产品质量安全督察情况表》，以书面形式告知养殖企业，并录入晋城市食品安全责任监督网格化信息系统。针对重点监管企业发放畜产品质量安全台账200余册，通过台账动态监管企业生产过程中的饲料、兽药等投入品的使用记录，从而做到生产者有记录和监管者可追溯。

3.专项整治重点突出。全年共出动执法人员200余人次，监督检查各类规模养殖户（场、小区）、饲料兽药经营户、屠宰场、超市、流动摊点等820户，

抽检“瘦肉精”24批次，未发现销售未检疫动物产品、病死动物产品、假冒伪劣饲料兽药情况，“瘦肉精”抽检全部为阴性。结合查处江西海联假兽药和迎接欧盟考察专项检查活动，对全县所有的兽药经营企业和规模养猪场进行现场执法大检查，共发现非法生产厂家的兽药19盒、过期兽药139盒（包、桶），并对其进行收缴和集中销毁；同时对所有兽药经销户进行兽药GMP等各项知识现场培训，并对2家兽药购销台账记录不清楚的兽药经营企业提出了整改通知。畜产品质量安全监测合格率达到100%，全年未发生畜产品质量安全事故。

农机工作

【任务指标完成情况】

1.新增农机总动力0.61万千瓦，达到31.48万千瓦，新增拖拉机261台，玉米收获机30台，其他农机具287台（件）。

2.完成机耕面积25.2万亩，占任务24万亩的105%。机播完成19.8万亩，占任务19.5万亩的102%，机收完成15.08万亩，占任务15万亩的103%。

3.在礼义镇椅掌村、西河底镇西河村建立了玉米、谷子标准化种植等项目试验区。

4.截至年底，新注册登记拖拉机、联合收割机292台，其中，大中型拖拉机133台，联合收割机29台，手扶拖拉机130台，占任务数100台的292%。机车年度安全技术检验1539台，其中，拖拉机1465台，联合收割机74台。新办驾驶证144个，占市局下达任务数80个的180%。

5.年初市局下达农机专业合作社指标5个，实际完成7个，占任务的140%。农机大户任务10个，实际完成12个，占任务的120%。

6.新训、新考驾驶员172名，农机人员培训750余人次，其中，技术人员150人，管理人员100人，农机操作人员500余人（新购机农民培训351人），职业技能鉴定完成20人。

7.共编发各类信息、简报 84 篇，被中央、省、市、县各类媒体转载采用 202 次，其中，国家级新闻媒体转载采用 17 篇，省级新闻媒体转载采用 42 篇，市级新闻媒体转载采用 36 篇，县级新闻媒体转载采用 73 篇，采用率大幅增长。

【发挥购机补贴资金引导作用】

全年共完成购补资金 462.672 万元，其中，国补资金 371.585 万元，省补资金 11.08 万元，市补资金 63.069 万元，县补资金 16.938 万元。完成机具补贴 578 台(套)，其中，动力机械 291 台，其他机具 287 台(套)，受益农户 399 户。农户购买机具类型更加多样化，由原来的小型动力机具和耕整地机械，向养殖业、林果业、农产品初加工、秸秆综合利用、农田基本建设等方面发展。特别是在省、市加大玉米、薯类收获机补贴额度的带动下，2013 年，本县新增玉米收获机、薯类收获机分别达到 29 台和 15 台，超额完成目标任务。

【加快特色产业发展，拓宽农机服务领域】

1.农作物秸秆转化利用。“秸秆炭”项目被列为陵川县 2013 年实施的重点工程项目之一。县里专门成立了由副县长原红芳为组长的秸秆炭项目工作领导组，全面指导项目开展。新组建了陵川县惠民新能源开发有限公司、陵川县便民秸秆生物质专业合作社、陵川县国盛农机专业服务合作社，形成了较为完善的生产加工、技术服务、锅炉推广、安装售后的服务体系。9 月 26 日通过公开选型确定了全年清洁能源工程 1000 台生物质炉具的型号及生产厂家，由国盛农机专业服务合作社承担实施。2013 年底，已完成选型、用户确定、锅炉购置、安装调试等工作，待市、县组织验收后，可享受每台 1000—1200 元的财政补贴。

2.谷子机械化生产技术。严格按照技术操作规程，在西河底镇西河村建立了谷子标准化种植示范基地，开展了各环节机械化作业试验示范。并于 6 月 4 日在西河底镇成功召开了晋城市谷子生产机械化机播现场会，省推广总站及市农机局领导到场进行了指导和观摩，现场会先后演示了山西农大、长治谷子研究所、长治永成机械厂、运城河东雄风等谷子播种机，共六大类、十余台谷子播种机具。通过新机具、新技术的试验、示范和标准化种植模式

的开展，为谷子生产机械化奠定了技术基础。

3.中药材机械化收获。2013年，经过多方考察，及时引进了山东沂水立地机械厂生产的900型和山西襄汾家国机械厂生产的4U-180型中药材收获机，于11月7日上午，在崇文镇吴水村召开了陵川县中药材机械化收获现场会。晋城市副市长茹栋梅、市农机局局长魏平、县政府副县长原红芳等领导以及本县中药材种植乡镇分管领导、农机管理员、重点村负责人和农机专业合作社，共计160余人参加了会议。通过试验，使用机械收获中药材具有速度快、效率高、成本低的特点，不仅收获的药材完整无破损，田间杂草得到彻底清除，并且土壤达到了深松的效果，受到了与会领导和农户的一致好评。通过对比，机械作业效率为人工作业的60倍左右，亩均可节约成本400—500元，是一项适用性较强、技术较为可靠的新技术，具有广阔的推广空间。

【围绕项目扶持引导，加快服务体系发展】

1.合作社多元化发展。到2013年底，全县共登记注册合作社30个，入社社员户数150户，机具拥有量达到1570台(件)。其中，大中型拖拉机511台，联合收获机37台，配套农机具1022台(件)，注册资金1063.05万元，固定资产达到1200万元，全县合作社流转土地面积达到1万余亩。

2.互为依托，相互促进。全年由合作社承担的各级新建、续建项目达到13个，资金总量526万元，其中，国家级机械化保护性耕作工程建设项目360万元，其他项目资金166万元。

【提高机械化保护性耕作面积】

2013年，本县是省级保护性耕作示范推广县，项目资金20万元，市级配套19万元，实施保护性耕作面积2.4万亩，其中，高标准面积2万亩，推广辐射面积0.4万亩。分别在附城镇、西河底镇、礼义镇、平城镇、崇文镇、马圪当乡6个乡镇28个村进行。主要由丰民、爱科、华润、附鑫、学陵、红伟、建国、存平、华丰、小召、喜耕田、盛通、保平、平顺14个农机专业合作社承担作业任务。全年共完成机械化保护性耕作面积2.46万亩，占任务的102%，其中，高标准示范区面积2.05万亩，辐射推广面积0.41万亩。

扶 贫 工 作

【各项指标完成情况】

1.减少贫困人口6000人。

2.启动百企千村产业扶贫工程。

3.片区开发食用菌产业:山西珍菇坪食用菌有限公司的年产1万吨食用菌工厂化生产项目已正式投产。“三河一岭”中药材片区开发项目:完成大田种植4930亩,荒山种植及野生抚育5000亩。

4.移民搬迁工程,完成投资8000万元,搬迁468户1500人。

5.完成75个市级产业扶贫项目。

6.资助50名贫困大学生顺利升学。

7.举办各类科技培训班8期,培训贫困农民935人,发放各类技术资料1113份。

【全面启动百企千村产业扶贫开发工程】

7月19日,全省百企千村产业扶贫开发工程动员会召开,会后,市委、市政府立即召开协调会议,安排5家企业(2家省属国企、3家市属国企)对接本县东部5个贫困乡镇,实施百企千村产业扶贫开发工程。县委、县政府对这项工作也高度重视,主要做了以下工作:一是积极谋划。责成扶贫、畜牧、旅游、农开有关部门针对乡镇特色优势产业进行谋划,以便企业在实地考察时进行选择,共谋划储备包括基地建设、农产品深加工、旅游服务等重点项目21个,总投资达16亿元,项目覆盖5个乡镇,85个贫困村,可直接带动3500余户农民增收。二是主动对接。由胡县长带领各乡镇领导及相关部门负责人分别到5家企业,将全县情况和5乡镇的产业优势及拟规划项目向企业主要领导作了汇报,使企业对本县的产业有初步印象。三是搞好服务。一方面,组织相关技术、职能部门陪同企业到乡镇调研,通过实地考察,使企业进一步了解项目优势,为企业确定项目提供依据;另一方面,积极与省办

沟通，为企业提供政策信息，争取上级扶持，共同做好本县百企千村产业扶贫工作。

【推进片区开发扶贫工程】

1.食用菌产业巩固壮大。食用菌产业从2010年启动实施以来，已成为农民增收致富的一项新兴产业。截至年底，全县大棚已达到826栋，大棚区域由原来东部5乡镇覆盖至全县。

在扩建项目的过程中，扶贫工程实现了由普通棚向立体棚的转变，由基地向园区的转变。所谓普通棚向立体棚的转变，就是充分利用棚体空间，在普通棚的基础上进行大棚搭架，完成后立体棚可装12000棒，比普通棚多装4000棒。2013年全县生产菌棒达到550万棒，主要以黑木耳、香菇、平菇等产品为主，总产量达到1600吨，其中，黄背木耳500吨，黑木耳120吨，香菇及平菇等产品980吨，销售收入达到1200余万元。同时，加大工厂化建设，山西珍菇坪食用菌有限公司的年产1万吨食用菌工厂化生产项目，工厂占地30余亩，完成投资8000万元，日产金针菇11吨，每吨11000元，主要销往太原、石家庄等地，效益良好，直接安排100余名劳动力就业。

2.中药材产业全面完成。根据全县中药材发展现状，会同农开局技术人员多次对全县的中药材产业布局进行了调研，确定了“三河一岭”中药材片区开发项目，项目规划总投资7735万元，以古郊河、横水河、廖东河(上游)及棋子岭沿线的30个行政村为重点，发展中药材基地建设4930亩，育苗基地450亩，山地抚育5000亩。全年共建成中药材大田种植基地5363亩，野生抚育基地5000亩，其中，古郊乡完成3020亩；潞城镇完成400亩；六泉乡完成1497亩(党参871亩，黄芩626亩)；马圪当乡完成446亩。项目参与户达到1.5万余户，4.5万余人，按照黄芩每亩补助1000元、党参每亩补助1860元、桔梗每亩补助1000元的标准对农户进行补助，大大提高了农户种植中药材的积极性。据统计，2013年项目区域内黄芩产量达到1794.4吨，产生销售额2871万元，年产党参87.1吨，产生销售额610万元。

3.稳步实施移民搬迁工程。2013年全县规划移民搬迁468户1500人，总投资8000万元，其中，省级补助750万元，市级配套450万元，农户自筹6800

万元。按照“政策引导、群众自愿、自筹自建、适当扶持、有土安置”的原则开展移民搬迁工作，全年完成投资8000万元，搬迁468户1500人。其中，新建住房374户，1186人，购置旧房94户，314人，入住率达到90%。主要做了以下几点：一是扩大政策范围。在原来仅扶持东部5乡镇的基础上，将政策范围扩大至全县12个乡镇，户籍人口在300人以下，实际居住人口不足一半的行政村居民都可申请移民补助。二是提高移民补助标准。在省每人补助4200元的基础上，市级每人再补助资金3000元，人均建房补助达到了7200元。为鼓励移民户向集中安置点迁移，扶贫办对迁入集中安置点的移民户按人均10000元进行补助，分散移民户按人均补助6000元。三是多种方式安置移民。采取“小村并大村、建移民新村、跨乡镇分散移民”等多种方式对移民进行安置，全年共在县城周边规划了10个移民安置点，重点建设了两个移民新村，分别是潞城镇潞城村、崇文镇郭家川村，新村当年建设，当年入住。

4.推进市级产业扶贫工程。2013年，市级重新核定本县贫困村为235个，按照“每年扶持80个贫困村，3年达到全覆盖”的原则，对235个贫困村进行了全面调研。2013年实施产业项目75个，规划总投资2.8亿元，涉及食用菌基地建设、干果经济林建设、养殖业、种植业、农产品加工等多方面。产业扶贫切实为贫困村农民增收培育出了主导产业，受到群众认可。如平城镇窑上村，累计完成投资300余万元，在该村建成食用菌大棚14栋，每棚纯利润3.5万元；潞城镇上郊村，累计完成投资650万元，建成占地160亩的日光温室大棚20栋、春秋大棚60栋，人均增收1200余元。

5.开展扶贫培训工程。全年共计组织实施科技培训8期，935人，完成贫困劳动力转移培训480人，转移453人，转移就业率达到94%。

工业经济

煤 炭 工 业

【各项目标完成情况】

1.安全生产控制目标:2013 年市政府下达陵川县各类安全生产事故死亡人数控制指标 25 人。1—12 月,本县发生各类事故 85 起,死亡 25 人。其中,道路交通事故 72 起,同比减少 14 起,下降 16.3%;事故死亡 25 人,同比增加 2 人,上升 8.7%;其中,生产经营性道路交通事故 7 起,死亡 7 人;消防火灾 13 起,同比增加 3 起,上升 30%;煤矿、非煤矿山、危险化学品和烟花爆竹、冶金等工贸行业未发生安全生产伤亡事故,各项指标均控制在市政府下达指标之内。

2.煤炭工业经济目标:1—12 月,本县 7 座煤矿累计完成原煤产量 113.94 万吨,产值 29306.8 万元,销售收入 33141.22 万元,增加值 22523.11 万元,利润 2790.42 万元,税收 9771 万元,分别占年度计划的 76%、44%、54.3%、42%、12%、46.8%。

3.矿井建设改造目标:(1)矿井建设:2013 年全县 6 座建设矿井累计完成投资 64922.52 亿元,占投资总额的 83.8%,2013 年度计划投资 2 亿元,现已完成 8813.99 万元,占年计划的 44%。关岭山煤业完成了 60 万吨矿井改扩建工程,于 2013 年 12 月 31 日正式转入生产;司家河煤业完成全部投资,于 2013 年 12 月 26 日进入了联合试运转阶段;南营河煤业总投资 12644.53 万元,年底完成投资 7841.84 万元;新沙河煤业总投资 11692.34 万元,年底完成投资 8335.26 万元;附城煤业总投资 8400.9 万元,年底完成投资 7027.73 万元;北关煤业总投资 13564.28 万元,年底完成投资 7201 万元。(2)非煤建设:2013 年非煤项目计划投资 200 万元,实际完成投资 1.8 亿元,主要为苏村煤业建设的行源化工厂建设项目,预计 2014 年投产;全县煤矿完成造林面积 70 亩,绿化面积 4000 平方米。

【围绕“六抓”工作思路，全面做好安全监管工作】

1.级级抓安全的责任体系。一是年初以落实安全监管责任为重点，县局与各乡镇安监站、局领导与各股室、局领导与各监管企业、安委办与各成员单位层层签订责任状，明确工作任务指标与考核办法。9月，成立了以县长胡晓刚为组长，县纪委书记张军、副县长鲍瑞卿、县检察院检察长王向东为副组长，纪检委副书记、监察局局长李建华，县政府办副主任(兼)、县外事办主任张荣生，检察院常务副检察长都黎庆等为成员的县安全生产知责履责督察组，出台了《安全生产知责履责督察办法》，严格开展一月一次的安全生产督察检查，形成了强有力的安全督察工作机制。二是修订完善全县性安全生产工作制度16项，各乡镇、各部门、各企业对照县里的工作制度，结合自身实际，普遍对原有的安全规章制度及时进行了完善和修订。全县共完善安全规章制度657项，新增192项，为全县安全生产打下了制度性基础。三是对全县生产经营企业普遍进行了一次调查摸底。经初步排查，全县共有煤矿企业7座，危化企业46家，非煤矿山10家，冶金等八大行业486家，供电企业2家，文化经营单位44家，文保单位119家，粮食站点10处，建筑、燃气、供水等企业24家，旅游企业12家，各级医院、卫生所、个人诊所458家，秸秆气化站6处，各级各类学校163所，道路运输企业36家。四是深入推进安全乡村建设，进一步规范了乡镇安监站建设，226个行政村(社区)达到了“平安乡村”和“平安社区”标准要求。

2.矿矿重安全的长效机制。一是严格按照《禁止井工煤矿使用的设备和工艺目录》，及时淘汰煤矿生产的落后工艺和装备，确保煤矿本质安全。同时，加快煤矿“六大系统”和“六个标准化”建设步伐，关岭山煤业、苏村煤业完成了“六大系统”建设，其余矿井完成了除紧急避险系统外的“五大系统”建设，苏村煤矿建成了省标一级质量标准化矿井和一级质量标准化调度室，关岭山煤业建成了省标三级质量标准化矿井。二是严把煤矿复产关，按照市、县政府关于煤矿复产工作实施意见，组织相关部门开展了春节节后复产验收工作和国庆节后所有煤矿停产整顿复产验收工作，通过复产验收，确保了煤矿的安全投入和规范化建设。所有煤矿对煤矿进行了复产初验。三是加强执法监管，确保安全生产。在日常监管上，严格执行了“定人、定矿、定天、定次”的安监员包矿、驻矿盯守监管责任制；五人包保小组周检查制；煤炭局每半月检查制；煤矿安全生产承诺制；县政府、县煤炭局、主体企业三级安全责任挂牌责任制；企业内部四级安全目标责任制等六项制度。在专项检查上，根据上级安排，先后开展了“一通三防”专项检查、瓦斯和水文地质会诊、机电和提升设备专项检查、煤矿“雨季”三防工作和冬季安全生产大检查，以最严格的制度和最严厉的措施，确保了全县煤矿的安全生产。四是严格落实煤矿建设项目职业卫生“三同时”管理规定，加强日常监测和职业卫生培训工作，确保从事接触职业危害作业的从业人员职业健康体检率达95%以上，新发尘肺病病例增长率控制在5%以内，有效维护了职工的合法权益。

3.行行抓安全的工作机制。一是对重点行业开展了专项整治。对《危险化学品经营许可证》过期的1个加油站进行了停业整顿。督促阳陵化工、毛古掌化工厂取得了《安全生产许可证》；行源化工开展了安全设施“三同时”工作。宏德福利化工厂安全专篇已上报市局正在修改。二是开展了“打非治违”专项行动。煤炭局安全执法大队在抓好日常监管和现场检查的基础上，按照“打非治违”专项行动方案，严厉查处了“三违”“三超”行为，行动中，共出动人员238人次、检查企业118家、累计下达各类执法文书322份，查出各类隐患365条，所发现问题和隐患全部制订了整改方案，整改率达到了100%，并对违法生产的阳陵化工厂进行了5000元的经济罚款。三是组织开展了百日安全生产大检查和回头看活动，从6月21日至今，共查出各类隐患1082条，下达执法文书225份，对所发现的问题督促企业按照整改措施、责任、资金、时限和预案“五落实”要求进行了整改，隐患整改率达到100%，有效杜绝了事故的发生。

4.人人讲安全的社会氛围。一是深入开展安全生产月活动。活动期间，刘海屯副县长发表了安全生产专题讲话。各乡镇政府和有关职能单位分别设立了咨询台和安全生产宣传点，尤其是县交通局在省运、县运、棋源小公交、弈道、旅游区间车、危货运输车张贴“科学发展，安全发展”为主体内容的车载广告,县移动公司、联通公司于6月9日向全县所有手机用户群发安全短信2条,收到了良好效果。各媒体也纷纷开设了专题和专栏,县信息中心在“陵川县人民政府公众信息网”首页开展了“强化安全基础、推动安全发展”的主题宣传;县电视台制作的“煤矿是重点、道路交通是难点、化工是隐患点”的安全生产月专题片在市、县电视台播放;煤炭局《强素质、明责任、保安全》的安全生产月专题文章在《太行日报》刊登;县曲艺队编排安全生产节目在县、乡、村进行了文艺宣传。二是扎实开展安全生产技术培训。2013年,共举办煤矿企业全员培训班26期,培训2006人次,培训合格率达100%,煤矿“六长”均具备煤炭专业大专以上学历,B类安全管理人员均具备煤炭专业中专以上学历。认真落实劳动用工“五统一”规定,积极推行变招工为招生,先入校后入矿制度。并邀请市安委办宣讲组、县检察院常务副检察长都黎庆,市安监局法规科陈杰斌科长作了三场专题讲座,有力提升了安监队伍的整体素质。三是扎实开展安全警示活动,组织开展了“3·18”警示日活动,各煤矿举行了向“3·18”遇难职工默哀活动,观看了“3·18”苗匠煤矿事故警示录像片,各煤矿企业悬挂安全标语54条,制作永久性安全标语牌22块,书写安全标语80余幅。四是开展“敬畏生命、敬畏责任、敬畏制度”大讨论活动和“人人都是通风员”活动。共组织讨论活动8次,一线工人、职工家属代表200余人参加了大讨论活动,形成讨论稿7篇,剖析问题、建议20余条,形成了人人讲安全、时时讲安全、事事讲安全、处处讲安全的良好社会氛围。

5.企企有预案的应急体系。一是完成应急预案备案6个,其中,煤矿1个、乙种危险化学品经营单位1个、危险化学品生产企业3个、非煤矿山1个。修订应急救援预案7个,其中,政府综合预案4个、部门预案3个,全县应急预案备案率达100%。二是督促全县7座煤矿建立了四级矿山救护队,共计148人。其中,苏村煤业按四级标准建立了专职救护队,其余6座矿井建立了兼职救护队并与高平矿山救护队签订了救护协议。三是组织协调开展综合演练6次,现场处置演练36次,桌面演练7次,极大地提高了企业和职工的应急自救能力。

2013年全县7座煤矿共签订煤源购销合同122万吨,1—12月实际完成煤运购销合同签订 113.29 万吨,合同兑现率达 93%。完成了源头治超工作,累计检查各类企业 95 个次,覆盖率达到了 100%。狠抓了本县低收入农户冬季供煤工作,共调运原煤 85841 吨,惠及全县 12 个乡镇 378 个行政村,73526 户低收入农户 222626 口人,确保了全县人民温暖过冬。

二 轻 工 业

【主要经济指标完成情况】

工业总产值完成 27572 万元,工业增加值完成 20977.4 万元,销售收入完成 29186.4 万元,上缴税金完成 10186.78 万元,实现利润完成 2957.5 万元。主要产品产量:原煤完成 90.7 万吨,刃具完成 50.4 万件,烧结砖完成 8420.4 万块,热哈尔型煤厂煤球完成 792 万块,久建混凝土公司混凝土完成 13091 立方米,兴源河公司 PVC 专用钙完成 7451 吨。

【企业经营管理】

1.实行精细化管理,提高经营效益。一是严抓矿井标准化建设,严格按照 6 个大项指标要求进行整治,年底前顺利通过了省煤炭厅验收考核,在连续四年被评为“省级一级安全质量标准化矿井”的基础上,顺利晋级为“全国安全质量标准化矿井”。二是积极寻求政策支持,针对长治、临汾、晋中地区的煤运出境费下调至 40 元以下,而本县煤运出境费仍保持在 80—100 元之间,销售严重受阻的实际情况,及时与政府和煤运部门协调,保证了销售市场的稳定,避免了用户流失,保证了生产的连续运行。三是开展了“生产系统抓降耗、后勤系统抓节支、群策群力抓增效”活动,全年累计增效节支达 2468 万元。其中,筛分系统改造增收 902 万元,技术革新增收 101 万元,生产系统改进掘进方式增收 433 万元,后勤管理节约 33 万元,材料购进成本下浮增收 306 万元,吨煤综合成本控制在 220 元之内,全年实现利润 3245 万元。四是强化了市场营销,全年完成原煤生产 90.7 吨,完成销售收入 22873 万元,上缴税金 9793 万元。

2.发挥转型优势,二轻经济走向多元发展。2013年,转型产业的贡献率不断上升,非煤产业工业总产值占比由上年的6.19%提高到了全年生产烧结砖8420.4万块,同比增长4.8%,上缴税金198.43万元,同比增长19.86%。昌城供热公司新建城西(龙门巷)和城北(县医院)2座换热站,铺设一次管网2700余米,铺设二次管网4万余米,新增供热覆盖面积40余万平方米,新增供热面积30余万平方米,新增供热用户近2000户。热哈尔型煤厂受市场冲击较大,企业将销售重点向东部山区转移,全年完成销售792万块。

3.提高产品质量,增强市场竞争力。工具公司以ISO9001:2008质量管理体系为平台,全面加强质量管理,"工"字牌切削工具于2013年11月被省工商局认定为"山西省著名商标",进一步提升了企业的形象。一是加大设备改造力度,投入100余万元改造数控车床10台,大修车床5台,并根据工具产品新标准改进了设备、工装、刀具,提高了产品质量。二是对铣刀火前工艺进行了改造,用自动化技术改造平面、打孔、掏孔工艺,减少加工复杂程度,降低职工的劳动强度,减少工人职数,提高生产效率。三是对工具磨进行了半自动改造,用液压技术改造了4台工具磨,由2人操作,提高了生产效率,确保产品合格率在98%以上。兴源河公司进一步细化了检测管理制度,产成品每1小时抽样检测1次,通过强化化验器具管理维护保养,提高碱度计操作维护和白度色差检验水平,产品白度已提高到93%以上。侨鑫公司根据市场变化,调整产品结构,完善生产工艺,主要生产高速公路下水设施和井盖配套产品,取得了国家工商行政管理总局商标局颁发的"侨鑫"牌注册商标。

4.企业逐步实现规范管理。乾丰公司成立了安全生产综合巡查组和财务核查组,抽调精干人员每月对分公司进行一次工作巡查,促进了分公司工作的开展。行源建材公司和昌墉墙材公司出台了财务管理制度,制定了考核奖惩办法、岗位生产责任制和操作规程,对原料入厂、化验实行了台账管理,并推行了避峰生产,实现了稳步发展。兴源河公司一是投资20余万元,制作了岗位责任制和操作规程规范化管理看板,强化了现场管理,实现设备的安全高效运转。二是进行了工房亮化、厂区绿化、环境美化等整改工作,并设专人进行日常维护,对外来人员实行进出登记,车辆按指定地点停放,为职工定做了统一的工作服，使企业环境更加整洁，员工做事更加规范。工业家具城一是投资20万元，对商场室内外进行了装修，共计粉刷墙面5000平方米，更换广告彩图18块，外墙更新和门面装潢300平方米，对办公设备进行了改造，设立了服务监督台、意见箱和投诉电话，为顾客提供了休息场所，配备了服务设施，改善了经营环境。二是制定出台了商品质量合格抽检制度，完善了财务管理制度，单独设立了财务室，配备了具有资质的会计和出纳。三是建立了员工培训制度和员工个人档案，加强和规范对员工的管理，定期对员工进行培训学习，企业经济效益也逐步增长。双河钙业加大环境整治力度，油漆设备256平方米，实行原料定点堆放，场地定时清理，并设置4块文化墙，企业面貌有了明显改观。

【项目建设稳步推进】

1.行源化工乙炔综合开发项目一期工程。该项目是2013年省市重点观摩项目，全年完成投资1.83亿元，累计完成投资达到3.03亿元，已完成总工程量的90%。

2.兴源河精钙有限公司年产5万吨PVC专用钙项目。2013年，兴源河公司聘请师傅、引进人才，通过在脱水干燥系统增加双螺旋输送机和星形卸料器，在碳化系统增加过滤筛，在石灰窑提升机、立窑煅烧离心鼓风机、低压罗茨风机等设备上采用了变频节能节电自动化技术，在筛分系统使用气流筛，新增3个300立方米沉淀池等一系列技术改造，提高了质量，提升了工效，减少了能耗，降低了成本。日产量达到90吨以上，轻质碳酸钙白度由原来的90%提高至93%，水分、筛余物、pH值和吸油值等指标都达到了行业标准，产品质量稳步提高。

3.毛古掌化工厂1.5万吨/年二硫化碳项目。一是通过招商引资，引入资金210余万元，新建5组反应炉，使生产能力达到了设计要求。二是在协调投资商的基础上，安装完成了3套碱洗尾气回收装置、3座烘碳室及材料仓棚建设，实行了半封闭堆放管理，达到了环保标准，通过了市环保局组织的环保设施竣工验收，10月取得了排污许可证。三是帮助企业理顺了生产管理方面存在的机制体制问题。6月8日，省安监局组织相关部门和专家对该项目进行

了竣工验收评审，于8月28日向企业颁发了安全生产许可证。企业处于试运行阶段，生产基本平稳，正在组织申报质量标准化认证。

4.热源厂项目。总投资1.29亿元，占地50亩，由乾丰实业有限公司下属的昌城供热有限公司承建。一是完成了项目勘界、地勘、选址工作，已取得选址意见书。二是完成了可研编制、土地审查、环境监测、节能评估报告。三是与县信用联社落实资金5000万元。四是开通了场地临时道路，并砌筑围墙700余米，已具备开工条件。

5.武家湾休闲旅游度假项目。该项目于2013年完成投资110万元，总投资达到1120万元。一是对大双（地八洞）村西沟进行了地形图测绘，水上漂流项目已进入全面考察阶段，已完成可研报告编制，正在研究开发详规。二是完成了地八洞村河道的地质勘探，完成了1500余米西沟道路基础工程建设。三是完成了景区配套设施武家湾加油站项目可研报告及施工图纸编制，项目规划确认文件已上报至省商务厅待办。四是对大双村委提供的基本情况汇总及明细进行了整理复核，与双底村签订了榆树湾北入口生态停车场和农家乐项目合作开发合同。

【招商引资工作取得成效】

全年完成招商引资签约资金5000万元，到位资金7122万元，落地项目投资总额5000万元，开工项目投资完成总额5000万元。其中，鸿恺服饰有限公司年产10万套服装加工项目已于6月完成落地，8月进入生产阶段。

1.年产10万套服装加工项目。在2012年谋划和前期调研的基础上，二轻工业局与浙江温州如一服饰有限公司达成协议，在陵川投资5000万元，建设10万套服装加工项目。3月温州投资商来陵实地考察，4月10日召开了投资企业服装展销会，当天签约服装数量（意向）37456套，5月8日签署合作协议，当月完成厂房租赁、内部装修、通水通电等前期工作，6月7日，新建企业鸿恺服饰有限公司完成注册，14日完成税务登记，20日完成项目审批，开始招工，月底完成电脑绣花、印花、缝纫等100余台（套）机器设备的安装调试，7月进入试生产，11日向国家工商总局商标局递交“凯圣杰”注册商标申请，11月8日获得全省校服准入资格，顺利实现了当年策划、当年签约、当年开工、当年投产的目标。

2.行源化工项目。在推进行源化工项目一期工程建设过程中,主动与河北新华工业炉公司接洽,石家庄新华工业炉公司积极运作,确保了2013年度建设资金共5560万元,有效促进了工程建设按计划顺利推进。

3.武家湾景区一期建设项目。昌鼎旅游休闲度假公司在与河南紫霞关达成投资意向的基础上,主动与客商沟通对接,完善相关协议,拟定了东沟主体拓展区景点开发合作补充意向书,武家湾景区建设招商工作正在有序推进。

【全系统全年安全生产无事故】

2013年,全系统安全投入达到1210余万元。其中,苏村煤业投入928万元,地面企业投入282余万元。苏村煤业在“一通三防”方面投入480.5万元;供电、防治水、运输等系统设备改造,灾害治理工程,煤矿机械化改造、采空区治理及其他与安全生产直接相关方面支出150.9万元;完善六大系统,应急救援技术装备、设施配置和维护保养、事故逃生和紧急避难设施设备的配置和应急演练方面投入64.7万元;重大危险源和施工隐患评估、监控和整改方面投入33.9万元;安全生产检查、评价、咨询等方面投入39.9万元;标准化建设方面投入102.6万元; 配备和更新现场作业人员安全防护用品方面投入18.7万元;安全生产适用新技术、新工艺、新装备的推广应用方面投入16.4万元;安全设施及特种设备检测检验方面投入20.4万元。行源化工有限公司投资12.4万元、行源建材公司投资17万元购置了消防器材、一氧化碳报警器,设立了安全标志标牌,配备了个人防护用品用具和其他防护设备。工具有限责任公司投资11.3万元增加机电防护设施、整改电力线路,完善消防设施,安装了监控设备。兴源河精钙有限公司投资55万元更新、安装了设备防护设施,制作了安全操作规程,消除了部分工段人工操作的危险性。昌墉墙材公司投资18万元用于安全质量标准化建设,增加了设备防护设施,配备了劳保用品及职业危害监测。昌城供热公司投资72.5万元安装热网监控系统,在站内配电室铺设了防漏电绝缘板。昌鼎旅游公司投资5.8万元在武家湾水库旁设置了安全警示标志,增设了安全防护栏,对危及游客安全的道路、桥梁进行了维修。毛古掌化工厂投资80余万元铺设消防管道，增加消防器材，完善了监控装置和液位监测报警系统，9月经市、县消防队联合验收，取得了消防合格认可。停产企业也投入10多万元用于危房改造，完善防洪防汛等安全设施。安全上的大投入，全面提升了安全设施水平，为企业安全发展奠定了坚实基础。

中 小 企 业

【主要经济指标完成情况】

2013年，全县民营经济完成增加值22.4亿元，同比增长4.0%；完成总产值67.9亿元，同比增长4.2%；完成营业收入58.1亿元，同比增长3.7%，其中，完成工业增加值12.2亿元，同比增长0.6%；完成工业总产值36.3亿元，同比增长1.7%；完成销售收入27亿元，同比增长1.5%。完成税金11988万元。规模以上民营企业完成增加值10839万元，同比增长21.5%。

【着力结构调整，有序推进项目建设】

本县民营企业2013年共9个重点项目，其中，新建项目4个：总投资1.2亿元的宝贵石艺年产30万平方米装饰混凝土轻型墙材项目，立项、规划已完成，现已投入资金2000多万元用于厂区的建设和设备的采购，现在厂房的主体建设已经完成，设备的安装调试已经开始进行；总投资3200万元的山西棋源饮料年产5000吨山楂果肉饮料及山楂基地建设项目，至年底，已完成厂房、库房、锅炉房等土建设施建设及生产设施选型，完成投资1400万元；总投资2亿元的宏达福利化工年产2万吨聚合硫项目，所有工房的主体已完成，部分设备已到厂即将安装，完成投资2000万元；总投资6200万元的鸿生化工工艺尾气回收节能改造项目，项目安全预审报告编制已完成，消防专篇已委托天津化工设计院编制，土建及工艺设计已完成，22台非标设备开展制作，成形设备已完成选型即将订购，新征土地使用性质已变更，完成投资500万元。续建项目4个：总投资3000万元的秦川新型建材年产6000万块煤矸石烧结砖项目，年度计划完成投资1000万元，一期已投入试运行；总投资3亿元的达利机电化工年产3万吨橡胶助剂项目，年度计划完成投资7000万元，一期年产1.5万吨CBS项目已完成可研编制、立项等工作，正在进行土地预审、城建规划手续办理等工作；总投资6.5亿元的骏通铸管年产45万吨大口径球墨铸管及配套530高炉技改项目，正进行园区环境影响评价申报的前期准备工作，并与杭州华铸机电设备有限公司举行了合作签约仪式。总投资2500万元的金烽工贸高压阀门及高效节能防爆电机生产线项目，高压阀门生产线正在安装调试。达产达效项目1个：德通电子年产500万根LED极细同轴线项目，年底达到500万根生产能力。金融部门为全县重点项目和中小微企业融资1.8亿元，其中，中小企业担保公司为15家企业担保，贷款总额达2300余万元。

【服务平台建设取得新进展】

一是根据省、市要求，出台了《陵川县加快建设全县中小微企业服务站实施方案》，明确了今后三年全县要建设1个中小企业服务中心和12个小微企业服务站，场地分别设在县中小企业局和乡镇企管办。小微企业服务站建设按照省小微企业服务站的标准，实行统一标志、统一服务内容、统一服务流程、统一工作规范积极加以推进。配备工作人员、接待专家和办公设施。年底，崇文、礼义、平城3个小微企业服务站已挂牌运行。二是组织10家中小企业赴太原参加2013年全省大学生千企万人金秋招聘会，并组织参加省、市各类培训300人次，组织全县中小微企业负责人和素质提升培训2次，人数达250余人。三是认真筛选审核，组织申报2013年国家、省、市中小企业发展专项资金项目共8个，争取到位资金578万元，其中，省资金362万元，市资金216万元。

【全民创业活力充分显现】

按省、市要求，全县共征集各类创业项目10个，其中，轻工电子服装类4个，物流服务类2个，种养加工类3个，文化创意类1个。永明金属制品公司的不锈钢餐具创业项，安置就业人员300人，对创业者进行技术指导跟班培训。德通电子公司LED极细同轴线创业项目，为日本、韩国、中国台湾地区知名企

业提供电子产品，目前驻村创业人群达300余人，达产后可解决就业人员1500人。鸿恺服饰公司服装制作创业项目，建设2条服装流水线安排100余人就业。兴盛商贸公司提升改造物流仓储创业项目，扩建1500平方米仓库、新增物流配送车辆、完善网络建设实现办公自动化，将成为全县最大的商贸物流企业。许雪梅中药材种植创业项目，项目总投资120万元，适宜农村荒山创业安排30余人就业。靳俊青生态土猪养殖项目，项目总投资60万元，发展养殖创业人群。段秀兰演绎庆典中心创业项目，项目总投资50万元，突出大学生创业。任激钢电子元件加工项目，项目总投资50万元，吸收农村剩余劳动力创业，安排60余人就业。冯学刚家具定制项目，项目总投资50万元，安排30人就业。程大军牛肉丸制作、销售项目，适宜农村特色产业人群创业，已安排60余人就业。全年共新创办企业100余个，新增就业岗位1000余个，培育树立创业典型9个。

煤炭运销

【主要经济指标完成情况】

1.公路煤炭出省量：全年完成煤炭销量112.8万吨，占全年目标任务的71%，同比减少26.4万吨。

2.营业收入：全年完成营业收入39436.32万元，占全年目标任务的54%，同比减少30207.38万元。

3.利润总额：全年实现利润总额380.36万元，占全年目标任务的5%，同比减少2691.9万元。

4.原煤产量：全年完成原煤产量18.48万吨，占全年目标任务的28%，同比减少7.62万吨。

5.掘进进尺：全年完成掘进进尺1360米，占全年目标任务的56.6%，同比减少1277米。

6.承运配送量：全年完成承运配送量78.99万吨，占全年目标任务的

66%，同比减少 35.01 万吨。

7.多元产业收入（黄围山景区）：全年完成营业收入 101.04 万元，占全年目标任务的 68%，同比减少 74.5 万元。

8.多元产业利润（黄围山景区）：全年实现利润 –203.85 万元，同比减亏 80.97 万元。

9.净资产收益率 0.52%，比全年目标任务 11.5%低 10.98 个百分点。

10.资产负债率 37.35%，比全年目标任务 44%低 6.65 个百分点。

11.流动资产周转率 1.54 次，比全年目标任务 1.8 次少 0.26 次。

12.资本保值增值率 96.12%，比全年目标任务 113%低 16.89 个百分点。

【狠抓教育培训，为企业发展提供人才保证】

2013 年，关岭山煤业在机构设置、人员配备上进行大胆改革的同时，对现有队伍的素质进行了全面提升，扎实推行竞聘上岗、择优录用，新招聘大专以上人员 38 人。同时，坚持以内培为主的原则，扎实推进各级各类职工培训，在内培方面，关岭山煤业与河南理工大学达成委培协议，140 人在该大学煤炭专业进行了学习提升，94 人参加了中专学历提升，12 人通过了注册安全工程师考试，为企业发展提供了可靠的人才保证。

【煤炭经销工作】

1.加强对煤矿的服务，稳定煤源供应。2013 年共在苏村煤矿发运煤炭 74.1 万吨，占总销量的 72.8%。

2.加强对用户的服务，稳定煤炭销量。受陵辉路修路封闭、荫林路限行等因素的影响，煤运公司在保证丰鹤、大唐、同力、孟电等东路用户销量的基础上，合理调控黄河、豫阳、三星、宏鑫等西路用户的销量。全年东路用户销量 74.6 万吨、西路用户销量 25.2 万吨，分别占到了总销量的 73.2%、24.8%。

3.加强物流配送，提升物流管理水平。合理安排东路用户丰鹤，全年共完成承运配送量 70.1 万吨，其中自有车辆承运配送 27.8 万吨、整合车辆承运配送 42.3 万吨，分别占总销量的 27.3%、41.6 %。在此基础上，煤运公司按照“调控保障第一、微利经营、让利车户”的原则，推行“统一标志、统一加油、统一维修、统一保险”等附加服务，靠规模获取了一定的经济效益，实现收入 45.1 万元。

【黄围山景区建设】

2013年累计完成建设投资3125万元，占全年计划投资3250万元的96%，预计全年完成建设投资3250万元。2013年黄围山景区共接待游客26684人，累计完成收入80.76万元，同比增长7.8%。7—9月接待游客15000余人次，同比增长30.5%。

电力工业

【主要指标完成情况】

供电量：年计划37766万千瓦时，1—12月累计完成38124.96万千瓦时，同比升高2.25%，占年度计划的100.95%，比日历进度超额完成0.95%；售电量：年计划35500万千瓦时，1—12月累计完成36266.54万千瓦时，同比升高2.39%，占年度计划的102.16%，比日历进度超额完成2.16%；综合线损率：年计划6%，1—12月累计完成4.92%，同比降低0.09%，比计划低1.08%；平均电价：年计划555.21元/千千瓦时，1—12月累计完成560.96元/千千瓦时，同比升高1.31元/千千瓦时，比计划升高5.75元/千千瓦时；市场占有率：年计划97.49%，1—12月累计完成99.1%，同比升高1.74%，比计划高1.61%；安全情况：1—12月未发生人身伤亡、恶性误操作、重大设备损坏、消防、交通事故，截至12月31日，安全天数累计7669天。

【安全态势保持良好】

牢固树立“安全第一”理念，落实“九个一”和“四不放过”原则，通过“八个坚持”确保公司安全局面稳定。坚持领导到岗到位，落实各级安全责任制，安全管理水平不断提升；坚持开展隐患排查，做到治理责任、措施、资金、期限、预案“五落实”，问题隐患整治率100%；坚持实施“大检修　状态检修”，积极推行精益化春检，作业量减少50%左右，停电次数减少70%左右，有效降低了事故和客户投诉的概率；坚持开展安全知识培训和宣传，使安全理念深入人心，各级各类安全人员培训率100%，发放各种安全生产资料1000多份，各类宣传小用品400多件；坚持开展反违章工作，重点检查施工现场安全生产情况，全年共查处违章15起，现场教育15次，违章罚款500元；坚持开展事故应急演练，提升应急保障能力，圆满完成重要节日和重大活动保电任务；坚持开展高危用户走访和检查，每月编发10条安全短信向全县重要用户进行群发安全提示，营造了政企联合治理安全隐患、共同加强安全管理的良好氛围；坚持开展车辆和消防检查，提升了公司整体安全水平。

【电网建设稳步推进】

2013年，电力公司积极开展附城110千伏变电站新建和棋源110千伏增容工程的前期准备工作，编制可研上报公司审核。完成2012年农网改造剩余工程，共完成投资309万元，改造10千伏525线路9千米。完成低电压治理工程，共计投资304万元，新建及改造10千伏线路4.186千米、低压线路5.966千米、低压台区5个，新增配变6台。推进2013年农网工程，改造10千伏582、585、586、588线路共计2.68千米，新建及改造低压线路35.852千米、低压台区35个，组立电杆404基，新增配变31台。截至12月底，10千伏585、586、588线路改造工程已全部完工，10千伏582线路改造完成90%，低压线路及台区新建及改造工程完成56%。

财政税务

财 政 税 务

【财税收入及支出】

1.各项收入。全县公共财政预算收入完成17549万元,同比增长15.71%,增收2382万元;财政总收入完成42245万元,同比下降1.27%,减收542万元,占年初预算48800万元的86.57%,短收6555万元。

2.争取上级资金。在上级财政部门的大力支持下,全县上下积极向省、市财政部门争取项目资金,争取政策支持。2013年起,均衡性转移支付100%由省财政负担,上解市级"五税"执行全额返还新政策。2013年,各类上级专款到账61916万元,其中,县级基本财力保障经费增加1500万元,革命老区转移支付258万元,在全市主导产业发展竞争性分配活动中,本县连续两年排名第一,争取到市级竞争性分配资金1300万元,为本县旅游休闲度假产业的发展提供了资金支持。

3.财政支出。全县公共财政支出累计完成129466万元(不含地方债券还本3000万元),同比增长17.25%,增加19490万元,民生支出得到重点保障,其中,教育支出28712万元,同比增长19.11%;文化体育与传媒支出2015万元,同比增长29.50%;社会保障和就业支出23512万元,同比增长19.13%;医疗卫生支出14686万元,同比增长27.90%;农林水事务支出25021万元,同比增长21.69%;科学技术支出1189万元,同比增长73.58%;公共交通支出1772万元,同比增长40.30%;环境保护支出3335万元,同比增长19.53%。

【财政资金使用】

1.产业转型升级方面。拨付企业各类专项资金3900余万元。其中,关闭小企业补助资金2417.68万元,中小企业发展资金586万元,环境保护治理项目资金517万元,金隅水泥电力需求项目资金180万元,磨河提水站水污染防治项目资金100万元,鲜活农产品市场体系建设补助资金95万元,羊明钙业综合性节能减排资金50万元。县中小企业担保公司共为17家企业

提供了 2700 万元资金担保，累计担保总额 7900 万元。为 92 名符合小贷条件的下岗失业再就业和创业人员提供了 487 万元的担保。落实招商引资项目扶持资金 600 万元。

2.对“三农”投入方面。全县涉农资金总支出为 27130 万元，较上年同期 25296 万元增长 7.25%。一是助推美丽乡村建设。2013 年确定崇文镇尧庄村作为美丽乡村试点，首批注入资金 100 万元。二是落实惠农政策。拨付 2013 年各项直补资金 1912.78 万元，其中，粮食直补 188.15 万元，农资综合补贴 1724.63 万元，良种补贴 283.22 万元。补贴范围覆盖全县 57351 农户。拨付家电下乡补贴资金 600 万元。拨付种植业、养殖业保险保费补贴资金 295.78 万元。拨付畜牧业发展风险资金 347.57 万元，涉及养殖场(户)及服务体系 275 个。兑付了 2013 年生猪生产风险基金补贴资金 51.39 万元。拨付农机购置补贴资金 437 万元，补贴农机具 557 台，受益农户 406 户。三是农村基础建设。拨付农村街巷硬化全覆盖资金 1514.75 万元，小型水库移民扶助及库区项目建设资金 847 万元，土地开发资金 2402.04 万元，地质灾害防治资金 2513.16 万元。拨付易地扶贫搬迁项目资金 1437 万元，移民 1500 人，建成郭家川、潞城 2 个移民新村。四是扶持农业产业发展。县级安排生产发展资金 1285 万元，较上年同期 783 万元增长 64.11%，超过财政经常性收入增长比例 57.44%。拨付贫困村产业发展项目资金 780 万元，用于全县 90 个贫困村养殖、种植、旅游接待等项目建设。拨付“一村一品”专业村项目资金 428 万元，涉及 51 个村，扶持产业主要有蔬菜、食用菌、中药材、小杂粮等种植业，养猪、养鸡、养羊、养蚕等养殖业。

3.教育事业方面。2013 年义务教育保障经费预算执行 3265 万元，其中，安排生均公用经费资金 2954 万元；为 2628 名中小学生按标准补助寄宿生生活费 310 万元。足额落实农村义务教育经费保障机制改革县级配套资金 793 万元。为普通高中家庭经济困难学生 1136 人发放国家助学金 170 万元。为 5796 名高中学生免学费 464 万元。安排职业教育国家助学金 70 万元，受益学生 801 人次。实行职业教育免费全覆盖，安排免学费 170 万元，惠及职业高中 113 人次、职业中专 590 人次。实施学前教育幼儿资助制度，对全县在读家庭经济特别困难儿童、孤儿给予生活补助，为795名幼儿按每年每名幼儿1000元的标准，补助生活费84.8万元。

4.社保政策方面。安排资金12769万元，专项用于各项社会保险工作的正常开展。落实民政抚恤救助资金9211万元，分别用于本县的抚恤对象、新中国成立前入党的农村老党员等困难群众所发放的抚恤金和生活补助款。落实有关社会救助政策，困难群众春节一次性补贴发放资金555万元。投资751万元继续加大了抚恤、福利设施的投入。落实上级有关文件通知精神，提高了城乡低保对象的保障标准：城市低保保障标准由每人每年3690元提高到每人每年4680元；农村低保对象保障标准由每人每年1588元提高到每人每年1876元。拨付经费2156万元，支持就业再就业及其相关工作的深入开展。心系困难群体，筹集、拨付资金199.68万元，用于贫困残疾人的危房改造、燃油补贴、技能培训等方面。

5.医疗卫生方面。拨款1214万元，落实国家的医改政策。投资3275万元，加大重点公共卫生服务项目投入。财政配套6140万元支持新农村合作医疗工作正常开展，共有56565人次得到补偿，补偿金额为7851万元。拨款81万元，资助19739名城乡贫困群众参加城镇居民医保和新农村合作医疗。拨付892万元，用于2961名城乡困难群众医疗救助及离退休老干部医疗费报销。

6.社会事业方面。2013年，县政府"十件实事"项目共有11项，概算总投资48849万元（2012年已完成投资4871万元）。截至年底，县级配套到位8474万元。投入全县公共安全经费5517万元，科技创新经费600万元，支持了科技创新。文化体育事业经费508.21万元，拨付82.5万元应急工作资金用于补充防火、防汛物资和防汛宣传。投资1574万元，其中，市县级统筹1094万元，用于建设廉租住房96套；投资770万元，为农村550个贫困户实施危房改造。

【财政管理"三项建设"】

1.精细化管理。对所有财政支出依据标准进行详细梳理修订，对全县财政配套情况进行翔实统计汇总，准确完成全县财政供养人员信息摸底建档工作。对政府隐性债务进行统计分析，对各部门应急资金整体预算，对乡镇

实施了基本财力保障,采用联合行文手段杜绝主管部门"二次分配",项目资金严格执行支付明细审查制度,财政存量资金开始试水定期存款运作。财政支出绩效管理受到省厅表彰,位居全省第一名,入围全国200强,居第31位。

2.财政改革。一是金财工程信息化平台运行顺畅,在市局组织的专家验收和综合评审中,取得了全市第二名的好成绩。二是深化国库集中支付制度改革。推进乡镇国库集中支付改革,完善国库集中支付运行机制和操作办法,实现财政资金和基层预算单位两个全覆盖。支付流程简化,规模达到19.93亿元。三是推行公务卡改革,出台了公务卡强制结算目录。将公务卡改革向具备条件的乡镇推行。完善公务卡政策制度及操作办法。四是政府采购工作。发布了最新的政府采购目录,共集中采购184次,采购预算金额5388万元,实际支付4798万元,节约资金590万元,节约率为10.95%。五是投资评审工作。共开展各类项目预、决算评审任务34项,评审总额达21890.89万元,审定总额20820.67万元,审增、减总额1137.84万元,提高了财政资金使用效益。

3.管理方式。一是强化绩效财政管理,把绩效考评融入预算编制、执行、监督的全过程,确保财政资金运行规范。完成了12个财政支出项目的绩效评价工作,资金总量达3300余万元,形成了客观的评价报告。二是建立了非税收入收缴系统,利用金财工程平台,采取单位开票、银行代收、财政统管的管理模式,建立了收费项目库,规范了收缴秩序,增强了财政调控能力。三是建立了强农惠农资金监管平台。采取"制度+科技"的模式,与纪检委合作构建了网络监管新模式,对所有涉农资金进行立体全方位的网络动态监管,全年纳入系统监管的项目达206个,涉及金额4.18亿元,平台共发出预警信息746条,确保了涉农资金安全高效运行。

国税工作

【税收收入完成情况】

收入情况。2013年，累计完成各项税收收入11651万元，占市局计划

11137万元(调整后)的104.61%,完成了年度目标任务。与地方财力挂钩收入(剔除车购税)完成10470万元,占县政府计划(调整后)10127万元的103.39%。分税种来看,增值税累计完成10062万元,同比下降45%,减收8183万元。车购税累计完成1181万元,同比增长28%。企业所得税累计完成399万元,同比增长8%。

收入措施。一是重点税源监控,多次深入煤炭生产企业,开展税源调查和重点检查,牢牢把握了组织收入主动权。二是开展税源分析,认真执行税收分析例会制度,加强了经济税收形势和政策效应分析,准确预测了收入增减变化趋势。三是加大收入查补力度。2013年共评估稽查各类企业60余户,实现查补税款676万元,入库率达到了100%,占到了全年收入的6%。

政策落实。一是对增值税优惠政策执行情况进行了调研,针对其中的难点及存在问题,从强化人员素质、加强政策辅导和优化纳税服务等方面提出了改进意见。二是在年度所得税汇算清缴辅导过程中,指导小微企业将优惠政策落实到位。三是进一步规范了社会福利企业人员名单、工资标准、养老保险、医疗保险等凭证的管理,为福利企业享受增值税优惠政策提供了政策保障。据统计,全年共执行福利企业增值税退税230万元,统计资源综合利用企业增值税退税额164万元,其他增值税征前减免114万元,为小微企业办理企业所得税减免7万元。

【依法行政情况】

争创省级示范单位。把争创省级"依法行政示范单位"确立为全新的目标。一是狠抓落实。将法制宣传教育和依法治税工作作为一以贯之的根本要求,将创建工作的具体任务,列为年度考核和日常考核的重要内容,定期研究部署、定期考核兑现。二是内外并举。完善学法机制,开展依法行政宣传月活动,细化税收政策辅导,内强素质、外强宣传,提高了干部职工依法行政水平,也使全县纳税人的税法遵从度得到了提高。三是规范执法。通过健全行政决策机制、加强规范性文件管理、按季开展税收执法考核工作、认真执行《税收执法责任制》和《过错责任追究制》等措施,构建起完善的监督、反馈、处理机制,确保了有法必依,做到了执法必严。当年完成了省级依法行政示

范单位的各项申报工作。

抓好税种管理。按照各税种年度工作的规律，对税种管理工作做到了组织有序、目标明确。一是增值税。2013年完成了资源综合利用企业的认定和执行情况检查、增值税扣税凭证预警数据核查、商贸企业分析例会所制定的任务核查等工作，共核查数据110多条，核查纳税人80余户，核查各类发票370余份，堵塞了管理漏洞，防范了涉税风险。二是所得税。完成了2012年度企业所得税汇算清缴、企业关联业务往来申报、企业资产损失前扣除审核、小微企业减免税审核等年度性、政策性、专业性工作任务。企业所得税汇清面达到100%，关联业务申报面达到100%，涉及所得税管户136户，查补企业所得税近50万元。三是车购税。组织相关人员，对2010—2013年3年间的车购税资料，进行了逐份逐笔的全面检查，共检查档案4789份，对入档资料的填写、资料整理归档、退税文书审批等各环节的标准进行了细化要求，对工作中的不足之处及时进行了补正，使车购税征收工作得到了彻底规范。

“营改增”阶段性任务。一是领导牵头，抓好协调。成立了“营改增”工作领导小组，印发了《“营改增”工作实施方案》，形成了领导组织协调、各部门分工负责的工作局面。二是多管齐下、顺利推进。与地税、工商等相关部门沟通协调，积极做好纳税人经营业务核实、试点纳税人户数确认、征管基础信息填报、征管档案资料移交等工作，防止出现“两不管”“重复管”。三是平稳过渡、确保成效。在现有“营改增”企业69户中，接收地税移交的管户58户，已完成确认48户（未确认的10户中，有6户为地税非正常户，4户查无下落），接受主动办证户11户。9—12月，上述应申报户全部按期完成了申报工作，共申报税款24万余元，平稳顺畅地完成了过渡工作。

【专业化管理情况】

强化数据的分析与应用。一是按季发布《税收征管数据报告》，为基层指出管理疑点。二是积极开展税收风险应对工作。2013年共进行了4期税收风险应对，共计补税罚款41万元。同时，每个季度都会选取几个有代表性的风险处置案例，作为标准化的“模板”，供大家参考，促进全局风险应对水平的提高。三是强化一般纳税人资格认定管理。由政策法规股和征管股的业务人员组成“业务指导团”，定期对一般纳税人认定资料和认定档案进行审议，确保政策从紧从严、执行到位。

发挥征管业务的统领作用。一是开展了强征管、促收入活动。从 4 月份开始，组织开展了较大规模的“强征管、促收入”活动。认真学习各项税收政策和征管措施，准确分析和把握陵川县经济和税源状况，加强税收征管的针对性和实效性，堵塞漏洞、深挖潜力。二是建立了“金三”应急管理预案。9 月底，制订并出台了《金税三期单轨运行应急管理预案》，制定了应急组织、应急责任、快速反应、协作联动和网络安全五项工作机制，对出现紧急情况时的各项处理应对，进行了明确的规范，作出了详细的规定，为金三系统的平稳运行，提供了全方位的保障。

成功实现“金三”上线。从 5 月开始，分别对数据维护、信息补录、数据核对等工作，进行了合理分工。6 月，完成了金三系统初始化数据的录入工作。7 月 21 日至 8 月 10 日，组织人员进行了金三业务演练。8—9 月，先后进行了三次真人实景演练，切实提高了所有操作人员的熟练度。9 月底，制订了详细的应急预案，做好了各项应急准备。10—12 月征期工作已实现圆满收官，整个系统运行状况良好。

地 税 工 作

【税收收入完成情况】

2013 年，累计完成各项税收及教育费附加 26727 万元，占年计划(22300 万元)的 119.85%，同比增长 40.41%，绝对额增收 7692 万元。县级公共财政预算收入 11001 万元，占年计划(10815 万元)的 101.72%。完成煤炭可持续发展基金收入 2814 万元，占年计划的 100.48%，其他非税收入共计完成 1285 万元。

【重点亮点工作】

1.以“343”工程为突破口，壮大地方财力。一是助力景区升级扩容，税收效应逐步显现。积极与县煤运公司协调，黄围山景区启动了总投资 1.5 亿元的综合开发，2013 年投资 3000 万元，实现营业税 141 万元。二是新上项目有所侧重，保障地方财力增收。2013 年，新上了总投资 25 亿元的太行山（国际围棋文化）旅游产业园区项目，引导注册了陵川县绿野工程建筑有限公司、陵川昌信安装工程有限公司、陵川龙轩房地产开发有限公司等一批建筑和房地产企业。三是积极协调相关部门，构筑综合治税机制。针对建筑业"税源分散，难以控管"的现状，积极争取县政府和发改、城建、交通、财政、土地等部门支持，充实完善"立项告知、竞标备案、建档监控、结算扣税"的部门联运、综合治税的机制，由县政府发文出台了《陵川县综合治税管理办法》，明确了各职能部门的职责和考核细则，从根本上促进公共预算收入的增收。2013 年，共征收建筑业营业税 2171 万元，同比增长 38%，增收 606 万元。四是狠抓房地产税收管理，确保税款应收尽收。按照房地产税收一体化管理的工作思路，狠抓房地产税收管理，全年共征收销售不动产营业税 1031.09 万元，与上年基本持平。

2.以"金三"上线为新起点，推进信息化建设。在硬件设施方面，根据实际需要实现计算机和打印机更新换代，已实现人手一台电脑的目标；在软件运行方面，针对"金三"应用软件上线技术支持，统一按照市局要求对电脑进行了重装系统、升级 IE 浏览器、安装控件、设置安全级别等前期准备工作，确保"金三"软件的顺利开展，并对电教室的电脑进行升级设置，为"金三"双轨运行期间的系统测试、网络压力测试提供保障；在课件技能方面，继续在干部中开展以"看课件、做课件、讲课件"为内容的信息化技能操作训练，广大干部信息化应用水平大大提高，操作技能得到锻炼。

3.以票证检查为新契机，提升票款管理水平。一是严密票证领用程序，实行专人负责、专用领据、签章确认。二是明确结报缴销责任，严格执行"双限制"，规范使用"票款结报手册"。三是定期汇总各类信息，做到完整准确、一目了然。四是扎实规范基础档案，做到账册、账实相符。五是严格落实核查制度，各所自行定期盘点清查，县局票款核查小组按季核查，确保票款安全。

4.以阳光稽查为手段，发挥以查促收作用。全年共查补入库税款 436.32 万元，比上年同期增长 36.25%，增收 116.11 万元。

LINGCHUANNIANJIAN

金融保险 通信

中国人民银行陵川县支行

【工作完成情况】

1.存款、贷款。全县金融机构各项存款余额68.7亿元,较年初增加1.3亿元,增长1.9%;各项贷款余额24.2亿元,较年初减少2.1亿元,剔除农村信用社到期的转贴现5.6亿元,实际净增3.5亿元,增长18.8%。

2.银企签约率。2013年,7家金融机构与50家企业(项目)签订了5.4亿元的合作意向,落实签约资金4亿元,资金到位率为75.8%,同比上升26.3个百分点。

3.软、硬件投入。37个金融机构(含分支机构)全部加入公民身份联网核查系统、35个加入账户管理系统、32个加入大小额支付系统、3个加入支票影像系统,农村信用社及其分支机构全部加入农信银支付清算系统。全县共布放ATM机25个,设立助农取款服务点336个,布放转账电话410部,转账1215笔,提取现金2430笔,查询8458笔,涉及金额825万元。

4.行政许可工作。共发放贷款卡25个,年审贷款卡57个,发放机构信用代码336个;开立各类银行结算账户486个,变更账户94个,撤销账户402个,清理久悬单位银行结算账户235个。

【采取的主要工作措施】

1.充分发挥"窗口"指导作用,引导金融资源更好地服务实体经济。3月,根据陵川经济发展现状,制定出台了《关于金融支持县域经济发展指导意见》,引导金融机构围绕煤炭、冶铸、化工、建材四大传统产业及特色种植业、特色乡村旅游开发加大信贷支持力度。同时,将总行出台的《关于做好2013年信贷政策工作的指导意见》《关于加大金融创新力度支持现代农业加快发展的指导意见》等多项政策措施转发各金融机构,增强了金融支持实体经济的针对性和有效性。

2.创新培优机制,着力打造政银企合作平台。与经信局、中小局、财政局等部门建立了联运协作机制，将县域重点企业和重点项目推荐给金融机构，为政、银、企合作搭建沟通交流平台。开展对签约项目落实情况的跟踪监测，按月报送落实进展情况，并针对项目履约中存在的问题和不足进行专门研究解决。全县经济金融形势分析会参会人员扩大至政府有关职能部门，提升了金融形势分析会议质量和效果。

3.使用货币政策，引导涉农主体诚信创业。为支持农村信用社和太行村镇银行扩大对“三农”的信贷投入，在深入调查评估的基础上，为农村信用社和太行村镇银行分别申请到支农再贷款5000万元和1828万元。建立10个“星级农民专业合作社”、213个“农村诚信青年客户群”、8个“大学生村官示范户”、4个“诚信小微企业”，累计发放农村青年创业贷款2031万元、大学生村官创业贷款51万元、星级农民合作社贷款400万元，有效解决了创业主体融资难问题。

4.加强调研分析，切实增强货币政策与地方产业政策的有机结合。针对实体经济运行中存在的问题，坚持按季召开全县经济金融形势分析会和货币信贷政策监测报告会，加强对经济金融运行情况、货币政策及其实施效果的分析研究，提出解决办法。

5.履行经理国库职能，着力提高金融服务水平和服务效率。一是严把“四关”，搞好国库柜台监督。共收纳各级预算收入51924万元，办理退库业务48笔，金额353万元。二是推动财税库银横向联网工作。国税系统签约率达到98%，其中一般纳税人96户签约96户，双定户280户签约273户，小规模纳税人104户签约104户；地税系统签约率达到9.9%，其中一般纳税人和小规模纳税人400户签约98户，双定户1000户签约40户。三是深化国库集中支付改革。全县共有148家预算单位纳入国库集中支付，共办理国库集中支付支出102757万元，占支出总额的91%。四是建立国库直通农户的资金发放“绿色通道”。9月18日、25日和11月13日，利用批量支付工具，通过小额支付系统，将217.9万元农业调产农民增收项目补贴直接拨付到626个农户手中。

6.履行人民币管理职责，确保现金供应和市场流通人民币整洁度。一是构建人民币流通状况监测网，确定农行、太行村镇银行2家金融机构为人民币流通监测网点；确定信达购物中心、信达大酒店、人民医院、金都商厦和供电公司5个单位为企事业单位人民币监测网点，按时进行监测分析，按季上报报告。同时，实行现金供应联络员制度，及时掌握辖区现金供应总体情况，确保全县经济社会现金供应。二是加大对人民币机具配置、人民币收付业务及反假货币情况的监督检查，有效促进了辖内人民币管理及反假货币工作的正常开展。三是组织开展了人民币反假宣传及爱护人民币及反假货币知识进校园活动。全年共集中开展宣传3次，深入18所中小学开展讲课和宣传26场次，向群众发放宣传单9000余份、宣传折页2500余份、宣传袋300余个，接受咨询400余人次，讲解识别假币和残损币兑换标准等常识400余人次，发放《中小学生人民币知识读本》2000余册，发放密码笔记本、环保书包等宣传品2500余个(套)，回收1元券32510元、5角券12720元、1角券3250元。四是开展了人民币便民服务活动。各金融机构营业场所明显位置摆放了“残损人民币兑换点”和“特殊残损人民币兑换点”标志和“人民币业务服务承诺书”提示牌，全年共为群众兑换残损人民币5万余元，兑换大小币8万余元。五是做好人民币冠字号码机具的推广工作。全县各金融机构布放存取款一体机10台，其中自身具备冠字记录查询功能3台，通过清分设备对应实现冠字记录查询功能4台。

7.开展“平安单位”创建活动，确保安全无事故。针对安全管理新形势，在落实各项安全管理措施的基础上，编制了《平安单位创建工作手册》和《工作流程图》，规范了标准化管理档案，制作了平安单位创建专题片，加大了硬件设施投入，得到了太原中心支行的充分肯定和认可，在全省人民银行系统安全保卫暨平安创建工作电视电话会议上进行了书面交流。

8.开展金融消费者权益保护工作，提升基层央行在服务社会管理中的作用。3月15日，以“保护金融消费者合法权益，增强社会公众对金融业的信心”为主题，组织各金融机构开展了集中宣传活动；9月，利用1个月时间组织银行业、保险业共15家金融机构开展了“金融知识普及月”活动，引导金融消费者识别相关金融产品或服务的风险点，共建和谐金融环境。依托陵

川县人民政府公众信息网，链接建立了陵川县金融消费维权电子平台，接受金融消费者对金融机构提供金融服务和产品的咨询、投诉。制定了《陵川县金融消费维权电子平台管理办法》，对受理程序进行了规范，取得了明显成效。据统计，自9月开通以来，共受理金融消费者咨询22起，是开通前的5倍多，解决投诉3起，而开通前却是"零投诉"。同时，投诉办结率和投诉人满意率大幅上升，3起投诉均在规定期限办结，办结率为100%。对投诉人满意率回访调查，满意率为95%以上。

中国建设银行股份有限公司陵川县支行

【主要业务指标完成情况】

1.经营效益。全年累计实现营业收入2027.22万元，同比减少114.95万元。其中，利息净收入1878.40万元，同比增加171.84万元；中间业务净收入147.49万元，同比减少286.14万元；营业支出为778.35万元，同比多支147.36万元，其中，营业税金及附加91.6万元，同比少支2万元，业务及管理费686.76万元，同比多支149.37万元；营业外收入3.55万元，同比多收3.46万元，营业外支出2.06万元，同比少支0.42万元；实现账面利润1250.36万元，同比减少258.44万元。

2.中间业务。全年中间业务净收入为147.49万元，同比下降286.14万元，完成市分行核定本行全年考核计划559万元的26.38%。

3.存款业务。全年全口径存款为91513.05万元，较年初增加4553.08万元，完成市分行核定本行全年计划的22.44%；其中，同业存款余额为1520.12万元，较年初下降2469.13万元；一般性存款余额为89992.93万元，较年初增加7022.21万元，完成市分行核定本行全年计划的34.61%；其中，对公存款余额为57093.32万元，较年初增加3404.14万元，完成市分行核定本行全年计划的50.54%，同业占比第一；储蓄存款余额为32899.61万元，较年初新增3618.06万元，完成市分行核定全年计划的95.51%，同业占比30.04%，同业占比第二。

4.信贷业务。全年信贷资金贷款余额为22606.13万元,较年初增加1025.57万元,同比增加1025.57万元。其中,大中型企业基本建设贷款余额为8800万元,占贷款总额的38.93%;大中型企业流动资金贷款余额9000万元,占贷款总额的39.82%;小微企业"助保贷"贷款余额3450万元,占贷款总额的15.26%;个人消费及住房贷款1356.13万元,占贷款总额的5.99%。

信贷资金贷款按十二级分类划分,全部为正常类贷款。累计发放贷款3690.30万元,其中,小微企业"助保贷"贷款3450万元,个人住房贷款216万元,个人消费贷款24.30万元;累计回收贷款2464.73万元,其中,"助保贷"2080万元,个人住房贷款及消费贷款384.73万元。

截至2013年底,应收贷款利息1386.31万元,实收利息1386.31万元,全部贷款实收率为100%。

5. 资金结算产品。单位人民币结算业务收入29.92万元,完成计划的66.49%;现金管理系统完成1户,完成计划的0.03%;电子回单柜客户新增24户,完成计划的96%;对公通兑账户新增21户,完成计划的70%;单位结算卡发卡量24户,完成计划的68.57%;对公一户通客户新增1户,完成计划的33.33%;小额无贷户减少55户,完成计划的-275%。

6.代理业务 。代理发行国债299万元。销售各类基金275.67万元;理财产品14633万元;账户金1325.62万元,实物黄金1571克;保险34.1万元。累计发放住房委托贷款286户,金额4245万元,累计回收1904.74万元,住房委托贷款户数达到1029户,贷款余额8990.44万元。

【主要工作措施】

1.个银业务。储蓄存款余额为32899.61万元,较年初新增3618.06万元,完成市分行核定全年计划的95.51%,同业占比30.04%。共发行储蓄卡109500张,储蓄卡余额达到6900万元,卡均余额2500元,完成年度计划2027.59%;发行信用卡830张,完成年度计划182%。农村居民社保卡在全县实现全覆盖共有106337张,截至2013年底,已发卡87743张,成为全年工作亮点。截至2013年底,共营销公务卡312张,涉及11个乡镇24个行政事业单位。

2.公司业务。对公存款余额为57093.32元,较年初增加3404.14万元,完成市分行核定建设银行全年计划的50.54%。

对公信贷业务方面:一是大中型企业贷款余额为17800万元,其中,山西崇安能源发展有限公司2年期流动资金贷款余额9000万元。山西兰花集团东峰煤矿有限公司王莽岭旅游分公司10年期基本建设贷款余额为8800万元。大中型企业贷款本年无新增,5月,根据建设银行与山西兰花集团东峰煤矿有限公司王莽岭旅游分公司签订的《借款合同》还款计划,该行收回该公司到期本金200万元。二是“助保贷”业务,自2012年8月开始投放以来,累计支持小企业户数9户,累计发放贷款5530万元,回收2080万元,贷款余额3450万元。

中国农业银行股份有限公司陵川县支行

【主体业务完成情况】

1.存款指标。全行各项存款余额139399万元,较年初增加9066万元,其中,储蓄存款余额70565万元,较年初净增5770万元;对公存款余额68834万元,较年初净增3296万元。两项存款日均增量达12535万元,完成计划9700万元的129%,其中,个人存款日均完成5478万元,完成计划6000万元的91%;对公存款日均完成7057万元,完成计划3700万元的191%。存量、增量市场占比分别为21%和23%(在当地三大行中存量占比59%、增量占比48%,占比均居第一)。

2.贷款指标。各项贷款余额为48844万元,比年初增加22791万元,同比多增11162万元。其中,对公贷款余额48500万元,较年初增加28500万元。个人贷款余额344万元,较年初增加326万元;银行承兑汇票贴现为0,较年初减少6035万元。存贷比例35%。存量、增量市场占比分别为19%和30%(在当地三大行存量占比66%、增量占比86%,占比均居第一)。贷款的增量和增速为陵川支行历史上最好水平。

3.财务指标。全年实现营业收入 4000 万元，较同期多收 1085 万元。营业支出 1973 万元，收支相抵营业利润 2027 万元；营业外净收入 –1 万元，实现净利润 2026 元，较同期多收 796 万元。其中，各项贷款利息收入完成 2678 万元，较同期多收 1465 万元；各项存款利息支出 2470 万元，较同期少支 78 万元；金融机构往来利息收入为 3457 万元，较同期少收入 609 万元；金融机构往来支出为 2 万元 ，较同期少支 1 万元；中间业务收入 355 万元，较同期多收 153 万元；中间业务手续费支出 18 万元 ，较同期多支 2 万元。较同期净利润总额增盈 796 万元。

【客户建设情况】

1.代理财政集中支付。围绕多层次辐射，多产品捆绑开展营销，初步形成了以财政客户为中心的客户群。全县 106 个财政预算单位及 12 个乡镇财政款项全经农业银行结算；营销财政类账户 3 户，带动对公存款增长 3500 万元；营销 11 户预算单位代发工资 371 户，个人公务卡 200 余张；营销财政集中支付特约商户以及集中采购商户 5 户，分别为陵川供电支公司、网通陵川分公司、陵川县城市集中供热公司、信达购物商场、柯达电脑耗材公司，新增 POS 机具 23 台，年消费金额约 3000 万元；集中支付代理一年来，稳定对公存款 2.8 亿元，新增对公存款 5000 万元，中间业务代理手续费 10 万元。

2.信贷扶持旅游经济。围绕国家 4A 级王莽岭景区提升品质，改善设施，形成以王莽岭旅游景区为中心客户的客户群。2013 年山西兰花集团东峰煤矿有限公司、山西兰花集团东峰煤矿有限公司王莽岭旅游分公司、山西兰花集团芦河煤业有限公司、山西兰花陵川王莽岭索道有限公司 、山西兰花王莽岭奇峰商贸有限公司以及王莽岭景区餐饮、住宿、购物、娱乐等在农行开立结算账户，其中基本账户 10 户，其他账户 6 户，新增存款 1.2 亿元。

根据企业的资金需求，向王莽岭投资主体东峰煤矿发放流动资金贷款 1 亿元、累计办理银行承兑汇票贴现 0.5 亿元；为王莽岭投资主体东峰煤矿相关公司芦河煤业申报审批固定资产贷款 4.4 亿元，现出贷 2.55 亿元。

针对王莽岭旅游公司行业特点，成功营销其电子商务业务，申报自助银行 1 处，同时为景区售票厅布放 POS 机具 2 台、锡崖沟片区布放 POS 机具 1

台、索道公司布放 POS 机具 1 台，为王莽岭景区工作人员发放信用卡 10 张，还为其提供节假日上门收款业务。

3.支持棚户区改造。积极营销开发商，形成以开发商为中心客户的客户群。已营销开发商鸿生上城、嘉鸿房地产、鑫欣小区二期、玉龙湾房地产、乾元房地产住宅楼项目；个人住房按揭贷款项目，累计发放住房按揭贷款 11 户，金额 216.8 万元；为了预收房款方便，为其安装开立了 POS 机、转账电话、企业网银等产品；同时带动营销了银行卡、电子银行等产品。

【支持“三农”发展情况】

1.三项代理业务。4 月 2 日，与陵川县农村社会养老保险管理所签署了“新农保”业务代理协议，重点代理了有农业银行营业网点的 3 个乡镇新农保业务，结束了该行“惠农通”工程“零”代理的历史。完成平城镇 8000 余户农户资料收集工作，现已出卡 4240 余张。

2.代缴电费业务。一是营销电力公司基本账户、代收电费专户各一个，签署了辖内 7 个乡镇电费代缴业务协议；二是重点对 7 个乡镇布放的 481 部转账电话进行梳理，同时根据代缴电费的实际在 7 个供电所新布放转账电话 7 部；三是制定了代缴电费营销活动方案和具体措施，印制了代缴电费标志、宣传彩页、桌签、登记簿，明确了对代缴电费点和缴纳电费用户的奖励政策。截至 12 月底，通过本行缴费渠道缴纳的电费达 4077 笔，金额累计达 266.54 万元，位列全市第一。

3.“惠农通”工程推进。组建了三农客户经理团队。结合农行本县域农村地区实际情况，成立了 5 个三农客户经理组，三农客户经理 23 名，对全县 12 个乡镇 378 个行政村实行“分片包干”。截至 12 月底，“惠农通”共发放惠农卡 57129 张，较年初增加 3858 张，激活 55797 张，激活率 97.67%，其中有效惠农卡达 10348 张，较年初增加 471 张；转账电话发放 758 部，较年初增加 75 部，其中有效转账电话达 124 部，较年初增加 19 部。“千百工程”客户达到 3 户，完成市分行下达计划的 100%。

【中间业务收入情况】

全年实现中间业务收入 355 万元，较同期多收 153 万元。其中银行卡业务收入 47.8 万元，结算业务收入 88.9 万元，电子银行业务收入 18.1 万元，投资银行业务收入 190 万元。企业网银新增 25 户；个人网银客户新增 1258 户；个人手机银行业务新增 1065 户；个人短信通客户新增 1975 户；企业电子银行活跃客户新增 52 户；个人电子银行活跃客户新增 5772 户；信用卡有效客户新增 149 户；第三方存管个人户新增 89 户；金融 IC 卡发放 3009 张；实物黄金销售 150 克，实物白银销售 1600 克；个人类理财产品销售 1.05 亿元，基金销售 135.99 万元。其中，贵金属销售、个人类理财产品销售及投行业务是本行中间业务发展的亮点，实现实物白银销售"零"的突破并取得累计销售 1600 克，个人类理财产品累计销售 1.05 亿元，销售量首次突破亿元大关。另外，农行贵宾客户维护工作稳步推进，2013 年新增总行认定贵宾客户 203 户，贵宾客户规模不断扩大，对农行的贡献及依存度也不断扩大。

陵川县农村信用合作联社

【各项指标完成情况】

1.各项存款稳步增长。截至 2013 年底，全县信用社各项存款达到 244940 万元，较年初增长 20002 万元。尤其是储蓄存款达到 209517 万元，较年初增长 31256 万元，超计划完成任务。

2.各项贷款稳中有增。截至 2013 年底，全县信用社各项贷款达到 168786 万元，较年初多投放 25370 万元。

3.各项收入逐步增长。截至 2013 年底，全县信用社各项收入达到 14761 万元，占进度计划的 119.77%，同比多收 1078 万元。其中，利息收入 8505 万元，占进度计划的 99.4%，同比多收 1328 万元；手续费及佣金收入 79 万元，同比多收 21 万元，实现经营利润 1382 万元。

4.监管指标下降明显。受形态转实影响，截至 2013 年底，资本充足率为 -14.99%，较年初下降 16.99 个百分点；不良贷款率为 46.85%，较年初增加 34.28 个百分点；拨贷比为 5.81%，较年初减少 0.35 个百分点；贷款专项准

备缺口 32192 万元，较年初增加 29150 万元；贷款损失准备充足率 23.36%，较年初减少 50.93 个百分点；拨备覆盖率为 12.41%，较年初减少 36.61 个百分点。

【工作措施和方法】

1.及早部署，全面动员。一是工作早安排，为完成任务目标提供组织保障。每季度伊始，联社召开工作会议，全面安排季度各项工作，并多次召开推进会、分析会等会议，研究部署当前各项工作，使工作有计划有目标。二是办法早制定，为实现目标提供制度保障。首先，在薪酬管理体系建设上狠下功夫，科学地制定了符合陵川联社实际、符合全体职工意愿、充分体现公平竞争的薪酬考核模式。其次，制定了《费用管理办法》和《第三方报酬管理办法》，进一步明确了农金服务站和商户贷款担保协会等外部人员协助信用社开展工作的奖励标准，从而达到集社会之力量，做信用社之业务的效果。三是制订了《2013 年案防工作计划》，对各流程、各条线、各部门、各岗位的案防职责进行了清晰的界定，着力推进“三个转变”，即：从高频检查向高频检查与综合评价并重转变，从点面防控向治标治本并重转变，从注重人防向人防技防并重转变，努力打造大案大防联动工作体系。四是营销早动手，为完成任务提供客户保证。抓住“两节”期间的黄金时机，在全县选择了 10 个规模大、营销力强的超市、商场开展了“信合通伴你行，两节好礼送不停”信合通卡消费和特约商户回馈活动，对 100 多户重点客户进行了回访，成功营销崇安能源有限公司存款 5000 万元、天成化工有限公司存款 200 万元。对全县所有的企业、工商户进行全面的摸底排查，建立信息档案，“两节”期间对政府确定的重点项目工程和优质客户进行重点营销，为羊明钙业等 9 户企业新增贷款 3240 万元，与陵川县农村养老保险所合作在全县开展农村养老保险代收缴工作，以此增加银行卡低成本存款和带动银行卡活卡率。通过以上活动提升了信合通卡的认知度，增加了银行卡手续费收入。

2.加大支农力度，积极支持县域经济发展。一是在全县范围内开展了“商户进笼子”工程。制定了《陵川县农村信用社商户进笼子实施细则》和《商户进笼子工程考核办法》。截至 12 月底，全县共营销回商户 1979 户，占全县商户的35.05%,其中营销回存款类客户1367户,营销存款余额达到4249.23万元,营销回贷款类客户609户,营销贷款余额9483.61万元。二是组建小微企业部,拓展信贷资金平台。三是实行小微企业评级授信,为信贷支持奠定基础。2013年,该社分别对签约的17户中小企业进行信用评定,其中,评定A级14户,分别为:山西陵川崇安关岭山煤业有限公司、晋城市鸿生生物科技有限公司、晋城天成化工有限公司、陵川县彩虹铸造有限公司、陵川县达利机电化工有限公司、陵川永明金属制品有限公司、晋城市鑫鼎农业开发有限公司、陵川凤凰欢乐谷景区开发建设有限公司、晋城市羊明钙业有限公司、陵川县中令煤炭经销有限公司、陵川县诚信放心粮油配送中心有限公司、陵川县永庆林木专业合作社、陵川县福鑫汽车修理中心、陵川县海庆龙建材有限公司。评定BBB级3户,分别为:晋城市古陵山食品有限公司、陵川鼎鑫物流有限公司、陵川县侍鑫经贸有限公司。对以上17户企业进行授信,授信金额16880万元,累计为以上企业发放贷款16696万元,有力地支持了小微发展,解决资金不足问题。四是依托政府优惠政策,拓展贷款规模。2013年6月,该社积极向人行晋城市中心支行申请并成功取得了5000万元的支农再贷款。2013年8月末5000万元支农再贷款资金已全部投放,累计投放5000万元,累计收回90万元,实现利息收入50.17万元。主要投放农户贷款464户,金额2050万元;农业龙头企业贷款3户,金额2950万元,满足农户、涉农企业的农产品加工、农村传统及特色种养殖业和种植业的资金需求。五是拓宽融资渠道,积极参与社团贷款。及时办理贴现业务,累计为5户企业办理贴现53笔1724万元,分别为:陵川县达利机电化工公司118万元、晋城市天成化工有限公司150万元、晋城市鸿生生物科技有限公司1201万元、陵川县彩虹铸造公司45万元、陵川海庆龙建材有限公司210万元,有效缓解了企业资金不足。积极参与社团贷款。通过参与兄弟联社社团贷款的方式,加大信贷资金的运用效率,全年参与社团贷款20000万元,分别为:山西兰花煤层气有限公司2000万元、山西兰花(集团)房地产开发有限公司5000万元、阳泉煤业(集团)有限责任公司3000万元、山西阳城阳泰集团竹林山煤业公司5000万元、山西煤炭运销集团晋城阳城有限公司5000万元。

3.多措并举开展不良贷款清收工作。一是完善管理制度。重新制定出台了《陵川县农村信用合作联社新增贷款清收管理办法》《陵川县农村信用合作联社存量贷款清收管理办法》《陵川县农村信用合作联社不良贷款管理清收激励办法(试行)》,为不良贷款清收管理工作的开展提供制度保障。二是组织学习培训,使所有参训人员进一步加深了对风险资产管理制度的了解和掌握,并能够在日常工作中加以充分运用,为进一步加快不良贷款清收进度,提高清收效果打下了坚实的基础。三是督导到期贷款清收。每月分三次下达督导通知书,1—12月共下发预警通知书216份、闹铃通知书408份。四是开展不良贷款清收工作。五是提升信贷资产质量。1—12月共召开不良贷款责任认定会议14次,对1—12月到期未收回贷款258笔7788万元进行责任认定,共认定责任贷款76笔342万元,涉及责任人46人,现收回34笔117.02万元。六是尊重历史,处置清收不良贷款。全年共召开风险资产管理会议73次,处置清收盘活不良贷款107笔,金额133.92万元,利息29.33万元。七是诉诸法律,依法清收不良贷款。全年在陵川法院依法起诉贷户10户,贷款金额69.96万元,其中判决胜诉9户,其中2户已申请立案强制执行,1户已经归还,撤诉1户。

邮储银行陵川县支行

【业务发展】

1.信贷业务:信贷增长乏力,本年度下滑2438万元。

2.储蓄业务:截至6月30日,该行储蓄存款余额累计达到50328万元,本年度累计净增5761万元,完成市行年计划5000万元的115.22%。提前半年完成全年计划。

【人力资源管理】

为整合人力资源,提高人力资源管理水平,实现人事管理的科学化、规范化,于10月份对县支行内部进行机构改革。由原来的四个部门精简为三个部门，人员也由原来的19人压缩到现在的15人。机构改革初见成效：一是在客观上提高了员工的工作积极性，在一定程度上消除了部分本部人员“安逸”的工作状态；二是使工作任务得到了合理的分配，使每个人都能各尽其职。

陵川县太行村镇银行

【主要经营指标完成情况】

1.资产负债总额及所有者权益。12月末，全行资产总额为32718万元，较年初增加7074万元；负债总额为29360万元，较年初增加6161万元；所有者权益为3359万元，较年初增加913万元。

2.存款。12月末，全行各项存款为28162万元，较年初增加6006万元，其中，对公存款为18730万元，较年初增加4011万元；储蓄存款为9459万元，较年初增加1995万元。

3.贷款。12月末，全行各项贷款余额为15043万元，较年初增加3708万元。其中涉农贷款余额15043万元，占比100%，全年累计发放各类贷款15616万元，累计收回各类贷款11908万元。

4.利润指标。全年实现拨备前利润1287万元，实现拨备后利润1167万元，净利润924万元。

5.主要监管指标。资本充足率为21.98%；存贷比为53.42%，不良贷款率为0%，资本利润率为31.81%，资产利润率为3.25%。

【工作亮点】

1.开办睿睿微慈善基金业务。将晋城银行策划成立的“睿睿微慈善基金”业务在村镇银行中发展。8月业务成功上线。

2.发挥村镇银行优势。推出“信用贷款”和“星级农民专业合作社授信”，为筛选出的信用观念强、资信状况良好的农户、个体工商户以及小企业办理信用贷款500余万元，为被评选为星级的农民专业合作社办理信用贷款

1000余万元。

3.贷款不良率连续6年保持为零。以加强信贷管理、规范业务操作,确保信贷资产质量为目标,通过严格信贷准入条件,实地查看客户基本情况,全方位了解客户生产经营状况,掌握客户诚信记录,访问客户周边人群,了解客户是否有不良嗜好等方式,从而有效保证了贷款质量。

中国人寿保险股份有限公司陵川县支公司

【主要指标完成情况】

截至年底共实现保费收入5298.04万元,同比增长7.05%,其中,个险新单期交实现390.44万元,完成年计划的78%,同比增长19.19%,十年期及以上实现保费302.45万元,完成年计划83.8%,同比增长30.77%,实现标保224.02万元。银保业务完成新单保费2079.60万元,完成年计划97.86%,同比增长0.07 %,其中,期交完成314.36万元,完成年计划251.50%,同比增长103.60%,标保55.73万元,完成年计划111.50%。全年新单保费期交指标进度全市第一。团险短险业务保费完成272.67万元,占年计划131.7%。其中,意外险完成147.26万元,完成年计划140%,同比增长16%,健康险完成125.41万元,完成年计划165%,各项考核指标全面超额完成,业务发展呈现出持续健康发展态势。2013年累计寿险赔付179件,给付金额共239.5万元,短期险赔付1030件,支付赔款151.65万元,为全县1.6万中小学生提供了意外和医疗风险保障,承担起了"平安校园建设"的重任。为全县2505名老龄人提供了年交10元、赔款高达5000元的意外医疗保险保障。

【主要工作及措施】

1.队伍建设。截至年底,本公司架构人力129人,其中,主管14人,组训3人,业务系列人员115人,收展13人。4月本公司组织了"初级主管训练营"培训班,重点激发有组织发展意愿的营销员持续增员,实现健康晋升,夯实队伍基础,优化人力结构,促进主管队伍的发展壮大,为队伍有效扩充起到了推波助澜的作用。

2.基础性管理。出台了考勤制度,从规范时间、指纹签到到手工签退,考勤制度严格执行,奖惩分明,从而使伙伴养成了良好的工作习惯。根据伙伴访量不足,出台了访量大比拼活动奖惩制度,让伙伴在活动中认识到访量带来的长期利益,为队伍的稳定奠定了良好基础。制订了相关的实施方案,成立了领导组,明确了人员职责,在取得各销售渠道的支持和理解下,紧密合作,发现一起处理一起,顺利度过了 2013 年满期给付高峰,没有发生群体事件。银保理财队部 2013 年加强了理财经理基本法考核,靠制度管理队伍,取得了一定效果。

3.治理销售误导。采取了以下做法:一是事前学习。认真落实省保监局关于《山西人身保险业综合治理销售误导工作方案》精神,出台了《中国人寿保险股份有限公司陵川县支公司综合治理销售误导工作实施方案》,明确工作职责。二是事中监督。对销售人员在销售过程中进行监督,采取的措施就是对新单采取每单必访制度,发现问题及时纠正。三是事后查处。对在销售过程中出现误导的行为,一旦发现,依照有关规定对当事人进行处理,同时追究有关人员责任。通过反复宣导,销售人员销售误导行为有所下降,特别是使银保销售渠道误导得到了有效遏制。

中国人民财产保险股份有限公司陵川支公司

【工作完成情况】

1. 业务方面, 实现保费收入 1512.61 万元, 全年增量 460.7 万元, 增速 43.8%,其中车险保费收入 949.87 万元,增量为 141.84 万元,增速为 17.55%;非车险保费收入 206.67 万元,增量为 21.98 万元,增速为 11.9%;农险保费收入为 356.06 万元,增量为 296.88 万元。

2.经营方面,实现净利润 273.76 万元,综合费用率 27.51%,综合赔付率 50.93%,综合成本率 78.44%。

【主要工作】

1.机动车辆保险。在争取新业务上,不遗余力地争取每一笔业务。2013年首次承保校车9辆,保费共计50635元。在维护车队业务上,公司上下齐动员、共攻关。顺利续保陵川县煤炭运销公司。2013年车险保费收入约8万元, 陵川县华泰物流公司为陵川县煤炭运销公司下设物流公司保费收入约115万元。

2.农险业务。2013年承保小麦0.17万亩,承保玉米14.96万亩,承保养殖业能繁母猪保险13364头,保费合计356.06万元。其中小麦、玉米为2013年新增品种。

移动公司

【主要工作完成情况】

1.四网协同建设。2G网:全年完成投资1500万元,建设完工并开通基站40个,其中马圪当8个,礼义4个,夺火3个,崇文6个,秦家庄3个,附城4个,杨村3个,六泉4个,潞城5个。

TD网络:完成了体育场、岭南小区、南关小学3个TD基站的建设开通。

WLAN网络建设:陆续对陵川宾馆、中医院、人民医院等多家单位及和枫苑、亮景苑、棋山花苑、胜景苑等多个小区的WLAN网络进行了优化和覆盖,无线网络覆盖区域扩大。全年完成项目投资200万元。

TD—LTE网络:5月,率先在移动公司梅园营业厅开通了4G网络。

2.宽带GPON建设。完成崇文镇小召村,礼义镇东街、西街、北街,西河底,积善,焦会,偏桥底8处GPON网络建设,总投资100万元。全年新建设的8个GPON小区已全部形成接入能力。

3.狠抓渠道建设。一是在马圪当和夺火新建两个自办营业厅。二是狠抓渠道整合,在原有网点基础上,共完成138个网点的硬件配置,配备空中充值机,公司安排专人对各网点进行物流配送,普通网点的服务能力得到了加强。三是根据县商务局下发的“万村千乡市场工程”农家店信息化建设名单，安排专人对指定的50家农家店进行了调查摸底，于第三季度逐步完善硬件配置，形成了服务能力。

联 通 公 司

【经营工作实现了较快发展】

1.业务收入完成情况。通信服务收入：全年累计完成3075.94万元，完成年计划的92.05%，较上年同比增长3.8%，全市排名第五。

2.业务发展完成情况。宽带业务累计净增完成3165户，占年计划5058户的62.58%，全市排名第一。宽带期末到达数为19363户，渗透率为58.93%。2G业务累计发展14945户，累计发展完成占年计划15442户的96.78%，全市排名第四。累计有效发展率为12.07%，全市排名第三。累计净增出账用户完成1804户，累计净增出账用户完成较去年同比下降60.84%，全市排名第三。3G业务累计发展用户5755户，累计净增出账用户完成2922户，累计净增完成年计划7375户的39.62%，全市排名第七。沃家庭业务累计净增完成910户，完成年计划972户的94.59%，全市排名第六。

【网络维护和通信建设取得良好业绩】

1.省、市考核指标完成情况。1—10月，一是长途网络接通率指标均大于98%，完成省公司考核指标值。二是宽带网考核14项指标在全市综合排名第一。三是移动网维护考核指标中，除了9月的W网月平均故障历时未达标外，其余指标全部达标。四是在服务评比中，前三季度维护支撑贡献均在全市排名第一。

2.建维工作主要亮点。一是运维管理提升。在一季度“树标杆、学先进”运维管理提升活动中被评为市公司层面标杆单位，在第二季度“树标杆、学先进”运维管理提升活动中，被评为市公司层面和省公司层面标杆单位。第二季度标杆县检查全省排名第一。二是节能降耗。（1）通过灵活编号进行

PSTN 板件下电。1—10 月，共完成 2560L 的板件下电，完成 2 个网点的整点退网。（2）通过整合传统 DSLAM 端口资源，进行宽带板件下电，全年共完成 68 块宽带板件的下电，共减容 1808L。（3）通过盘活下电的宽带设备支撑各网点宽带扩容工作，其中利用加落铺 5 处设备进行整点退网，共退网 53 块 AG 板卡，容量为 848L；其中利用 400L 对秦家庄等 5 个网点进行了设备改造，剩余的用户宽带扩容；利用 3 处 ATUG 板卡共扩容 320L；通过调配资源对张家川 9210 设备扩容 32L，对中兴 9806H 扩容 120L，对贝尔 7353 设备扩容 64L。（4）通过盘活现有的 AG 板卡资源，分别对 3 架中兴 ATM 上行的 DSLAM 设备、2 架西门子 DSLAM 设备进行了改造，解决了该区域宽带用户投诉严重的问题。

3.通信工程建设。一是固网宽带接入项目。截至 11 月底，2013 年宽带接入一期项目全部完工，累计割接用户 880 户，其中 FTTH 割接宽带用户 803 户，PON AD 宽带用户割接 77 户。2013 年二期宽带接入项目，其中 FTTH 改造项目区域 2752 线，新建区域项目 240 线。目前完工容量为 1496 线，占项目总容量的 50%。二是移动网建设项目。完成了 2013 年移动网新建 W 网 3 个基站线路设备施工。三是割接转化。成立了 FTTH 割接转化领导组和 5 个工作小组（工程建设组、资料收集及入户协调组、割接转化组、流程组、网格配合组），制定了割接转换流程，割接转换用户数达到 2200 余户，割接区域的宽带用户感知度大大提高，投诉量较割接前下降了 64.3%。

贸易

商　业

【主要经济指标完成情况】

1.收入总额。2013 年各项收入完成 272.5 万元，占年计划 274 万元的 99.5%。

2.费用总额。2013 年完成 333.4 万元，占年计划 270 万元的 123.5%。

3.利润总额。2013 年实现利润 -96.5 万元，占年计划 -124 万元的 -77.8%。

4.上交养老保险。2013 年上交职工养老保险费 87.7 万元，占年计划 80 万元的 109%。

5. 收缴管理费。2013 年收缴管理费 29.5 万元，占年计划 29.5 万元的 100%。

【《租赁合同》签订情况】

2013 年商业中心下属的 7 个公司共签订《租赁合同》153 份，年租金 226 万元，比 2012 年同期 223 万元增加 3 万元。

【招商引资有了新进展】

2013 年，商业服务中心本着“盘活资产、增值变现、效益最大化”的原则，经认真研究和反复讨论，确定了三个招商引资项目：陵川县五交化公司资产利用项目，利用五交化公司现有的土地资源建设一处“城市标准化蔬菜、生鲜集资市场”；陵川县百货公司资产利用项目，利用百货公司的地理优势和现有的土地资源，建设一处仓储物流中心；陵川县百货大楼资产利用项目，对百货大楼进行整体改造，扩大营业面积，打造陵川标志性商业购物中心。

陵川县百货大楼整体改造项目已批复，和开发商签订了《开发意向书》。正在准备签订相关合同，拟投资 1000 万元。投资保证金已到位，正在办理地质勘探等前期手续。陵川县五交化公司资产利用项目实施方案正等待政府审批，陵川县百货公司资产利用项目正在进行项目推介。

【办实事有了新成效】

1.食品公司礼义生猪屠宰场新场地建设项目竣工并经市商务局验收合格。城关、平城生猪屠宰场改建项目也全部完工并经市商务局验收合格。

2.中心对环境设施进行了改善,通过"引资合作"方式对中心大门及其附属设施进行了整修,工程已完工,正在进行验收决算。

供销合作联社

【主要经济指标完成情况】

2013 年，全系统共完成商品购进 10259 万元，完成商品销售 10934 万元,完成生产资料供应 3128 万元,完成农副产品购进 669 万元,完成总收入 956 万元,上缴税金 21.1 万元,实现利润 18.3 万元。

【2013 年开展的主要工作】

1.加强社有企业管理。一是继续完善了合同报备制度,对企业资产运营实施了有效监管。二是致力企业闲置资产盘活,启动了附城、杨村、平城三个较大规模的乡镇直营超市改造,预算投资 500 万元,可新增经营面积 5000 平方米。三是鼓励基层社开拓新业务,马圪当社自筹资金 70 余万元,对社有资产进行了改造,新建楼房 18 间,改造仓库 12 间,计划依托马圪当旅游资源,开办旅游服务项目,预计 2014 年 4 月可试营业。

2.推进专业社建设。一是启动了农民专业社入社工作,初步协商发展 9 个农民专业合作社加盟入社。二是积极开展基层社自主办社,继六泉中药材专业社、西河底小米专业社之后,夺火、丈河、马圪当 3 社分别注册成立了为农综合服务社、中药材专业合作社、山核桃专业社。三是向省社申报了西河底小米专业社加工项目。

3.加快"新网工程"建设。一是在丈河、横水、冶头、马武寨 4 个边远乡镇,投资 90 余万元,建成 4 个二级配送中心,新增营业面积 610 平方米,解决企业剩余劳动力 20 余人,每年为基层社增收近 10 万元。二是推行开放办社,加强便民店后续管理，2013 年西河底、冶头、夺火等社率先推进，共吸收 41 个便民店志愿加入供销社。三是按照省市社“星级评定”活动要求，制定了便民店《管理办法》，通过仔细走访、评比，选定三星级以上便民店 60 个。

4.切实实施项目建设。一是有序推进了土地确权工作。2012 年确定重点确权土地 55 宗，当年已确权领证 42 宗，2013 年有望完成 45 宗，为项目建设提供了用地保障。二是重大工程进度。附城社芙蓉商城改造基本到位，总投资 40 余万元，现家具城已开业。附城社直营超市(配送中心)旧房拆除完毕，主体工程完工。平城社门店改造，旧房拆除完毕，地基修建结束。棋源俱乐部后院营业面积扩建工程，主体建设完成，已投入运营。夺火社网点改造、马圪当社农家乐旅游接待项目正在建设之中。三是储备了 3 个招商项目：生产资料公司大院开发项目，果品公司大院开发项目，礼义供销社大院开发项目。这 3 个项目均按要求上报商务、城建部门，其中 2 个项目草签了引资意向协议，协议引资额 6000 万元。

粮油供应

【市局目标考核完成情况】

1.保障粮食安全。加强粮油市场监测，保持市场粮食供应充足，市场基本稳定。全县 2013 年完成粮食收购 1.55 亿斤，占年计划 0.8 亿斤的 193%；完成销售 0.71 亿斤，占年计划 0.65 亿斤的 109%；产销衔接调入 0.17 亿斤，占全年计划 0.15 亿斤的 113%。

2.企业改革发展。国有粮食购销企业改革。陵川县国有粮食企业“一县一企”模式改革重组前期工作正在积极落实和推进中。2013 年全县国有粮食企业已扭亏为盈，完成利润 3.3 万元。

3.仓储管理工作。粮食仓储安全储粮“一符六无”粮仓达标率均在 96% 以上；“三专四落实”合格率达到 100%；所有储备粮油数量充足、质量良好、储存安全。各项制度齐全，责任落实到人，监管责任到位。

4.服务三农工作。加强“农户科学储粮专项工程”建设指导,2013 年已完成市粮食局下达 2000 个新型农户储粮仓建设任务,并通过多方努力,在此基础上超额完成 1000 个储粮仓建设任务，基本满足了陵川县 2013 年农户需求。

5.监管粮食市场工作。2013 年,积极组织开展夏秋两季粮食收购市场专项监督检查,严肃查处损害农民和消费者利益等违规行为,维护粮食市场秩序,共开展各项执法检查 18 次,出动执法人员 90 人,有力地维护粮食流通秩序安全稳定。

【县政府工作目标完成情况】

2013 年储备招商引资项目 3 个。一是陵川县粮油食品综合加工厂搬迁改扩建项目;二是西河底小米生产开发基地项目;三是旅游纪念品开发项目。

陵川县粮油食品综合加工厂搬迁改扩建项目可研报告已形成，选址已确定。曹庄库改扩建工程,图纸设计完成,正在拟进行招投标开工。

西河底小米生产开发基地项目，已与山西农大田润农业开发有限公司达成投资意向,双方合作协议在拟稿修订中。

陵川县旅游纪念品开发项目已成立“晋之美旅游文化开发有限公司”,公司人员已招聘到位,正在积极洽谈项目资金合作伙伴。

中石化陵川公司

【销量情况】

2013 年度累计完成成品油零售量 17691 吨,完成年度任务 22439 吨的 78.84%,比上年同期 19060 吨减少了 7.19 个百分点,累计排名第五。欠量 4748 吨。销售额完成 1585 万元。

【税收情况】

全年上交各项税金 134 万元,占目标 218 万元的 61.46%。

烟 草 专 卖

【烟草销量】

2013 年,共完成卷烟销量 9336.93 箱,同比增长 0.32%;单条均价为 83.19 元,同比增加 5.83 元,同比增长 7.54%;销售毛利 4148.20 万元,同比增长 5.41%;销售收入 19419.47 万元,同比增长 7.88%;行业 26 个重点品牌共计销售 4513.01 箱,同比增长 14.93%,高于总销量增幅 14.6 个百分点;重点品牌占总销量比重 48.34%,同比提高 6.14 个百分点。

【市场监管】

持续推进"晋剑五号""晋剑六号"市场清理整顿专项行动,截至 12 月底,批捕判刑 1 人,查获各类违法卷烟案件 75 起,查获各类违法卷烟 42.08 件,案值 12.31 万元。其中,查获假冒卷烟案件 44 起,查获假冒卷烟 22.45 件,标值 2.82 万元;查获网络贩运假冒卷烟案件 2 起,查获假烟 1.3 件,标值 4.56 万元;查获真品卷烟案件 29 起,查获真品卷烟 18.33 件,价值 4.93 万元;移送工商案件 5 起,罚没款 0.77 万元。市场净化率保持在 98%以上,结案合格率达到 95%,案件的投诉和复议率为零。

经 信 工 作

【主要经济指标完成情况】

1.工业总产值 41.8 亿元,占年计划的 82.5%,同比减少 8%;

2.工业增加值 15.1 亿元,占年计划的 75.3%,同比增长 9.1%;

3.销售收入 33.5 亿元,占年计划的 84.3%,同比减少 5.2%;

4.实现利润 1.51 亿元,占年计划的 34.4%,同比减少 63.7%;

5.民营经济增加值 22.4 亿元,占年计划的 92%,同比增长 4%。

【规模企业生产状况】

1.工业增加值,累计增长速度9.3%;

2.销售收入12.7亿元,占年计划的83.3%,同比减少4.6%;

3.实现利税0.67亿元,占年计划的18.1%,同比减少80.1%。

【重点工作完成情况】

1.项目建设情况。2013年确定实施的14个重点项目,7个建设项目(新建、续建)总投资11.74亿元,年度计划完成投资5.71亿元,截至年底完成投资3.1亿元。

新建项目4个:(1)总投资1.2亿元的宝贵石艺年产30万平方米装饰混凝土轻型墙材项目,工房主体及办公设施基本完成,完成投资1500万元;(2)总投资3200万元的山西棋源饮料年产5000吨山楂果肉饮料及山楂基地建设项目,已完成厂房、库房、锅炉房等工程建设及生产设备选型,完成投资2200万元;(3)总投资2亿元的宏达福利化工年产2万吨聚合硫项目,厂房已建成,准备设备安装,完成投资2400万元;(4)总投资6200万元的鸿生化工工艺尾气回收节能改造项目,已完成厂区围墙修建、场地平整、22台非标设备制作及35千伏线路改造,成型设备已完成选型即将订购,完成投资500万元。

续建项目3个:(1)总投资4.3亿元的行源化工乙炔化工综合开发一期工程项目,完成了办公区设施主体建设工程、生产区两座日产400吨石灰窑的主体工程、4座电石炉系统主体工程,电石炉、尾气净化、主变压器等主要设备已订购,累计完成投资2.8亿元;(2)总投资3000万元的秦川新型建材年产6000万块煤矸石烧结砖项目,已投入试运行;(3)总投资3亿元的达利机电化工年产3万吨橡胶助剂项目,截至2013年底一期工程对原车间改造基本结束,完成投资6270万元。

达产达效项目5个:(1)侨鑫铸造年产5万吨球墨铸件项目,2013年生产球墨铸铁产品409吨,受市场影响,未能达产达效;(2)兴源河精钙年产5万吨PVC专用钙及2万吨活性钙项目,2013年生产PVC专用钙6000吨,产品质量合格率达到95%;(3)华明精细化工陵川分公司酞箐兰项目,月产量在45吨左右,基本达产达效;(4)双河钙业年产20万吨活性氧化钙项目由于成本倒挂、市场销售不畅等原因停产;(5)德通电子年产500万根LED极细同轴线项目,达到500万根生产能力。

前期项目2个:(1)总投资6.5亿元的骏通铸管年产45万吨大口径球墨铸管技改项目,现5万吨铸件项目已立项,准备开工建设;(2)总投资2亿元的金烽工贸高压阀门及高效节能防爆电机生产线项目,高压阀门已试制成功。

2.招商引资情况。招商引资持续推进。2013年共储备项目8个,概算总投资17.09亿元,拟引资10.59亿元。截至年底,正在对接洽谈项目3个,占总数的37.5%;已签约项目1个,占总数的12.5%。

正在对接洽谈项目3个:(1)年产30万吨封头模具、振动筛等大型铸件配套530立方高炉技改项目,总投资5亿元,新乡市威远机械有限公司已和本县鑫源冶炼有限公司就合作事宜进行了初步磋商;(2)年处置9000吨危险废弃物项目,总投资3900万元。投资方为北京金隅红树林环保技术有限责任公司,项目主要建设内容有:建设废弃物预处理中心和废弃物水泥窑协同处置中心,项目可研已完成,正在进行项目选址;(3)时韵(山西)印刷包装产业园建设项目,总投资1亿元,投资方为北京时韵文化传播有限公司,旨在引进一批高质量、上规模、有特色的创新型印刷企业,形成设计、创意、印刷、装订、仓储、物流等一条龙发展模式,优化产业结构,带动城镇居民就业。正在征求意见,进行项目选址。

已签约项目1个:骏通铸管年产45万吨大口径球墨铸管及配套530立方高炉技改项目,总投资6.5亿元,已和杭州华铸机电设备有限公司正式签约,引进资金2亿元。

3.节能降耗情况。以十大节能工程为重点,在全县煤炭、化工、冶铸、建材行业中积极推广先进适用的节能技术和产品,实施了二硫化碳尾气回收、水泥磨增加辊压机技术改造、双蓄热连续式退火炉节能技术改造和高炉富氧喷煤等重点节能项目。达利机电化工超级克劳斯炉处理硫化氢回收硫黄项目获市工业节能项目财政扶持资金30万元。按照2012年度高耗能落后机电设备淘汰情况专项监察结果处理意见,鸿生化工于6月底前淘汰了列入《高耗能落后机电设备(产品)淘汰目录(第一批)》的在用设备。根据省经信委统

一安排，2013年在金隅水泥、鑫源冶炼和鸿生化工3户省千家企业中全面开展了在用电机调查和淘汰落后设备及生产工艺情况专项监察，对照电机能效提升计划淘汰路线图，各企业根据检查情况明确了电机系统节能改造计划，将分阶段淘汰高耗能落后机电设备。

4.银企合作情况。一是全县7家金融机构与35户企业签订了5.4亿元的合作意向，截至12月底落实资金4.41亿元，到位率为81.7%。二是推进助保贷业务。截至年底累计发放助保贷贷款5530万元，有效缓解了企业的流动资金不足问题。三是贷款覆盖面扩大。全年各金融机构累计与本地52户企业发生贷款业务，向本地企业发放贷款近5.3亿元，同比增加1.07亿元，增长25.3%，较好地支持了县域经济的发展。

5.园区建设情况。一是精心编制园区规划。将园区纳入全县总体规划，纳入礼义镇城镇规划，完成了控制性规划编制，控制面积约20平方千米，规划范围西以礼沙路为界，东至杨村镇寺润村，北至沙河村，南至行源化工。其中核心区域1.3万亩，分为冶炼冶铸、装备制造两大功能区，初步为园区建设搭建起了框架。二是认真做好前期准备。协调发改、国土、环保、礼义等有关部门和乡镇，初步拟定了园区建设协调领导组和管委会组建方案，制定了园区管理办法，启动了园区管委会筹建工作，并委托晋城市绿和环保技术咨询有限公司进行实地考察，开始编制环评报告。会同国土部门对土地利用现状进行先期调查摸底，为下一步调整土地利用规划，确保园区发展用地提供依据和支撑。三是切实加大招商力度。组织开展了有针对性的招商活动，骏通铸管45万吨大口径球墨铸管配套530立方高炉项目，与杭州华铸机电设备公司签订了正式合作协议；鑫源冶炼年产30万吨封头模具项目，与新乡威远机械有限公司初步达成了合作意向。同时，11月1日，县政府班子成员及相关部门和乡镇负责人赴长治市襄垣县工业园区进行考察学习，并召开专门座谈会，就礼义冶铸园区建设进行了研究探讨，为进一步加快园区建设厘清了思路，明确了方向，现已委托山西省规划设计院进行园区总体规划编制。

商务工作

【主要经济指标完成情况】

1.招商引资。全年共签约项目38个,完成签约目标任务52.48亿元,占年度目标任务52亿元的100.92%,同比增长25%;完成到位资金18.04亿元,占年度目标任务18亿元的100.2%;完成落地目标任务37.48亿元,占年度目标任务23亿元的162.96%;完成开工目标任务36.72亿元,占年度目标任务15亿元的244.8%。

2.外贸出口总额。全年完成235万美元,占年度目标任务100万美元的235%,同比增长179.8%,增幅位居全市首位,超额完成年度目标任务。

3.社会消费品零售总额。全年完成13.97亿元,占年度目标任务14.2亿元的98.4%,同比增长13.4%。由于受家电下乡补贴政策到期、中央八项规定等政策、网络购物、异地购物以及我县外出务工人员增加等因素影响,社会消费品零售总额未完成目标任务。

【主要工作及措施】

1.创新工作方法,全力打好招商引资攻坚战役。一是认真落实招商引资目标责任。按照县政府"521""321"的要求,及时把各项目标任务分解至各乡镇、各部门。二是精心策划招商引资项目。共储备项目133个,总投资321.7亿元,其中,50亿元以上项目2个,10亿元以上项目6个,1亿元以上项目31个;工业类项目41个,农业类项目47个,房地产开发项目7个,服务业项目10个,旅游文化类项目13个,基础设施类项目9个,文化类项目3个,社会事业类项目3个。确定重点招商引资签约项目21个,重点推介和对接项目11个,重点开工项目9个,增强招商工作针对性和实效性。三是重视加强对外联系和宣传工作。2013年累计发布招商信息200余条,接受外地客商来电来函咨询130余人(次),发放招商引资宣传资料1200余份。四是着力营造良好投资环境。修订完善招商引资优惠政策,主要针对项目用地、财税、收费、引资和人才等内容进行重点修改，做到了“立足县情、切合实际、便于操作、能够落实”。五是健全完善招商引资项目推进机制。坚持一月一通报制度，认真落实“六位一体”项目推进机制和“四位一体”项目服务机制，重点完善了领导包联、单位领办的“五定责任制”（定任务、定单位、定要求、定时限、定责任人），修订了招商引资工作考评办法，采取县政府、县人大、重点办、效能办、招商办上下联动“五牵头”督察督办方式，强力推动招商引资项目的落地、开工和建设，在2013年上报签约的38个项目中，开工建设项目27个，开工率达到71.1%。六是积极创新招商引资方式方法。制定主要招商活动线路图和时间表，突出重点产业、重点区域、重点企业、重点项目，采取以企招商、以商招商、以特招商、会展招商等多种形式进行招商，先后组织参加了省、市组织的中博会、西洽会、厦洽会、晋城投洽会等大型招商引资活动，诚邀北京百孚百富、江西正邦、温州商会、新乡商会、香港千华、中国铝业股份、上海五维科技及山东、长治等地客商来陵考察，先后有太行山国际围棋旅游文化产业园项目、正邦集团生猪产业一体化项目、生物燃气及生态种养示范（产业）园项目、宝贵石艺绿色建材产业项目、客运中心建设项目等一批重大项目开工建设，鸿恺服饰年产10万套服装加工项目已投入运营。

2.积极协调服务，促进外贸出口稳步增长。积极帮助自营出口企业申报省2013年度省级优化机电和高新技术产品进出口结构专项资金、2013年山西省外经贸区域协调发展促进资金，共争取外向型经济发展资金30万元，进一步调动了企业扩大出口业务的积极性。陵川县有自营出口实绩企业3家，分别为天成化工、彩虹铸造、永明金属，出口产品主要有铸铁管件、氰化钠、橡胶硫化促进剂和不锈钢餐具等，远销英国、韩国、美国等国家，外贸出口形势喜人，继2011年陵川县外贸自营出口实现零的突破后，出口增幅也连续三年蝉联全市第一。

3.全面协调推进，加快城乡市场体系建设。一是狠抓民生项目建设。大力推动乡镇商贸配送中心、生猪定点屠宰场、农家店信息化建设、直供直销连锁菜店新建改造。2013年底，杨村商贸配送中心改造工程已完工，附城商贸配送中心主体钢架结构已完成，完成投资210万元；城关、平城生猪屠宰场的升级改造工程和礼义生猪屠宰场的新建搬迁工程已完工，附城屠宰场与西河底昶烨农副产品有限公司的兼并重组工作正在报批中；“万村千乡市场工程”50家农家店信息化建设工程近期可布放到位；直供直销连锁菜店工程已完成12个，其中新建4个、改造8个，累计完成投资310万元。二是加强项目储备和申报。深入各乡镇、各企业对全县商贸流通行业在建项目和拟建项目进行调查摸底，共收集整理农副产品批发市场、再生资源回收、加油站、物流配送等商贸服务业项目15个，总投资3亿元。同时，按照上级文件要求，会同县财政局认真组织开展项目的筛选、审核、申报和验收等工作，做到严格规范、公正透明，确保项目资金发挥最大效益。全县共有10个城乡市场体系建设项目被列入市级财政扶持范围，共争取市级扶持资金95万元，为推进全县商贸流通业快速发展起到了积极作用。三是用好用活新农村商网。印发《关于利用好新农村商网服务三农的通知》，组织各乡镇分管领导和重点商贸企业负责人召开专门会议，宣传介绍新农村商网，引导利用新农村商网开展网上购销对接活动。截至年底，已有5家涉农企业和7个种养大户或经纪人开展了网上交易。

4.履行监管职能，维护商务领域市场秩序稳定。一是加强执法宣传。全年共举办街头宣传咨询4次，接受群众咨询200余人次，悬挂标语10余条，发放各种宣传资料1000余份，进一步增强了广大人民群众对商务领域相关法律法规政策的了解，提升了广大经营户的依法经营意识。二是加强行政审批。严格审查备案资格，完成了775家酒类零售经营户、24家再生资源回收网点、4家规模以下单用途商业预付卡企业的备案以及18家酒类批发经营企业、1家成品油零售经营企业及27家加油站年检工作。三是加强市场监管。成立再生资源回收行业协会，吸纳会员单位或个人41户，整顿规范回收网点24户，促进再生资源行业持续健康发展。2013年，累计出动执法人员522人(次)，检查各类企业和个体户574次(个)，下达责令整改通知书14份，查处酒类违法案件6起，有效规范了商务市场秩序，维护了广大经营户和消费者的合法权益。

物资工作

【经济指标完成情况】

截至12月底,完成商品购进总额353.9万元,商品销售总额417万元,上交税金11.4万元。

【主要工作完成情况】

1.抓好安全生产。一是对民爆物品严格实行“五双”管理(双人验收、双人保管、双人发货、双把锁、双本账),严防被盗、丢失、误售的情况发生或引发事故。为消除安全隐患,根据安全生产标准化要求,投资约90万元完善了民爆仓库安全设施。二是加强了液化气站的运营管理,明确了安全主体责任和监管责任。由于高度重视,措施得力,确保了全年安全无事故。

2.确保企业稳定。由于物资中心下属公司大多停业,无经济收入,职工的生活、养老、退休等问题成了影响稳定的主要因素。为此,本中心实行了信访稳定责任制,确定各公司经理为第一责任人。要求密切关注本公司职工的思想状况,尽量帮助职工解决生活中遇到的困难和问题,想方设法确保到龄职工退休,把一切不稳定因素消灭在萌芽状态。2013年为2名到龄职工办理了退休手续(化轻、再生各1人),确保了全系统到龄职工按时退休,保证了职工队伍的稳定,全年未发生一起上访事件。

3.努力开展经营。中心下属的化轻建材、木材、金属材料、机电和物资再生利用5个公司,除化轻建材公司勉强维持经营外,其余4家公司全部停业。化轻建材公司承担着全县民爆物品的销售、仓储及运输业务,面对市场需求不足的局面,想方设法拓展销售渠道,截至12月底,共购进炸药399吨,销售396吨;购进雷管23.8万发,销售24.1万发。其余各公司也尽量利用现有门店、仓库、土地等资产,采取租赁、承包等多种形式创收增效。

4.积极盘活资产。针对物资系统大部分单位停业、危房安全隐患多的实际,按照“保留一批、整合一批、改制一批”的工作思路,本着“稳妥推进”的原则,积极对中心及下属单位资产、债务、职工养老保险、工龄等情况进行摸底,着手制订企业改制及开发方案,逐步开发物资大院及木材公司场地,盘活现有资产。

LINGCHUANNIANJIAN

经济管理

发展改革

【概况】

2013年全县地区生产总值(GDP)完成32.3亿元,增长8%;规模以上工业增加值增长9.3%;全社会固定资产投资完成30亿元,增长31%;社会消费品零售总额完成14亿元,增长13.4%;城镇居民人均可支配收入达到14237元,增长9.7%;农民人均纯收入达到6109元,增长12.7%;财政总收入完成4.2亿元;公共财政预算收入完成1.8亿元,增长15.7%。

【立足县域特色,强化推进措施,转型综改起步良好】

2013年,全县按照2013年转型综改行动计划,围绕"产业转型、生态修复、城乡统筹、民生改善"四大任务,积极开展工作。4项重大改革稳步推进,5项重大事项全面启动,10个重大项目进展顺利,2项重大课题研究初步完成,同时启动了市级转型综改试验潞城镇民生改善先行试点工作,全县转型综改试验区建设工作实质性起步。

【紧扣"六位一体",强化项目管理,投资拉动效果明显】

2013年,全县固定资产投资增速超出全市平均水平3.3个百分点,重点工程"六位一体"指标均圆满完成。

一是固定资产投资快速增长。2013年,全县固定资产投资大盘子安排项目134个,完成投资30亿元,同比增长31%,其中生产开发性投资12.8亿元,占到完成总投资的42.7%,非生产性投资17.2亿元,占到完成总投资的57.3%;一产完成投资4.7亿元,占到完成总投资的15.7%,二产完成投资11.4亿元,占到完成总投资的38%,三产完成投资13.9亿元,占到完成总投资的46.3%。投资规模再创新高,为县域经济持续平稳较快发展起到了积极的推动作用。

二是重点工程扎实推进。按照省、市"项目建设年"要求,紧扣"六位一体"项目推进机制,完成储备项目371个,总投资1757.2亿元;完成签约项目

38个，总投资52.5亿元；完成落地项目40个，落地额47.5亿元；完成开工项目22个，总投资31.7亿元；实施省市县重点工程67项，完成投资25.2亿元；完成投产项目34个，总投资17.8亿元。6项指标均超额完成年度目标任务，为全县经济社会发展提供了有力支撑。

三是“十件实事”圆满完成。一年来，围绕年初确定的“十件实事”项目，认真抓协调、抓反馈、抓督察，严格进行资金拨付，科学制定工期安排，严把工程建设质量，有力地保证了“十件实事”项目的整体推进。“十件实事”计划完成投资2.93亿元，实际完成投资2.86亿元，占年度计划的97.7%。其中，县级配套达到1.38亿元，占年初计划配套的120.6%，凸显了县政府集中财力保民生的执政理念。

【优化产业结构，促进产业集聚，转型升级步伐加快】

2013年，陵川县坚持以“绿色崛起、多元发展”为统领，加快传统产业改造提升，加快新型产业建设，促进了产业结构的进一步优化。关岭山煤业年产60万吨改扩建项目正式投产，司家河煤业年产45万吨改扩建项目进入联合试运行，南营河等4家煤矿正在加紧建设；鸿恺服饰年产10万套服装加工项目、德通电子LED极细同轴线项目完工投产，宝贵石艺年产30万平方米再造石装饰生产项目、行源化工乙炔电石炉尾气综合利用项目等一批新兴产业项目顺利推进，全县非煤产业发展跨出了坚实的一步；旅游产业在持续抓好投资、完善景区景点建设的基础上，加快了“三区两园”创建工作，随着王莽岭国家地质公园揭碑开园，棋子山森林公园成功申报国家级森林公园，王莽岭成功申报省级风景名胜区，凤凰欢乐谷成功申报省级旅游休闲度假区，“太行山公园”商标通过国家工商总局初审，本县旅游产业的知名度和影响力进一步扩大，产业化发展步伐明显加快。

【狠抓特色农业，促进增产增效，“三农”基础更加稳固】

2013年，珍菇坪工厂化食用菌生产线项目一期工程、正嘉5万头原种猪场建设项目、鸿生10万头生猪一期工程、佰润普2万头种猪一期工程顺利建成，陆续投入试运行；摩根汇丰中药材深加工、昶烨年屠宰30万头生猪生产线项目基本建成；佰润普物流园区建设项目正式启动；高产创建、中低产田改造、50个省市“一村一品”专业村建设等农业丰产工程和特色产业项目持续实施，全县蔬菜种植面积达到1.52万亩，食用菌大棚达到826栋，道地中药材种植面积达到30万亩，农业特色产业蓬勃发展，农业产业化水平不断提升，三农基础更加稳固。

【拓展发展空间，协调城乡统筹，城乡一体化有序推进】

在县城建设上，黄围东街、棋山路和鸿雁街翻修改造如期建成通车，县城集中供热扩面工程新增供热面积32万平方米，高陵高速沿线可视荒山绿化和环县城绿化成效明显，城市发展框架不断拉大，功能不断完善，品位不断提升。在城乡统筹发展上，继续实施了饮水安全改造提升工程，新解决1万人的饮水安全；继续实施了惠民秸秆炭建设项目，新推广秸秆生物质燃料炉1000台，加快了秸秆转化利用和农村清洁能源开发步伐；实施了农村无害化厕所改造工程，完成无害化厕所改造1万座；实施了农村环境整治，330个村垃圾清运车配备到位；赵马线棋源山庄至古郊段竣工通车，磨河水库开工建设，行政村路灯亮化工程实现全覆盖，同时实施了附城水网改造等一批小城镇建设工程，崇文、礼义、附城列入全国重点镇建设名单，集镇的辐射带动作用进一步增强，城乡一体化步伐加快。

【强化社会保障，加大民生投入，社会事业明显改善】

2013年，坚持顺势而为、量力而行、尽力而为的原则，投资1.2亿元，重点实施了29个社会事业类项目。

教育方面：完成职业中学学生公寓楼主体工程；实施了教师周转宿舍、乡镇中心幼儿园等4项教育重点工程；招聘教师40名，高考首批二本B类以上达线348名，连续6年稳步提升，教育事业实现了均衡发展。

卫生方面：继续完善国家基本药物制度，药品售价平均下降了13%左右；继续开展60岁以上老人免费体检和农村妇女两癌筛查，惠及2万余名老人和5000余名妇女。

社会保障方面：创业孵化基地一期建设工程项目主体基本完工，完成创业及技能培训4820人次，新增城镇就业岗位2640个，转移输出富余劳动力10238人；新农保基础养老金、企业离退休人员养老金再次提标；城镇登记失业率控制在3%以内;各项社会保险参保人数达到23.5万人,新型农村合作医疗参合率达98.91%;为全县低收入农户免费供煤8万余吨;200套限价房公开配售,108套廉租房配租到位,新改造农村危房550户,民生改善更加普惠化。

统计管理

【精心组织,圆满完成了各项统计调查】

按照国家统计方法制度的要求,组织实施了全县工业、农业、批发零售、重点服务业、房地产、建筑业、交通运输业、文化产业、投资、消费、科技、信息化、能源、妇儿监测、人口变动等40多项国家统计调查;完成了全县规模养殖户、典型养殖户、重点调查村等畜牧业和粮食产量等地方抽样调查;积极开展了城乡区划调查,更新维护了全县地理信息系统,按统计标准将礼义工业园区内的14个村划入城镇范围,进一步明确划分了城乡区域,满足了城乡一体化的调查需求。同时,配合有关部门探索了综改转型统计指标体系、创业型县城统计指标体系等统计指标体系建设。通过精心组织、认真实施,各项统计调查有序推进,数据及时公布,完整准确反映了县域经济社会的实时发展状况。

【突出重点,持续推进了四大工程建设】

在"企业一套表"成功实施的基础上,继续把四大工程建设作为提高统计能力、提高数据质量的重要推手强力推进。主要是对达标的"准三上"企业和重点服务业单位进行了全面核查,加大了新入库单位的审核增减验收力度,对符合条件的积极入库申报、对不达条件的及时退库清理,做到了动态管理和更新维护。通过核查和申报,18家符合条件的服务业企业纳入联网直报平台,2家在库企业退出直报系统,纳入直报平台的企业总数达到49家。同时,积极落实关于加强服务业发展的实施意见,向在库的10家批零住餐企业发放了电脑,对新入库"三上"企业从业人员加强了培训,确保了全县联网直报系统良好运行,全县"三上"企业直报率达到100%。

【统计改革取得新进展】

1.全力推进城乡住户一体化改革。2013 年正式实施城乡住户一体化改革以来,在县乡村三级的大力支持和广大住户的积极配合下,通过清查摸底、科学抽样、广泛动员,克服人员少、变动大、业务新等诸多困难,顺利完成了全县 100 户住户的抽户、选户和开户工作,正式启动了城乡住户一体化改革。同时,为加强数据质量管理,制定了《陵川县城乡住户辅助调查员工作职责及管理办法》《陵川县城乡一体化抽样调查户回访制度》和《陵川县城乡一体化抽样调查户培训学习制度》,建立了数据质量评估体系。对易重、易漏、易错的收入指标进行专门培训,按月进行录入,按季进行公布,实现了新制度的有序推进和新旧数据的平稳衔接。

2.积极推进投资方法试点改革。2013 年,国家统计局对固定资产投资统计方法制度进行改革试点,晋城作为全国四个城市之一。在试行期间,原有统计制度与试点制度双轨运行。试点制度与原有制度在统计对象、统计内容、统计原则、采集方式等方面都存在极大差别。为确保本县试点改革成效,切实为国家投资方法制度改革提供政策依据,按照试点方案的要求,统计局积极组织力量,及时对全县的调查对象、从业人员进行清查摸底,多次对报表人员进行业务培训和实地指导,以财务支出法按月进行上报传输,为全国试点运行提供了基础数据和实践依据。

【第三次经济普查工作如期推进】

2013 年是第三次全国经济普查年。自国家启动第三次全国经济普查以来,在认真总结一、二次普查工作经验、深入调查研究、充分征求各有关部门意见的基础上,围绕普查工作更合理、更简便、更实用、更有效的要求,按照工作进度,采取相应措施,顺利推进了全县第三次全国经济普查工作。具体为:机构积极组建。6 月,成立了全县第三次全国经济普查领导小组及其办公室,确定了小组人选,选调了工作人员,明确了部门职责,拟定了工作规划。认真选调“三员”。8 月,对全县“三员”进行了集中认定和统一选聘,为全县 12 个乡(镇)、378 个行政村(居)委确定了一批年纪轻、能力强、业务精、作风硬的普查工作人员,完成了全县普查员、普查指导员、PDA 操作员“三员”

的选调工作。9月，召开了全县经济普查工作动员会，下发了《陵川县第三次全国经济普查领导小组办公室工作规则》，县委常委、常务副县长张国文代表县政府与各部门、各乡镇签订了目标责任状，明确了部门分工，细化了内设机构职责，建立了部门联席会议制度，规范了运行机制。底册按期生成。在工商、质监、国税、地税、国土、编办、民政等部门的积极配合下，第三次全国经济普查委员会办公室人员加班加点、昼夜奋战，在十几个工作日内，完成了全县3300多个法人、产业活动单位的名录比对、信息核查和全县小区地图绘制等工作，形成单位核查底册。培训重点突出。从10月开始，相继派出普查业务骨干参加了省、市组织的综合培训和试点培训，12月，召开全县经济普查工作推进会，对业务培训进行了具体安排，组织全体普查员、普查指导员参加业务培训，重点对PDA操作流程进行讲解，使操作员能充分适应各种环境和条件。宣传大力发动。充分利用电视、广告、新闻、LED显示屏、墙体标语、街面横幅、宣传车等多种形式深入集镇、商贸市场、人口聚集区进行宣传，在全社会营造了良好的普查氛围，为正式入户登记奠定了坚实基础。

物价管理

【坚持助推发展导向，服务大局实现新突破】

一是着力创优价费环境。围绕县委、县政府招商引资攻坚年，在全县开展了涉企收费专项检查，共检查单位21家。认真开展涉企收费清理，所有涉企收费在企业进行打包公示，对企业收费一律登记备案备查，进一步规范了涉企收费行为，为资金引进、项目落地营造了良好氛围。二是积极打造阳光物价。建章立制促规范、专题活动促转改，以客商满意为出发点和落脚点，实行特事特办，急事急办，推行五加二、白加黑，进一步实现了服务更优、程序更简、效率更快。行政审批“立等可取”成为常态，70%左右行政审批事项一个工作日即可办理完毕。三是努力营造放心消费环境。着力规范县城各大超市、商场、门店明码标价行为，并逐步向乡镇、农村延伸，消费环境明显改观，由标价不明引起的价格纠纷、矛盾大大减少。四是积极服务企业发展。积极推出多种服务套餐，为企业争取政策、跑资金、提供信息等等保姆式服务受到企业大大称赞。如 2013 年在进行供水成本监审时，得知城北、城西供水站在执行电价、税收政策上有出入，主动与供电公司、国税局进行沟通，电价由一般工商业电价改为农业排灌电价，电费年可降低 16 万元，税款年可降低 3 万元。五是完成招商引资签约任务 5000 万元，实现到位资金 450 万元。

【坚持稳控物价导向，调控效能取得新提升】

一是以监测预警强服务。加强对农副产品、建材、农资等重要商品和服务价格的跟踪监测，为上级决策提供了依据。二是以信息引导稳预期。加强正面宣传和引导，通过政务网站、阳光农廉网及电视等及时公示价费变动情况，引导居民理性消费，促进商家合理定价。元旦、春节期间，通过电视、网络公布主要超市每日蔬菜、副食价格，扎实做好“价比三家”工作，受到消费者好评。三是审慎出台价费调整项目。兼顾消费者和企业利益，2013 年，陆续调整了景区区间车票价、公办幼儿园收费、出租车、车用气等价费，但是对居民敏感的水、气、暖等价格坚持审慎调整。四是两节期间组织了大米、面粉、猪肉、白菜补贴供应，共启用价格调节基金 54.52 万元。

【坚持关爱民生导向，惠民利民取得新进展】

一是规范重点行业。重点对牡丹苑、胜景苑、西溪花园等小区收取供暖、供水二次加压费进行了查处，共退业主 15967 元，行政处罚 2000 元。二是完成了全县供水单位供水成本监审。指派专人对全县 7 家供水单位进行了成本监审。本次成本监审，从 5 月初开始到 7 月上旬基本结束，历时两个多月。为了保证监审数据的权威性和严肃性，邀请市物价局成本分局参与了成本监审，提出了宝贵意见，初稿形成后又和各供水单位进行了充分沟通，形成了供水成本监审报告，并向县政府常务会议作了汇报，县政府作出了维持目前价格水平的决定。三是完善出台了幼儿园收费管理办法。对幼儿园保教费、代收费、服务性收费及审批备案事项作了明确规定，核定了公办幼儿园收费标准，促进了幼儿事业的健康发展。四是提升了商品房价格

管理水平。温馨提示购房注意事项，开展商品房销售明码标价一房一价执法检查，积极推行商品房销售价格申报、成本认证等制度，对胜景苑二期、城东社区回迁安置工程2号楼、鸿生上城三期、嘉鸿首府一期、欣鑫小区二期、限价房一期等进行了商品房成本认证、售价备案，商品房成本认证、销售价格申报备案基本实现制度化、规范化。

【坚持规范查处相结合，监督检查取得新成效】

一是严处价格违法行为。先后开展了农资市场价格、涉农收费、服务业水电气暖价格、旅游收费价格、教育收费、药品价格和医疗服务收费等专项检查，实施经济制裁24.4725万元，其中行政处罚2.8万元，没收违法所得19.0258万元，退还违法所得2.6467万元。二是认真做好2012年度收费许可证年审工作。应参加年审行政事业性收费单位50个，实际参加年审50个，依法取消收费项目2个，年审金额1751万元。三是依法完成涉案物品价格鉴定工作。共开展涉案物品价格鉴证业务71件，标的总额21万元，各类价格认证5起，标的金额5460余万元，开展肇事车辆评损42次，评损总额34万余元，无一例申请复核裁定或重新鉴定。四是加强价格举报工作。进一步完善价格受理、查处运行机制，加大价格举报查处力度，全年共受理各类价格举报13起，落实13件，落实率100%。

工商行政管理

【创新服务举措，办事环境不断优化】

1.提供便捷准入，全县市场主体得到平稳较快发展。严格执行2013年1月1日至2014年12月31日免收登记费优惠政策，提供便捷高效快速准入。全年新登记企业385户，总数达1951户。其中私营企业76户，总数达497户；农民专业合作社293家，总数达1001家。新登记个体工商户586户，总数达8383户。

2.提升服务效能，为助推县域经济发展作出了新贡献。商标战略实施方面，全年新申请注册商标41件，重点围绕县委、县政府“打造中原地区最具影响的生态休闲旅游健康度假中心”建设目标，加大了“太行山国家公园”“太行山公园”注册商标申请力度。“太行山公园”商标已通过初步审定。指导帮助3家企业申请认定“山西省著名商标”。其中，新认定2家，重新认定1家。2013年底，全县注册商标总量达213件，有效山西省著名商标5件。“五农工程”实施方面，新登记农民专业合作社293家，总数达1001家。依法检查农资经营户200余户，查处案件6件，为农民挽回经济损失2.5万元。信用建设方面，认定国家级守重企业2户，省级守重企业3户。办理动产抵押6份，帮助融资1亿余元。

【坚持依法监管，市场秩序持续稳定】

以流通环节食品安全监管为重点，分阶段开展了反不正当竞争、商标、广告、合同、查无照等一系列专项执法行动，为全县经济平稳较快发展营造了良好市场环境。

流通环节食品安全监管方面，全局通过常规性监管和集中开展乳制品、食品添加剂、节假日食品市场、清查“三无”及过期食品等专项执法行动，共查办各类食品案件41起。积极构建食品监管执法责任体系，对食品经营实行网格化监管。在4个基层所召开了食品市场巡查记录观摩点评座谈会。对全县食品生产加工小作坊进行了摸底。从源头入手，对全县的大中型超市进行了定期逐户检查。开展了大规模的“食品安全宣传周”活动。

“红盾护农”方面，查处农资案件6件，为农民挽回经济损失2.5万余元；打击商标侵权方面，查处违法案件6件；打击无照经营行为方面，依法查处违法案件71件；反对限制竞争方面，查处不正当竞争案1件；打击合同欺诈方面，查处违法案件10件；加强广告监管方面，查处各类违法广告案件10件；短途治超方面，查处违法案件8件。

【消费维权，群众利益得到保护】

加强“一会两站”建设和12315“五进”覆盖面，全县消协分会达到12个，消费者投诉站和“12315”联络站达到224个，共受理消费者申投诉举报57件，全部办结和回复，为消费者挽回经济损失4.3万元。该项工作受到了中消协的表彰与肯定，被评为“全国消协组织处理消费纠纷先进集体”。

审计管理

【概述】

2013年共完成审计和审计调查项目65个，参与审计署、市审计局联动审计项目2个。审计查出主要问题金额1.96亿元，其中，违规金额3603万元，管理不规范金额1.6亿元。核减工程投资款590万元，上缴财政罚款81万元。出具审计（调查）报告56份，下达审计决定书52份。提交审计专题报告和信息简报30篇，被党政部门、上级审计机关和新闻媒体采用26篇次。

【预算执行审计】

2013年对县财政局具体组织的2012年度本级预算执行情况，地税局税收征收管理情况，国土、水务、农业等15个部门单位预算执行情况进行了审计，共查出主要问题金额6628万元。依据《财政违法行为处罚处分条例》和有关财经法规进行了处理处罚，对11个单位予以警告，针对存在的问题提出了合理化建议，及时向县政府提交了预算执行情况审计结果报告，受县政府委托向县人大常委会作了预算执行和其他财政收支情况的审计工作报告，并根据县人大常委会的决议，督促相关部门和单位进行了整改和落实，为维护财经秩序起到了积极作用。同时对马圪当、西河底2个乡镇2011—2012年度财政决算情况进行了审计，促进了乡镇政府严格执行财经法规，规范财政资金管理。

【专项资金审计或审计调查】

根据全省统一安排，对农业、环保、林业等5个专项资金进行了审计和审计调查，审计专项资金总额4.2亿元。针对审计过程中发现的问题，依法进行了纠正和处理，及时向县政府递交专题报告，为加强财政资金管理，提高资金使用效益，确保党和政府的惠民政策落到实处，构建和谐社会发挥了积极的作用。

【政府投资项目审计】

2013年，共对集中供热、实验小学教学楼、廉租房等18个政府投资项目进行了工程决算审计，送审资金总额1.1亿元，核减工程资金总额590万元，为规范建筑市场秩序发挥了积极作用。

【经济责任审计】

2013年，先后对6个行政事业单位6名领导干部的任期经济责任情况进行了审计，全面检查领导干部履职情况，加强对财政财务资金、政府投资项目管理、专项资金支出绩效、国有资产管理等情况的监督检查。同时加强对“三公经费”的管理使用情况的审计监督，促进领导干部依法行政、依法管理、厉行节约，为组织部门考核任用干部提供了依据。

【行政企事业审计】

2013年，对县总工会、红十字会、德日升热源厂和4座煤矿等9个行政企事业单位进行了审计。针对审计中发现的问题，提出了加强内部管理、防止国有资产流失等建议。

【积极配合完成全国、全市联动审计项目】

根据审计署和市审计局统一安排，抽调12名审计人员参加了审计署统一组织的全国地方政府性债务和全市统一组织的乡镇财政状况审计调查等联动审计项目。审计过程中，全体审计人员克服时间紧、内容多、要求严等因素，全面摸清了沁水县政府性债务的规模、结构和风险状况，促进了当地政府准确掌握情况、研判风险，审计工作得到了上级审计机关的充分肯定。

【加强审计整改，提高审计成果转化】

始终把促进整改、规范和提高作为审计工作的最终目标。在审计过程中，针对被审计单位存在的资产管理不规范、账户设置不合理等问题，及时提出审计建议，帮助被审计单位进行整改与规范。审计结束后，成立审计回访小组，对被审计单位执行审计决定、采纳审计建议和完善规章制度等情况进行回访，跟踪督促相关问题的整改落实。一年来，审计整改工作得到县委、县人大、县政府的高度重视。每年县人大要专门听取审计整改工作报告，县政府专门印发整改通知，对审计整改工作提出要求，审计机关跟踪督促相关单位进行整改落实，审计整改工作取得明显成效，审计决定落实率达到95%以上。

质量技术监督管理

【两个安全监管工作情况】

1.食品安全监管。一是对19家食品生产获证企业的证照情况、卫生状况、生产条件和产品质量进行了各3次全面检查;二是对5家肉制品企业进行了专项检查;三是配合省局对8家食品企业进行了风险检测抽样送检。

2.特种设备安全监管。开展特种设备安全监察专项整治活动,开展了“春节”“五一”黄金周、“安全生产月”“国庆节”等专项整治活动4次,深化了气瓶、危险化学品包装压力容器的整治和管理工作。同时加大对重要设备、重点场所、重点行业、重大事故隐患的监管力度,共检查特种设备使用单位64家,及时消除了安全隐患,对超期气瓶进行了报废。

【各项业务工作开展及完成情况】

一是按照市局的统一安排部署,紧紧围绕县政府中心工作认真做好质量管理、计量管理、标准化管理、行政执法、食品安全监管、特种设备安全监管、产品质量检验和计量器具强制检定等相关业务工作,全年办理代码900余个,年检1200余个,年检率达到85%以上,年审登记标准32个,对6家工业产品获证企业进行了专项检查。二是对全县的计量器具和产品质量进行了周期检定和监督检验,截至年底,检定加油机、衡器、压力表等各种计量器具1200余台次。三是配合市所对全县汽柴油、普通烧结砖和一次性用品三个产品158个批次进行了抽样检测。四是为“服务招商引资、创优发展环境”,继续实行“五优先、六免费、六不罚、帮助指导争创名牌”优惠政策,对全县招商引资企业提前介入强服务,告知质监局相关业务工作的办理条件及办理程序,尽最大可能让企业少走弯路或者不走弯路,前半年申报名牌企业1家,AAA级企业1家,AA级企业2家,A级企业2家。五是根据陵川区域经济的优势,积极筹建“陵川县质量技术监督检验测试中心”。六是检测所实验室认证已获证,计量授权也已验收。

教育科技

教育工作

【不断强化常规管理，全力提升教育教学质量】

一是加强了学校常规管理。为进一步引领和指导各级各类学校加强教育教学常规管理，提升学校管理水平，研究制订了《中小学常规管理过程性评估实施方案》，并依据实施方案对各级各类学校开展了阶段性督导评估活动。二是狠抓了“三考”备考工作。春季开学后，组织召开了全县中考备考研讨会和座谈会。局领导和教研员先后两轮深入全县各教办、学校就高、中、小考备考工作进行了调研指导。教育局先后两次组织了高、中考模拟考试。每次考试之后，都要认真分析教情学情，及时改进教学工作，夯实了复习过程，提高了复习效率，确保了科学备考。秋季开学后，组织召开了全县中小学教学质量研讨会，对上学年度中小学教学质量进行了分析总结，对新学年度中小学教学工作进行安排部署。三是推进了课堂教学改革。初中以推广陵川三中课堂教学改革经验为重点，小学以实施“提升明德小学教育质量”实验为重点，创新了教学模式，提高了课堂效益。5月中旬，组织召开了全县“提升明德小学教育质量项目实验”区域推进现场会，对近年来各明德小学开展校园文化建设、阅读能力提升、数学分层测试卡、攀登英语四项实验工作进行了认真总结和全面展示，为进一步推动项目实验、带动区域发展起到了积极作用。四是开展了系列教研活动。4月，组织参加了晋城市小学教学能手评选活动。5月，组织了全县中小学英语课堂教学大赛。11月，参加了全市首届小学科学教师实验操作技能大赛，共有8名教师获奖，其中一等奖2名，三等奖6名；组织了全县中小学教坛新秀评选活动，共有46名教师获得“教坛新秀”。12月，参加了全省中小学音体美教师基本功技能大赛；组织了全县中学教学能手评选活动，共有37名教师评选为“中学教学能手”。通过开展一系列活动，为广大教师互相学习、共同进步搭建平台，增强广大教师的创新意识和实践能力，在全县教育系统形成争先创优的浓厚氛围。此外，全县共选派360余名教育管理干部和一线教师到外地参加了各类教学研讨活动。通过采取有效措施，本县高考工作再创佳绩。本县首批二本 B 类以上达线人数 348 名，较 2012 年增加 69 名，增长 24.7 个百分点，再创历史新高，实现了本县高考成绩自 2008 年以来连续 6 年稳步提升的目标。中、小考质量在原有基础上得到稳步提升。

【大力推进重点工程，继续改善教育基础设施】

一是职业中学学生公寓楼建设项目。建设规模 6354.7 平方米，概算投资 1564.1 万元，其中，中央 1000 万元、县 564.1 万元。形状为 U 形建筑，其中主体 5 层建筑为学生住宿，附属 2 层建筑为学生实训室。按照县里要求，年内完成了工程主体建设，并通过了质量验收。二是教师周转宿舍建设项目。投资 491 万元，完成了礼义镇中、西河底中学、杨村小学、西河底小学、潞城寄小、夺火小学 6 所项目校周转宿舍建设任务，总建设面积 2870 平方米。三是附城镇中学生宿舍楼建设工程。该项目建设规模 2500 平方米，总投资 470 万元，年内全面完工。四是改扩建村级幼儿园工程 。投资 117 万元，改扩建了西河底幼儿园、秦家庄幼儿园和夺火幼儿园 3 所村级幼儿园，改扩建面积 3500 平方米。此外，实施了教育“双百工程”，投资 135.75 万元（市专项资金 97.75 万元，县配套资金 38 万元），为 13 所初中学校装备了 22 个实验室（共 60.25 万元）和《国家学生体质健康标准》测试器材（共 75.5 万元）。

【发挥名师辐射作用，全面加强教师队伍建设】

一是加强了学校领导班子建设。根据《关于加强学校领导班子建设，推进教育管理干部任期目标责任制管理的指导意见》中有关班子配备及机构设置的有关规定，结合各单位班子建设和工作需要，本着“缺班子健全、散班子理顺、弱班子配强、好班子配优”的工作思路和“吃苦吃亏能吃香、肯干能干扛大梁”的用人导向，在年度考核的基础上，经过深入基层调研、广泛征求意见、充分酝酿讨论等程序，11 月对部分学校和教办领导班子进行了调整。二是强化了“名教师”的考核管理。4 月，组织省市特级教师开展了巡回示范教学活动；对 114 名陵川县第二届“名教师”进行了年度考核，并组织“名教师”深入全县各学校进行了巡回教学，充分发挥了特级教师和“名教师”的示范引领作用。三是补充了一批新教师。为逐步改善教师队伍结构，暑期协同县人社局面向社会公开招聘了40名中学教师，其中高中教师20名(含职中专业课教师5名)，初中教师20名。从合同制教师和小康人才教育类人员中择优选聘入编教师60名，其中合同制教师49名，小康人才教育类人员11名。四是组织了各类师资培训。暑期，除组织参加省市组织的培训外，以教师进修校为依托，组织了教育技术能力培训、新教师培训、班主任培训、小学校长培训等，参训人数624名，有效地提高了教师队伍整体素质。年内，选派65名中小学、幼儿教师参加了“国培”计划培训。五是组织了教师节庆祝活动。教师节期间，组织了2项庆祝活动：组织召开了教师节庆祝表彰会；县委宣传部、县文明办、县教育局对层层评选出来的15名陵川县“最美乡村教师”进行了表彰。六是迎接了省市“三类城市语言文字工作”评估工作。1月，接受了省市语委“三类城市语言文字工作”评估验收，被省教育厅、省语委授予“普通话初步普及汉字社会应用基本规范达标城市”。

【稳步推进成职教育，不断增强教育服务功能】

一是完善各项制度，规范了学校管理。二是结合市场需求，丰富了专业设置。在巩固计算机、焊接、烹饪等传统专业的基础上，积极筹建了社会文艺、美术绘画、旅游服务与管理等新办专业，致力于打造学校办学特色。其中旅游服务与管理专业被市教育局评审为中等职业教育市级示范专业。同时，强化了学生技能培训，通过与北京、天津等多家企业沟通合作，妥善安排了高三学生就业和高二学生实习。与晋城长城职业技术学校签订了联合培训协议，以缓解学校实训基地不足的矛盾。三是精心制订方案，开展了招生宣传。结合5月“职业教育宣传月”活动，深入各初中学校开展了招生宣传工作，展示了学校的办学成果，宣传了学校的办学优势。年内，县职业中学共招收计算机、电焊、厨师、文艺、平面设计、美术、旅游服务与管理7个专业，招生112人。在成人教育方面，乡、村两级农技校开展了各类实用技术培训3.5万人次。12月，举行了全县“全民终身学习活动周”启动仪式，在全社会积极倡导树立全民终身学习理念，加快了学习型社会创建步伐。此外，对民办学校进行了年检，并督促各校对年检中存在的问题进行了积极整改。新审批成立了“和枫苑小天娥幼儿园”1所民办幼儿园和“惠民职业技能培训学校”、

"才源职业教育培训中心"2个民办职业教育短期培训机构。此外,加强了学前教育工作,扩充了学前教育资源。组织了全县乡镇中心幼儿园常规管理观摩活动,进一步规范了幼儿园常规管理,全县学前教育毛入园率达到72.5%。

科技工作

【概述】

一是全县研究与试验发展(R&D)经费支出占地区生产总值(GDP)的比重达到1.07%,超过考核指标0.96%的任务,圆满完成了市县考核指标。其中,全县地区生产总值(GDP)为33.73亿元。全县研究与试验发展(R&D)经费支出为3609万元,包括:(1)财政预算科技研究与开发专项资金支出600万元;(2)规模以上工业企业投入研究与试验经费1440万元;(3)其他从事研究与试验活动的企事业单位共支出研究与试验经费1569万元。二是全年完成专利申请100件,超出年度任务指标90件的11%。三是完成农民培训2360名,超过年培训农民2000人次的任务。

【科技项目管理工作稳步推进,充分发挥引导作用】

2013年,共组织完成申报各级各类科技计划147项,立项115项,争取国家、省、市各级各类科技研发资金360万元,安排县级科技研发专项资金600万元。其中,争取国家科技项目1项,科技研发资金210万元;争取省级科技项目1项,科技研发资金8万元;争取市级科技项目21项,科技研发资金142万元;安排县级科技项目91项,下达各类科技研发资金600万元。在积极争取项目资金的基础上,还召开考核协调推进会,明确参与单位任务分工,形成合力,从而圆满通过了科技部的2011—2012年科技进步县考核。

一是有效管理各级科技项目。成功争取科技部"科技富民强县专项行动计划——中药材产业化开发"项目。这是本县成功完成的第一个有资金支持的国家级科技项目,争取国家专项资金210万元。该项目的实施将有效加大本县的中药材产业开发力度，壮大县域经济的实力。科技局和陵川县中药材协会共同承担的山西省“百千万”科技富民强农计划“陵川县中药材规范化种植技术示范”项目，滚动争取省级科技专项资金18万元，促进了全县中药材产业的快速发展。该项目并荣获2013年山西省农村技术承包集体一等奖。陵川县惠民新能源开发有限公司承担的“高效低排放生物质成型燃料及炉具开发与应用”获市科技专家组好评。

二是不断规范县级项目管理。按照《陵川县科学技术研究与开发专项资金管理暂行办法》要求，经过组织申报、重点观摩和立项公示等程序，申报112项，有工业、农业、社会事业三大类91个项目给予立项，共支持县级专项研发经费600万元，加快了工业新型化、农业特色化、民生普惠化发展步伐，一定程度上促进了产业转型综改。

三是积极开展项目监督检查。2013年，共完成了53项各级各类科技项目的验收与完结工作。其中，省级2012—2013年度2项中药材规范化示范“百千万” 标杆项目完成验收，2009—2010年度11个市级项目完成了验收工作。

【科技创新工作重心调整，提升自主创新能力】

2013年，全县完成专利申请100件，其中发明专利65件，实用新型35件。

一是及早部署促进专利工作圆满完成。年初，及时召开专利工作安排会议，及时兑现专利资助款9万元，布置2013年专利申请的任务指标。会议的成功召开调动了全民申请专利的积极性，为圆满完成全年任务打下了坚实的基础。

二是企业专利转化工作稳步增长。通过给企业分任务、压担子、搞服务，涌现出晋城市古陵山食品有限公司、陵川工具厂、金隅水泥等一批专利申请企业，呈现出申报与转化并存的良好局面。如古陵山食品公司的酥韧双层饼生产设备及工艺等5件专利已开始应用于工艺改造和产品生产，通过自主创新能力的提升促进产业发展。

三是中学生小发明小创造异军突起。在全县专利人队伍中，陵川一中异

军突起，全年申请专利43件，成为本县专利申请的大户。尤为突出的是，其学生发明的多功能组合保健枕、组合式竹节灯，分别获得全国青少年科技创新大赛三等奖和全国第九届宋庆龄少年儿童发明奖评选大赛三等奖。高三327班申作栋的超时自动灭火器、340班刘彩云的助力车防盗器和高三326班李雷斌的室内高效甲醛吸收装置还获得了赴德国参赛的资格。

【科技培训工作连年超额，培养一批农村科技带头人】

2013年，承担2000人次的农民培训任务。截至年底，共完成农民培训2360人次，超额完成了农民培训任务，培养了一批农村科技带头人，实现了普惠民生的目标。

一是技术培训向实用化方向推进。通过开班上课为1000余名农民普及了蔬菜种植、中药材栽培、大学生村官能力提升、畜禽养殖和经济林种植等多项技术，进一步增进了农业种植科技含量。其中，蔬菜种植培训农民360余人，中药材栽培培训技术骨干140余人，大学生村官能力提升培训200余人，畜禽养殖和经济林种植各150余人。

二是广泛开展现场技术咨询。在科技活动周期间，联合县委宣传部、科协等部门，采取现场问答、资料发放等方式，发放各种宣传资料20余种，2000多份，咨询培训农民500多人。

三是大范围推广平台培训。应用陵川科技信息网、96236语言服务平台、陵川电视台等广播媒体，以科技活动周、专利宣传周等活动为载体，采取科技信息村村通、现场技术咨询等活动形式，培训农民860余人次。

【招商引资工作积极开展，阶段性任务努力推进】

2013年的招商引资工作目标是：全年完成签约资金6500万元，其中到位资金2200万元，落地项目投资2800万元，开工项目投资1000万元。一年来，科技局围绕年初策划的三个储备项目积极开展招商引资活动，项目签约正在进一步接洽，各项资金也正在落实之中。

1.红豆杉大峡谷地质科普综合场馆建设项目。该项目总投资5000万元，其中拟引资3000万元。计划由太行红豆杉生物科技有限公司实施，与江苏红豆杉生物科技有限公司已达成初步意向，拟在红豆杉大峡谷景区入口处，新建红豆杉大峡谷地质科普综合场馆，包括科普展厅、红豆杉科技研发中心、科普广场等配套设施共10000平方米左右。2013年主要做了4项工作：一是完成了项目立项批复，编制了可研报告，进行了规划初设；二是与双底村签订了土地协议，项目环评报告已经报市待批；三是在红豆杉大峡谷景区内补植、新栽南方红豆杉3万株；四是在拟建场馆处建设浮桥、硬化水泥地面8000平方米，总共完成投资300余万元。

2.连翘野生抚育开发及加工提取项目。该项目总投资5000万元，其中拟引资4000万元。计划由马圪当农业开发有限公司承担，通过与上海五维医药科技（上海）有限公司多次接触，已达成合作意向。2013年以来主要做了2项工作：一是年初在马圪当乡所属12个村落实连翘种植基地10000亩，补种连翘3万株；二是公司在马圪当乡四义村投资30余万元，建设厂房，购置相关设备，利用连翘的花、叶开发出连翘茶样品，并已送往专业机构对其成分、含量进行检测。

3.优质肉鸡产业化项目。该项目总投资43500万元。其中拟引资43500万元。由科技局、畜牧局共同策划、实施，同河南永达食业集团进行“肉鸡养殖”招商引资项目洽谈，通过多次和永达集团进行接触，双方进行了实地考察，达成了初步意向。

地 震 工 作

【加强管理，完善制度，全力做好地震监测预报工作】

1.强化监测运行。认真做好台网仪器工作状态正常运行及观测环境防潮、保温等问题的日常检查维护，严格执行台站管理制度，强化震情观念，确保观测数据连续、及时、准确、可靠，全年电磁波运行率达95%以上。

2.完善制度。根据本县实际，建立健全相关制度，严格执行零报告，坚持每天按时上报。

3.加强“三网一员”管理。把宏观观测作为地震监测的必要手段，对全县

13个宏观观测点进行了全面检查，发放了年度补助津贴，与各观测点负责人签订了目标责任书，保证了宏观观测点每月一报的连续性。同时，调整了防震减灾助理员，制定了助理员和观测员的工作职责，并于5月上旬对各乡镇防震减灾助理员及宏观观测员进行了一次业务培训，切实提高了助理员及观测人员的业务水平和责任意识。

【科学对标，全面创建，精心打造防震减灾示范社区及学校】

1.地震局把地震安全示范社区建设纳入社区整体发展规划之中，切实将社区安全当作一项重要的民生工程来抓，积极开展防震减灾示范社区创建工作。在崇文镇城南社区通过组织志愿者培训应急救护知识等形式，强化地震科普知识宣传，着力提高广大居民的防震减灾意识，增强应对突发事件的自救互救能力，并对社区进行科学规划，使社区的整体防灾减灾能力得到了极大提高。10月，市地震局审核通过了崇文镇城南社区为市级地震安全示范社区的申报请示，于12月19日进行了挂牌。

2.在巩固完善往年科普示范学校的基础上，积极创建了职业中学、实验小学2所市级防震减灾科普示范学校，均通过了市地震局及市教育局检查验收，现已挂牌。实验小学被定为防震减灾科普教育基地，棋源中学已连续两年申报省级示范学校。

【完善体系，积极演练，努力提升防震减灾应急能力】

1.修订应急预案。根据上级有关文件精神，对全县《防震减灾应急预案》进行了重新修订，及时调整防震减灾领导组成人员，并经常性地熟悉预案，随时应对地震突发事件。

2.开展应急演练。“5·12”期间，实验小学1000多名师生进行了地震应急演练，为全县机关、学校、企事业单位开展多类型地震应急演练活动营造了声势，达到了以点带面、全面推广的目的。

3.加强应急值守。严格执行24小时值班制度，特别是重大活动期间，认真部署应急保障工作，实行工作人员轮流值班，积极上报灾情信息。

4.设立应急储备。为有效应对地震灾害或突发事件引起县城生活必需品的异常波动，确保突发事件发生后物资准备充足，及时到位，地震局与民政局联手选定华丽港购物广场、科飞农贸为应急储备点,5 月 10 日进行了挂牌,进一步提高了本县预防和处置破坏性地震等突发事件的物资保障能力。

5.开展应急培训。不断提高地震应急救援志愿者队伍的综合业务素质和应急救援能力,是有效应对地震应急救援工作的关键。7 月 24 日,在崇文镇政府三楼会议室、城南社区前场地组织举办了地震应急救援志愿者队伍培训会。邀请县人民医院急诊科任新文主任和心脑血管科付天雄医生,就应急救护知识作了深入浅出的精彩讲授,并现场真人演示操作,参训志愿者达 140 人次。通过培训,志愿者队伍对地震基本常识及应急救护知识有了全新的认识和了解,提高了自救互救的能力,进一步增强了应对地震灾害及突发性事件的应急救援能力。

LINGCHUANNIANJIAN

文体卫生 旅游

文化体育工作

【精心组织，认真做好各项文化工作】

1.圆满完成了春节、元宵节两节文化活动。组织举办的“古陵春潮”八音会擂台赛、搭台唱大戏活动、老干部文艺节目表演、社区广场舞展演、“幸福新农村”乡镇文艺调演、民间艺术游行表演、燃放烟花、灯谜晚会等活动健康活泼，丰富多彩，极大地丰富了全县人民的节日文化生活。同时，组织完成了赴市“紫薇奖”新春文艺演出、“美丽晋城”春节联欢晚会、“活力晋城”舞龙舞狮表演赛，获得好评。

2.以县委名义举办了2013年新春联谊会，音乐快板节目《陵川风光》参加了演出，得到社会各界的好评。

3.5月中旬组织崇文镇200人、平城镇200人，排练400人的秧歌舞蹈，参加了晋城市第五届全民运动会开幕式演出，获得好评。

4.搜集整理陵川县群众文化工作相关资料并上报省厅，为《山西省志》群众文化工作部分提供基础资料。

5.完成了县图书馆三级馆的评估工作，图书馆建设得到了上级专家的肯定。县图书馆建筑面积2030平方米，藏书6万册。馆内设办公室、阅览室、电子阅览室、采编室、藏书库等。图书馆已邀请省图书馆培训老师对馆内人员进行了录入培训。办公室、电子阅览室、采编室、藏书库等已经建成并相继对外开放。

6.县文化馆向公众免费开放的有展览厅、舞蹈排练室，已经建成并对公众开放。为社区和行业文化活动提供排练场所和业务辅导，培养了一批群众文化活动骨干。

7.积极协调市歌舞团，在全县进行文化下乡演出12场，公益性演出23个村，丰富了群众精神文化生活。

8.组织承办了第二届“围棋源地·清凉陵川”消夏文艺晚会。

9.提升基层文化场所服务功能，为200个行政村文化活动室配备了音响设备。

10.加强公益性大舞台建设，安装完成了崇文镇、古郊乡、马圪当乡3个乡镇的公益性大舞台，每个投资20余万元。

【开拓创新，努力推动文化产业发展】

1.根据《山西省文化产业发展规划纲要》精神，组织文化股、文化馆、文化市场管理办公室等股室专业人员，经过近半年的调研，掌握了第一手珍贵的基础资料，为制订陵川县文化产业发展规划做了充分的准备，正在分析整理，完成陵川县文化产业发展规划初稿。

2.认真落实招商引资工作。根据县里招商引资工作部署及陵川县实际，积极推动文化产业发展，完成“521”“321”工作目标落地项目一个，即凤凰欢乐谷非物质文化遗产展演广场。

项目建设单位为陵川凤凰欢乐谷旅游生态建设发展有限公司，是一家以生态旅游投资开发为主的股份制企业。

项目地点：凤凰欢乐谷蝴蝶谷

项目建筑面积：12300平方米，其中，非遗广场10000平方米，计划投资1100万元。演艺平台300平方米，计划总投资300万元。电力、灯光、音响等计划投资800万元。非遗展示中心2000平方米，计划投资800万元，共计划投资3000万元。

至年底，非遗广场完成80%，完成投资880万元。

舞台已修建成了平台，完成投资170万元。

电力、通信完成投资200万元。

非遗展示中心完成投资800万元。

完成总投资2050万元。

【注重传承，积极开展非物质文化遗产保护】

收集整理资料，制作申报材料，积极申报了2个省级非物质文化遗产项目：“平城纸龙”和“玉泉武术”。

到2013年底，已经申报成功国家级非物质文化遗产保护项目1项、省级非物质文化遗产保护项目8项、市级非物质文化遗产保护项目9项，公布县级非物质文化遗产保护项目29项，为传承和保护陵川县优秀的民族民间文化遗产奠定了基础。

【百花齐放，积极推动艺术作品生产】

本年度，王发明的小戏《看灯》获“中华颂”全国第三届小戏小品曲艺大展小戏类二等奖，音乐快板《陵川风光》获全国群文系统文艺作品优秀奖；李芳的《乡村文化助推农村经济发展》、申莉萍的《贫困地区乡村文化如何促进农村经济发展》获山西省群众文化论文三等奖；李芳的快板《农村新貌》《热源厂人多豪迈》和小品《太行风光快乐游》在山西省《研究与辅导》发表。

【全民健身，全力推进体育事业发展】

1.按照《陵川县参加晋城市第五届运动会实施方案》要求，组成了200多人的运动员、教练员体育代表团，参加本届运动会县（市、区）少年组、成年组、老年组3个组别18个大项的比赛，圆满完成了全部参赛任务。

2.成功举办晋城市第五届运动会成人组篮球比赛。

3.利用节庆日，先后举办了“鸿生上城”杯羽毛球俱乐部比赛、“国税杯”陵川县第四届业余围棋晋级升段赛、“三八”妇女节趣味赛、“五一”职工拔河比赛、王莽岭登山比赛等体育赛事；参加了2013年“活力晋城”舞龙舞狮全国大联动比赛，南关社区舞龙获得第二名，甘井掌舞狮获得第三名。同时陵川县舞龙舞狮获国家体育总局“全国民族传统文化推广奖”。2013年8月，本县杜中中以2009—2012年全国群众体育先进个人身份，作为山西省群众体育代表受到习近平等党和国家领导人的亲切接见。

【依法行政，积极规范文化市场秩序】

累计出动执法检查90人次，开展日常巡查及各类专项重点执法检查15次，检查歌舞娱乐场所100余家次，检查网吧90余家次，检查出版物印刷企业15家次，对发现的3起违法违规经营行为进行了查处。

【公益放映，全面提高人民文化生活水平】

电影公益放映工程完成了全部数字电影放映机更换工作，实现了数字

电影放映覆盖全县100%行政村的工作目标，确保了每个行政村每月放映1场高质量数字电影任务的完成。到年底，完成了378个行政村4536场的电影公益放映任务，大大丰富了广大农村人民群众的精神文化生活。

旅游工作

【经济指标完成情况】

全县完成旅游接待275万人次，同比增长173%，占年度计划120万人次的229%；门票收入完成4750万元，同比增长56%，占年度计划3600万元的132%；完成旅游总收入6.25亿元，同比增长46%，占年度计划5.55亿元的112.6%。市场客源主要为省内、河南、河北、陕西、山东等地游客和韩国游客，散客占60%以上。

【重点工程项目及招商引资进展情况】

2013年旅游行业重点工程项目有市级重点项目6个，全年完成投资2.742亿元，其中，太行山（国际围棋文化）旅游产业园建设项目完成投资3850万元，主要完成了项目可研报告、设计方案的编制、项目立项、选址意见书、环评手续的批复；完成了土地规划、地勘和物探工作；完成了土方开挖及主楼三层的浇筑工程；凤凰欢乐谷景区开发项目完成投资10000万元，主要建成了景区公寓楼、大门楼、旅游公路、河道治理、龙峡湖北码头、西溪大酒店楼层五层铺底等工程；上云台景区开发项目完成投资3100万元，主要完成了旅游公路和旅游步道的延伸；黄围山景区开发项目完成投资3250万元，主要完成了大木楼、客房楼、旅游公路、河道治理、停车场、供水工程；武家湾景区开发项目完成投资1120万元，主要完成了河道治理、土地流转等；红豆杉大峡谷景区开发项目完成投资850万元，主要完成了规划编制、步道及旅游公路地基的开挖工程；王莽岭景区开发项目完成投资5250万元，其中，宣传费用投资4700万元（央视广告4000万元，其他宣传费用700万元）；建设投资550万元，主要实施了景区绿化、景区门禁系统工程、景点及安全设施维护等。

在项目招商方面:完成储备项目5个,分别是太行山(国际围棋文化)旅游产业园项目、锡崖沟赤焰峡开发项目、“太行江南”武家湾旅游景区一期建设项目、陵川县旅游纪念品开发项目、红豆杉大峡谷地质科普综合场馆建设;完成签约项目1个,太行山(国际围棋文化)旅游产业园,签约资金25亿元;完成到位资金13850万元(包括新签约项目到位资金3850万元,2012年招商引资续建项目10000万元)。

在乡村旅游发展方面:2013年主要是针对农家乐建设发展不规范的情况,组织国土、环保、住建、卫生、工商等部门开展了联合执法大检查工作。出台了开办农家乐的申报、审批办法,对武家湾、黄围山景区的农家乐建设进行了规划和选址。同时与县扶贫办合作在武家湾村、双底村、古石村新建了3个采摘园,总面积达300亩。

【市场开发及宣传营销情况】

一是全面启动了三区两园申报工作,国家生态示范区和国家地质公园已申报成功。以凤凰欢乐谷景区为核心的省级旅游休闲度假区,于11月经省旅游局验收通过。以棋子山为核心的国家森林公园申报工作,于12月30日通过了国家林业总局的评审。省级风景名胜区以王莽岭景区进行申报,已上报至省建设厅。二是县政府投资1000万元、王莽岭景区投资4000万元,积极参与“晋善晋美,尽在晋城”央视广告的宣传活动。三是各景区在高速公路、郑州、太原等目标市场进一步加大了户外广告宣传力度。四是举办了凤凰欢乐谷激情暖冬节、王莽岭国家地质公园揭碑开园、第四届国际围棋文化节、2013年太行山(晋城)金秋红叶节开幕等宣传活动,并在新乡、郑州等地举办了新闻发布会,充分利用节庆活动扩大陵川县旅游知名度。五是积极参与省、市组织的北方旅游交易会、长三角旅游市场宣传等活动,对南京等地的踩线团和专列团接待工作进行了全程的服务质量监督。六是积极落实“美丽山西休闲游”活动的优惠政策和推进措施。七是借助5月19日“中国旅游日”、安全生产宣传月等活动平台发放旅游宣传资料进行宣传。八是进一步加大了电视、报纸、网络媒体的宣传力度,在太原、郑州、新乡、晋城等地的电

视、报纸等主流媒体播出和刊登了广告，同时及时更新了陵川政府旅游网、王莽岭景区网站、凤凰欢乐谷景区网站、黄围山景区网站的宣传内容。

【行业管理工作情况】

一是完成了《陵川县旅游产业发展战略规划》《王莽岭景区5A级景区提升规划》等规划的编制和评审，为全力打造中原地区最具影响的生态休闲旅游健康度假中心明确了工作目标和方向。二是与山西大学旅游管理学院合作，完成了《陵川县旅游管理委员会筹建方案》的编制工作，启动了管委会的筹建工作。三是与山西思瑞经济咨询策划有限公司合作，开始了《陵川旅游资源整合工作方案》的编制，启动了旅游资源整合工作。四是狠抓旅游安全监管。按照各级各部门的工作要求，旅游局围绕景区防突发事件、旅行社防车辆安全、星级酒店防食物中毒等内容开展了安全监督。"五一""十一"节前分别联合安监、旅游、公安、消防、交通、水务、质监、交警、林业、工商、物价、食药等职能部门及景区所在地乡政府对全县3家旅游景区、3家星级酒店、3家旅行社进行了大检查。修编了《陵川县旅游公共突发事件应急预案》，加强了护林防火、汛期防汛、燃气安全专项整治、食品安全专项整治等安全监管力度，确保了全县旅游安全无事故。五是与县委组织部、人社局共同举办了旅游人才培训，对全县各机关、各乡镇年轻干部和旅游企业导游及讲解员200余人进行了培训；配合县政法委举办了全市"平安景区"建设王莽岭现场会；配合县行评办、电视台举办了行风面对面旅游专场活动。

卫生工作

【着力实施卫生民生工程，努力让群众有条件看病】

1.全力抓好医疗基础设施建设。县、乡、村三级医疗卫生条件进一步改善，中医院迁建项目于6月13日开工建设，8月完成基础工程，完成投资900万元；平城、潞城、附城3个中心卫生院的病房楼改扩建项目已全部完成，年底可投入使用;1 万座农村卫生厕所改造工程全部完成。

2.持续推进新型农村合作医疗。普通门诊补偿封顶线由每人每年 60 元提高到 70 元;住院医药费补偿比例提高 5 个百分点,住院补偿封顶线由 2012 年的 10 万元提高到每人每年 15 万元;重大疾病范围新增 16 种达到 22 种,补偿比例提高到 70%。2013 年,全县共有 211490 人参合,参合率达 98.91%,总筹资规模达 7423 万元。全年共有 365999 人次得到补偿,共支出 5783.51 万元,其中门诊补偿 349662 人次 1251.31 万元,住院补偿 16337 人次 4532.19 万元。

3.稳步实施国家基本药物制度。基本药物目录由原来的 516 种增加到 718 种,按省级统一招标价格,严格执行零差价销售,确保基本药物真正让利群众。2013 年全年共补偿乡镇卫生院、村卫生室 311.8 万元,药品降价幅度达 13%左右。

【着力打好公共卫生攻坚战,努力让群众少生病】

1.有序推进基本公共卫生服务。采取印发宣传资料、组织业务培训、开播电视专栏、开辟报刊专栏等多种形式普及健康知识,更新宣传栏 6940 次,开展讲座 3052 次,发放健教资料 11 万余份,制作电视专栏《聊聊健康那些事》24 期,群众健康知识知晓率、健康行为形成率不断提高。开展了基本公共卫生服务"规范管理年"活动,组织了 12 次全县巡回观摩现场推进会,通过现场看、专家评,提高了精细化管理水平和优质化服务技能。2013 年,全县建立居民健康档案累计 251963 份,电子档案 226183 份;规范管理老年人 20755 人,高血压患者 27037 人,糖尿病患者 4043 人,重性精神病患者 705 人。继续开展了为 60 岁以上老人免费体检工作,目前已完成 20700 余人。

2.不断强化疾病预防控制。加强了对重点传染病、免疫规划和地方病的防控管理,完成了 351 名自愿艾滋病咨询检测,艾滋病病人随访及时率达 100%;共接诊初诊病人 136 例,确诊治疗肺结核病病人 98 例。其中,初治涂阳病人 43 例,初治涂阴病人 55 例,对所有肺结核病病人实行 DOTS 管理;扎实开展免疫规划工作,单苗接种率均达 99%以上,新生儿乙肝疫苗接种率达 100%,24 小时及时接种率达 99.5%;新生儿建卡率达 100%;开展了

16周岁以上人员氟骨症普查，共普查人数192203人，查出氟骨症患者500人，患病率为0.26%。对全县8—12岁儿童进行氟斑牙普查，普查12705人，患病人数1636人。布病重点人群调查，共调查1263人，同时对423人进行了采血化验，阳性人数18人，阳性率为4.26%；筛查癫痫病人512人，入组治疗256人。登记重性精神病人743人，规范管理700人，规范管理率为94.2%。碘盐合格率达99.3%；未出现聚集性疫情；未发生重大疫病聚集性发病和暴发流行。

3.不断提升妇幼保健水平。落实农村孕产妇住院分娩补助政策：对1171名农村孕产妇补助35.1万元。实施免费增补叶酸预防神经管缺陷项目：发放叶酸片10181瓶，免费服用人数1859人。开展农村妇女宫颈、乳腺两癌免费检查：已完成5060名宫颈癌检查、1013名乳腺癌检查。对7—14岁儿童进行免费体检，已体检18000名，此项工作仍在进行中。目前，0—6岁儿童健康管理19225人，孕产妇系统管理912人，产后访视1493人次。

4.努力做好爱国卫生工作。继续推进城乡环境综合整治，成立了陵川县城乡环境综合整治领导组，出台了《陵川县县城环境综合整治实施方案》和《陵川县推进农村清洁工程实施方案》。378个行政村配备环卫人员1246人，50%的村基本建立健全了环境卫生管理、考核、奖惩等长效机制。截至年底，全县共投入乡村清洁工程资金1650万元，清运垃圾1072吨，清理四堆八乱12300处，清理残墙断壁710处，粉刷墙壁41万平方米，绿化村庄23万平方米。

【着力强化行业管理，努力让群众放心看病】

1.严格执行卫生许可。认真做好卫生许可证的审批发放工作，严格把好卫生许可证的发放关，做到合格一户，签发一户。全年共发放审批卫生许可证716户，从业人员健康体检2550人。

2.加大卫生监管力度。全年共立案8起，罚款1.5万元，取缔1家游医和1个无证诊所，进一步消除了医疗安全隐患。严格医疗机构、公共场所、饮用水、学校、传染病防控、放射诊疗、职业卫生等卫生监管，各类卫生监督覆盖率均达到100%。

食品药品监督管理工作

【开展专项检查，加强餐饮服务监管】

1.认真开展学校食堂及其周边食品安全专项整治。一是在西河底明德小学联合县教育局召开全县学校食堂工作推进暨培训会。二是深入开展春季学校食堂专项整治，共检查学校食堂 58 所，下达监督意见书 15 份，责令整改 8 家。三是集中力量对全县学校周边餐饮经营户开展隐患排查整治工作，检查学校周边小餐馆、小吃店、饮品店 25 家，取缔无证小饭馆 2 个，下达监督意见书 20 份，对学校食堂及周边餐饮单位存在的问题，责令其立即或限期整改；对陵川一中学校周边 9 家无证餐饮经营户负责人进行了约谈；对省局督察组督察的希望幼儿园在暑假期间进行了整改，达到 B 级标准。

2.旅游景区"农家乐"餐饮服务食品安全专项整治。全年共对 4 个旅游景点 84 家餐饮经营户（含农家乐）进行了监督检查。检查中对 5 个涉旅餐馆食品安全存在的不同问题提出了整改意见，排除了食品安全隐患。

3.对鲜肉和肉制品质量安全进行了专项整治。联合商务、工商、畜牧等部门组织力量对辖区内餐饮服务单位采购使用鲜肉和肉制品等进行了专项监督检查。此次专项检查共出动监督人员 25 人次，出动车辆 12 辆次，责令整改 5 家。另外，配合市局对全县生熟肉进行了监督抽验，共抽验 8 个批次，合格率达到 100%。

4.不断推进建筑工地食堂专项整治工作。联合县住建部门于 4 月中旬对全县建筑工地食堂负责人和食堂从业人员进行了相关知识的培训，对 25 家建筑工地食堂进行了检查，责令整改 20 家。对 3 家符合条件的建筑工地食堂办理了《餐饮服务许可证》。

5.积极推进餐饮服务食品安全监督量化分级管理。为提高餐饮服务食品安全监管效能，确保公众饮食安全，对全县取得《餐饮服务许可证》的各类餐饮服务单位实行食品安全监督量化分级管理，对 58 家学校食堂、124 家旅

游景点“农家乐”、34家大中型餐饮单位和166家小型餐馆、小吃店进行了量化分级，量化分级率达到了60%以上。

6.依法对餐饮类食品摊贩进行专项整治。《山西省食品生产加工小作坊和食品摊贩监督管理办法》于2013年1月1日施行后，与城管中心、集中市场开办者、社区等进行沟通协调，采取电视台发布公告、向食品摊点下发通知书等形式，积极开展餐饮类食品摊贩的调研摸底与备案工作，共对48家发放了《食品摊贩登记证》，并逐步向各乡镇推进。

全年共检查餐饮服务单位458家，出动人员360人（次），立案5起，下达监督意见书130份，执行罚没款2.30万元，未发生一起餐饮服务环节食品安全事故。

【以点带面，开展食品安全“示范街”创建活动】

为提升全县食品安全保障水平，在全县开展餐饮服务食品安全“示范店”“示范街”创建活动。4月，全县5家餐饮单位达到市级餐饮服务食品安全“示范店”建设标准，7月下旬在县城古陵南路开展食品安全示范街创建活动，通过召开动员会、培训、现场检查指导、验收等形式对古陵南路34家餐饮单位开展创建工作。金致火锅城等3家达到A级标准，鼎鼎香涮肉坊、工农兵铁锅炖菜加盟店等17家均达到B级标准，达到了“示范街”创建标准，为着力提升本县食品安全整体水平，营造安全和谐的食品环境，起到了树立典型和示范带头作用。

【实行阳光工程，依法开展行政许可】

全年共受理餐饮服务环节许可（包括延续、变更和新开办的）申请单位127家，发放餐饮服务许可证127家。其中，新增许可数94家，延续许可数21家，变更许可数12家，注销许可数3家。食品摊贩备案发证48家。

【推进药品安全整治，进一步提高药品质量控制水平】

1.开展药品医疗器械专项整治，规范药械市场秩序。一是在全县范围内开展药品医疗器械质量安全隐患百日排查专项行动，杜绝药械安全事故发生。二是积极开展医疗器械专项整治，对医院口腔门诊、个体口腔诊所采购和使用的定制式义齿产品进行全面检查，强化对定制式义齿监督管理，保证定制式义齿质量与安全。开展药品零售企业、眼镜店兼营医疗器械监督检查，规范企业经营活动，帮助8家企业取得了《医疗器械经营企业许可证》。三是开展中药饮片专项整治，通过加大对中药饮片外观、包装、标签、储存养护等环节的监管力度，使全县中药饮片质量有明显提升。四是继续加强含麻黄碱类复方制剂的管理，防止含麻黄碱类复方制剂流入非法渠道。五是积极配合市局做好药品监督抽样工作，强化对基本药物的技术监管，全年完成基本药物抽样30批次，监督性抽样30批次。

2.多措并举，强化药械广告监管工作。一是认真做好广告监测工作，对辖区内主要电视媒体、报刊实时监测，指定专人对辖区内媒体发布的药械广告进行监测。二是建立违法广告约谈制度，对经常发布违法广告的企业负责人进行约谈，规范其广告发布行为，共约谈相关企业负责人3次。三是多种措施强化对发布违法广告品种的整治力度，加大检查力度，增加监管频次，对违规销售停售品种的经营企业一律从严处理，对群众投诉的热点品种进行有针对性的抽验。四是建立药品广告宣教制度，引导公众增强合理用药意识，杜绝虚假广告。五是进一步强化与工商、城管等部门协作，形成监管合力。

3.进一步强化药品不良反应监测工作。全县上报药品不良反应759例，实现2356份/百万人，完成《国家药品安全十二五规划》提出的药品不良反应报告数达到400份/百万人目标要求。

2013年，药械检查共出动执法人员406人次，检查药品经营使用单位203家(次)，立案9起，执行罚没款1.10万元，移送公安机关追究刑事责任2人。通过推进药械安全专项整治工作，制售假劣药品等违法违规行为得到了有效遏制，药品市场秩序进一步好转。

【推行电子监管工作，保化监管水平进一步提高】

1.认真落实保健食品“四非”专项整治。根据陵川县保健食品生产、经营企业实际情况，确定了《陵川县重点监督检查的保健食品企业名单和重点品种》，将日常监管、专项整治中存在违法违规行为的企业作为重点检查企业，严查假冒伪劣保健食品，对套用保健食品批准文号和超过保质期限的保健食品予以查扣，对标签、说明书存在虚假或夸大功效、扩大适宜人群、宣传具

有诊疗作用和其他特定保健功能内容的保健食品责令下架。出动执法人员110人次，出动执法车辆32辆次，检查保健食品经营企业96家，与公安、工商等部门开展联合执法检查1次，对6个品种共21盒(瓶)的保健食品进行先行登记并协查，立案1起，执行罚没款2024元。

2.积极推行保健食品电子监管工作。建立了陵川县保健食品监管企业信息、保健食品案件、可疑保健食品协查、保健食品经营临时审核证明等4种台账，对保健食品监管情况做到底清数明，为监管计划制定和实施提供依据。同时根据市局要求，按照省局执法检查系统的功能设置，及时在该系统接收工作任务，并将监督检查情况录入，全年共录入保健食品生产经营企业基本信息34家，监管信息500余条。

【积极主动沟通协调，稳步推进食品药品体制改革工作】

按照市政府总体部署，通过深入调研和论证，在12月31日召开了陵川县食品药品监督管理机构改革工作会议，顺利完成了食品药品监督管理系统机构改革工作，成立了新的食品药品监督管理局，全面落实了食品药品稽查队、基层食品药品监督管理站等机构的工作职责，为进一步强化食品药品监督管理和药械不良反应监测工作奠定了基础。

文物管理

【扎实推进文物保护工程】

1.本体维修工程。文物保护单位本体维修工程共涉及国保、市保12个文物保护单位，具体进展情况如下。一是西溪二仙庙本体维修工程2012年6月开工，现年底可全面完工。二是南吉祥寺本体维修工程2012年7月开工，后院东西配殿、东西碑廊、东西寮房已基本完工，正在对中殿进行维修。三是石掌玉皇庙本体维修工程于2012年7月开工，所有建筑修缮都已完工，等待省局验收。四是小会岭二仙庙本体维修工程2013年6月开工，完成了东西妆楼及山门的结构加固和屋面土瓦，正在进行西廊房的维修。五是南神头二仙庙、寺润三教堂本体维修工程于8月开工，完成“三通一平”。六是玉泉东岳庙本体维修工程于10月完成招标，2014年即可全面开展。七是崇安寺维修设计方案已完成并通过省文物局的评审。八是白玉宫维修设计方案编制工作已完成，近期即可报审。九是南召文庙维修设计方案已委托山西省文物技术中心编制，设计单位已完成现场勘测。十是市保马庄圣佛院的维修工程已招标，2014年进行全面维修。十一是市保平城三皇阁维修设计方案已委托山西省文物技术中心编制，设计单位已完成现场勘测。

2.环境整治工程。文物保护单位环境整治工程共涉及国保单位12处，具体进展情况如下。一是西溪二仙庙环境整治工程正在办理施工许可。二是龙岩寺环境整治工程已于2013年5月完成招标，护坡工程已完成80%，道路、排水、厕所及停车场正在施工。三是南吉祥寺、北吉祥寺、崇安寺、石掌玉皇庙、玉泉东岳庙、郊底白玉宫、寺润三教堂、南神头二仙庙、小会岭二仙庙9处国保单位环境整治项目的初步设计已经省发改委批复，施工图设计及施工图审查已完成，正在办理报建手续。

3.濒危文物抢险。积极争取省市资金共210余万元，对国保单位南召文庙、市保单位德义先师庙、田庄全神庙，以及其他文物点共10余处，进行了支护和抢险维护工作。

【加强文物保护队伍建设】

1.2013年县新增2处国家级文物保护单位，92处市级文物保护单位，至此，全县文物保护单位总数由之前的50处猛增到119处，新选聘文物保护员68名，文物保护队伍达到144人。

2.为提高文物保护队伍素质，2013年共有33人次参加了国家、省、市、县相关部门组织的业务培训。

广电新闻

广播电视工作

【强化宣传报道,提升舆论引导力】

2013年,《陵川新闻》共播发稿件152期1496条,超出年度目标4期,总时长达到2736分钟;播发重点报道180余条。在市电视台发稿326条,在省电视台发稿15条,在省电台发稿35条,市电台发稿140条,综合排名全市第四。在市电视台《县区时间》播出《陵川新闻》132期792条。在新闻宣传报道上突出了以下四方面的重点:

1.深入宣传十八大精神。在《陵川新闻》推出《十八大精神解读》专栏36期,对十八大精神进行全面、详细的解读;播出《学习贯彻十八大精神》专栏60期,全面反映全县各行各业学习贯彻的热潮;开设《学习三中全会精神,推进全面深化改革》专栏,对全面深化改革的热点、焦点问题进行解读。

2.深入宣传"四年"活动。围绕县委、县政府中心工作,不断加大招商引资、项目落地、环境整治、提质增效等工作的宣传报道力度,策划制作四集大型系列电视专题《加快转型跨越发展的生动实践》(第一集:学会在更大市场谋划发展;第二集:叩开现代企业之门;第三集:让干净成为品牌;第四集:用硬招儿提升软实力),反映"四年"活动成效。《聚焦重点工程》专栏播发50余期,重点对太行山旅游文化产业园、正嘉5万头原种猪场、行源化工乙炔开发等招商引资项目和黄围东街、棋山路、县城集中供热扩面工程、客运中心、廉租房、限价房等民生项目以及省、市、县重点工程进行报道,全面展示十八大以来项目建设的发展局面。

3.深入开展公益宣传活动。2013年共播发各类宣传标语和公益广告96条,其中本台制作26条,《建设美丽陵川》《追梦》《母爱》《环卫工人》《陵川好人》《社会公德》等公益广告播出后,观众反映强烈,社会效果明显。同时还深入全县12个乡镇开展了寻找最美乡村医生、教师活动,在《陵川新闻》中开辟《寻找最美乡村医生》《寻找最美乡村教师》专栏,对24名乡村医生、15名

乡村教师事迹进行集中展播。

4.深入开展走、转、改活动。推出《妈妈，我想对您说》《孩子，妈妈想对你说》《今天，你笑了吗》《我的童年》《记忆中的儿歌》《童真梦想》《李肥瓜：黄土地上有我的致富经》等系列报道；专题片《小召村里的"小社长"》《一位单身母亲和她的三个女儿》《铁砧上的火红艺术》等生动活泼的作品，这些"小"人物选题，鲜活生动、有血有肉，虽然反映的都是普通人的平凡生活，但却"小中见大""平凡中见伟大"，起到了较强的舆论引导作用，得到了观众的赞同。

【强化栏目创新，提升栏目质量】

2013年，制作播出《古陵广角》14期、《农村科技》104期、《经贸论坛》27期、《文明大讲堂》104期、《农村普法》41期、《民间收藏》82期、《艺海拾贝》54期、《行巅先锋》12期、《行评面对面》2期、《聊聊健康那些事》14期。

在完成原有栏目播出的同时，制作专题片9部，完成现场录制12场。精心制作了县纪委专题汇报片《"311"清风拂行巅，廉洁正气润乡村》；完成了《党建领航话发展》《最美乡村医生颁奖晚会》《基层理论宣讲员选拔赛》《庆七一学党章知识竞赛》《陵川大讲堂》现场录制工作；配合县政府有关部门完成了交通事故、防汛、危货等三场应急演练的现场录制和播出；围绕"全国小城镇建设示范镇"申报工作以及全省"一事一议"检查等工作的开展，分别为礼义、附城、平城3个乡镇以及财政、公安、检察院等单位制作多部专题汇报片，从不同角度、不同侧面对外展现了陵川县形象。举办了第三届"鸿生上城杯"青年歌手大奖赛，新推出《聊聊健康那些事》访谈栏目，在《古陵广角》专题栏目中增设热点话题访谈节目《关注物业》，邀请主管部门、法律人士及时解读群众关心的热点焦点问题。在《陵川新闻》中开辟《大学生村官创业风采》《廉洁乡村，制度乡村》专栏，在栏目创新上迈出了实质性步伐。

【强化安全播出，提升保障能力】

2013年，陵川台播出节目总时间达4300小时，其中自办节目播出时间达360小时，与上年相比增加近100小时。转播台、中心机房传输发射信号正常，圆满完成了安全播出、转播、传输任务。

1.投资 26 万元完成了虚拟新闻演播室配套建设,并于 1 月投入使用。

2.积极与市电视台沟通协商,完成了《县区时间》(陵川版)的各项筹备工作,并于 2 月底正式开播。形成了每周一、三、五有《陵川新闻》,二、四、六有《县区时间》(陵川版)的新闻播报格局。

3.完善了广播电视台突发公共事件新闻报道和安全播出应急预案。

4.开展了消防安全大检查,对全台消防器材和重点设备进行大排查、大检修。

5.对机关办公大楼办公场所进行粉刷,新添置部分办公桌椅,并对机关大楼和演播中心顶层防水进行全面维修。

6.对转播台发射天线进行维修加固,对发射塔进行除锈加固。

7.投资 10 万元更新了数字硬盘播出系统 2 套(一主一备),进一步完善了安全播出制度和机制建设,强化了值班值守工作。

8.投资 8 万元新购置一辆采访业务用车。

【农网数字电视整转工程稳步推进】

2013 年,农网数字电视网络改造 7165 户,农网整体平移 6066 余户。其中礼义三街平移 1500 多户,平城三街平移 1400 多户;西河底镇西河底村、偏桥底村平移 650 多户;附城镇附城村平移 970 多户;杨村镇杨村村、泉头村 640 多户;秦家庄乡秦家庄村、司家河村平移 360 多户。全县数字电视用户达到 16586 户。

报 社 工 作

2013 年,共出刊《陵川新闻》58 期,实际版面数量达 78 期、312 个,编校文稿 2250 余件,配发图片 450 余幅,出版彩报 12 期、套红版面 4 期,超额完成工作目标任务的 32%。

【紧紧围绕县委、县政府中心工作开展日常宣传】

2013 年,始终紧紧围绕县委、县政府中心工作开展日常宣传。围绕县委、县政府既定的各项战略措施及各项工作目标任务的开展、落实、完成情况进行重点宣传；同时把项目建设、招商引资、城乡环境整治、行政效能建设、保障改善民生、社会管理创新以及人民群众的关切即把人民群众最关心、最直接、最现实的利益问题等方面也作了宣传重点。

【《陵川新闻》质量进一步提升】

一是狠抓差错率的降低。严格遵守“三校”订稿原则，且不断提升标准和要求，从稿件采写、编辑开始就要求上质量、上档次、提水平，向校对要实效，使报纸差错率明显降低、几乎为零，质量进一步提升。

二是注重了策划设计。从版面设计、内容编排、栏目设置、印刷质量等方面下功夫。在版面的美化上下功夫，注重图片与文字的有机结合，宜图则图、宜文则文，使版面设计更加精巧大气；在选材上多下功夫，注重文章的引导性和可读性，使读者喜闻乐见，使内容编排更加精悍严谨；注重了专栏设置的时效性和科学性，真正起到积极的舆论引导作用，使栏目开设更加科学得当；继续加强了同印刷厂（报纸印刷环节）的沟通和联系，合力研究及时解决可能影响印刷质量的情况和问题，使报纸印刷质量得到进一步提升；加强对邮政局（报纸投递环节）的敦促，使投递工作不延误，以确保编（编辑）、印（印刷）、送（投递）每个环节都准确无误、及时快捷，向“编辑高质量、印刷高水平、投递高速度”又迈进一步。

三是科学设置专栏。首先是把传统老牌栏目办得更好、办出新意，如“古陵楼”“读者来信”“文明看台”等读者喜闻乐见的栏目，克服版面相对紧张的实际，定期精选优质稿件集结刊登。其次是做好专栏的承袭工作，将一批反响好、有影响的已开栏目继续办好。如：“学习宣传贯彻党的十八大精神之学报告、谈体会”“学习宣传贯彻党的十八大精神之走基层、看变化”“学习宣传贯彻落实十八大精神”“向人民汇报、请人民评议”“学雷锋、献爱心、见行动”等上年开设栏目继续精选优质稿件适时进行了刊登。第三是科学开设新的专栏。在原有专栏的基础上，适时增设新的专栏，配合县委、县政府及各行业的宣传重点进行宣传，增强舆论引导效果，如：2013 年 1 月 18 日开设“发展一村一品、促进农民增收”专栏，精选刊登该项目征文活动中的优秀作品，全面总结全县各乡镇、各产业村“一村一品”发展过程中的成功经验和实际成效，以助推全县现代农业发展，从而进一步带动广大农民群众增收。

为认真贯彻落实党的十八大精神，切实加强党的纪律作风建设，县委决定3月在全县党员干部中开展“学党章、守纪律、转作风”专题教育月活动，动员大会召开之后，3月8日本报即开设“扎实开展‘学党章、守纪律、转作风’专题教育月活动”专栏，将各乡镇、县直单位开展此项活动的情况及进展集结刊登，强化了此次活动的重要意义。

为更好地推动农村医疗卫生工作，宣传全县乡村医生恪尽职守、无私奉献、全心全意为“三农”服务的先进事迹，弘扬扎根基层的奉献精神和榜样力量，配合县委宣传部、县文明办、县卫生局在全县开展了“最美乡村医生”评选活动，陵川报社记者深入一线走访，与各位乡村医生实地接触，从3月8日开始，开设专栏，逐一刊登展示了“最美乡村医生”候选人事迹。

3月15日开设“十八大精神讲坛”专栏，将十八大精神进行解读和阐述，使十八大精神进一步深入人心，凝成发展动力。

3月22日开设“访民生、知民情、解民事”专栏，重点刊登市、县领导深入乡村农户、走访社情民意、共商富民之策、共议发展大计等情况和内容。

4月5日《陵川新闻》开设“倡导文明祭奠、保护绿色家园”专栏，引导人们要有正确的祭奠方式，保护绿色生态家园。

4月12日，开设“办好十件实事、共享发展成果”专栏，将年初确定十件实事的进展和实施情况逐一进行刊登。

为全面反映全县重点工程项目建设推进情况和工程建设者的精神风貌，本报于7月初开设“聚集重点工程”栏目，对全县重点工程项目进行深度报道，全年共刊登12篇。

为展示大学生村官创业风采，对大学生村官干事创业的先进典型进行宣传报道，10月12日，开设“大学生村官创业风采”专栏，对此进行专题报道。

开辟“讲文明树新风公益广告”专栏，积极发挥教育引导作用，倡导社会主义精神文明，1—10月共刊登讲文明树新风主题公益广告14期次。

此外，对县委、县政府重大活动，重要节庆活动，不同行业相关业务活动

以及各项公益事业等适时进行专题报道、正确舆论引导，如对“劳模大会”、“两会(政协、人大)”“3月22日世界水日”“6月安全生产月”“中国(晋城)太行山国际文化旅游节”“六五普法”“教师节”“基层服务型党组织建设” 等都进行了专题或专刊报道；4月上旬开设“慈善微基金问题”专栏；“最美乡村医生颁奖”“晋城市佰润普杯篮球比赛”“政法优秀干警先进事迹”“陵川县2012年解决农村危房改造工程补助对象的公示”“陵川县国民经济和社会发展统计公报”“畜牧业发展风险基金初验”“2013年度政风行风工作承诺”等都不惜占用有限版面进行专题报道，同时还适时为县委、县政府重大活动配发了社论和评论员文章。

新闻办工作

【坚持围绕中心搞报道，较好地完成了宣传报道任务】

2013年在各类媒体发表各类稿件200余篇，其中省级以上报纸发表报道20篇，图片20多幅，《太行日报》发表报道52篇。重要稿件有《山西日报》头版 1 条、B1版长消息一条，《太行日报》发表长篇通讯1篇、各类重点专访稿件5篇。《突出生态主线，致力绿色崛起》《陵川各大景区日接待游客首破10万人次》《廉政之花次第开》等文字报道以及《法制心中存，文明祭先人》《太行美景似江南》《暑中送炭》等图片报道，及时反映了全县经济社会发展的新形势和好典型，同时被许多大型网站转载，不仅为外界深入了解陵川搭建了信息平台，而且极大地鼓舞了全县人民奋战“十二五”的信心。

一年来，摄影工作者长期深入基层，把一些重大新闻事件和全县发生的巨大变化通过新闻照片形式及时展现给了各类媒体及有关部门和相关领导，并为《太行日报·陵川版》、国家、省、市、县有关媒体和部门提供新闻图片200余幅，有力地配合了全县各项中心工作的有效开展。

【满腔热情搞接待，拓宽了对外宣传报道陵川转型发展的渠道】

2013年共接待上级主流新闻媒体记者100余人次，接待各类社会媒体来访近百人。其间，尽心竭力消除各类负面报道20余次，尤其是把“3·7”火灾的负面影响降到了最低限度。

【扎扎实实抓“通联”，促进了全县新闻工作上台阶】

12月20—22日，邀请省、市名记者、名编辑对全县近200余名新闻从业人员和基层通讯员进行了为期3天的马克思主义新闻观专题业务培训，使大家的业务水平有了进一步提升。

乡镇工作

崇文镇

【各项经济指标完成情况】

2013年，社会固定资产投资完成15.64亿元，占年度目标的100%，同比增长37.2%；工业增加值完成3.53亿元，占年度目标的100%，同比增长14.98%；全镇财政总收入完成5200万元，占年度目标的108%，比上年增收900万元，同比增长21%；农民人均纯收入6588元，占年度目标的101%，同比增长11.66%；人口自然增长率控制在5‰以内。

【工业经济迎难而上，产业水平稳步提升】

一是新上项目开工建设如火如荼。宏达化工年产2万吨聚合硫项目，完成投资1800万元，设备正在安装调试；宝贵石艺年产30万平方米装饰混凝土轻型墙板建设项目，前期手续已办结，土建工程、工房建设正在施工；达利年产3万吨橡胶助剂建设项目，立项和选址工作结束，土地和环评工作正在办理；棋源年产5000吨山楂果肉饮料及山楂基地建设项目，生产设备已采购到位；新农五花参饮品及其他农产品深加工项目，投资3000万元，已完成了设备安装，正待验收。二是续建工业企业产能水平稳步提升。德通电子年产1000万根LED极细同轴线项目，正式批量生产，社会效益明显；天成和同心化工二硫化碳产品2013年一直处于开足马力生产状态，市场稳定；金烽工贸年产5000吨高压阀门项目，生产线安装和电力增容到位，实现了达产达效；隆鑫钙业年产20万吨氧化钙项目，产品市场供不应求；华宁混凝土有限公司年产10万立方米预拌性混凝土项目，完成投资1956万元，进入正常生产阶段；太行中药材开发有限公司，年加工黄芩原料3000吨，生产黄芩提取物240吨。

【特色农业扎实推进，农民收入稳步增长】

一是农业基础得到加强。认真落实粮食直补、农资综合直补、良种补贴、退耕还林补助等强农惠农政策，惠农资金全部实行了“一卡通”。切实加大三农支持保护力度，组织实施了中低产田改造、农业综合开发、保护性耕作等丰产方工程。测土配方种植技术应用2.8万亩，占玉米种植面积的90%以上。全面开展了种植业保险工作，2013年16个村农户因灾理赔3000亩3.6万余元。全镇农业综合生产能力不断提高，粮食总产量达到1.32万吨。二是现代农业产业集聚效益得到提高。以“一村一品”为主攻方向，大力发展特色农业产业，巩固发展了一批以畜牧、蔬菜、中药材、绿色林产品等为代表的特色农业基地。全镇以县城周边、陵修路、陵晋路沿线村庄为重点的旱地蔬菜面积达到5500亩，优质马铃薯1500亩，设施蔬菜大棚总数达到70栋，并在尧庄形成了全县最大的“红四方”蔬菜批发交易中心集散地。中药材种植，新增大田种植500亩，连翘种植11405亩，总面积达到3.2万亩。全年完成核桃树种植1087亩。全年新建高标准养殖园区2个，新建规模养殖户8户，全镇规模户达到149户，全镇畜禽饲养量达到53.2万头(只)。三是农业龙头企业发展不断壮大。佰润普2万头生猪繁育、亨远30万只蛋鸡养殖、翔奥盛千头生猪养殖、牛家川百春种养综合园羊场、河头保龙养羊专业合作社、石字岭养羊园区、寨则养羊园区、大泊池村千只圈舍养羊项目提升了全镇的农业产业化水平。四是新农村建设和扶贫开发力度不断加大。扎实推进新农村建设，新建了大会、红马背、甘井掌、曹庄、北四渠、井坡6个新农村重点推进村。开工建设了郭家川扶贫移民新区工程，建成移民搬迁房屋20套。深入推进领导干部下乡驻村、包村增收活动，重点抓了29个人均纯收入在4000元以下的发展滞后村，镇党政领导和机关干部人均驻村30余天，帮助制订产业规划38个，提供技术服务160余次，累计落实项目30个，协调资金200余万元，帮扶困难户66户，发放慰问资金1.32万元。加强农民经济组织建设，大力推进农民专业合作社规范化建设，农民专业化组织建设程度有效提升。

【县城建设力度加大，城镇化水平得到新提高】

一是全力配合县政府完成了黄围东街、棋山路、鸿雁街建设任务，启动了城南丽枫苑城市生活广场建设、洪河巷棚户区、康宁街棚户区和岭常新村改造项目。县城集中供热、供气扩面新增供热面积20万平方米，供热能力达到110余万平方米，供气覆盖面达到80%。二是做好了县城各类项目用地的协调工作，完成了棋山花园小区廉租房及限价商品房建设，完成了胜景苑住宅小区二期工程、城东住宅楼建设。完成了三中巷巷道硬化、绿化及配套工程。开工了中医院、昌盛热源厂、客运中心、太行山（国际围棋文化）旅游产业园一期工程、怡枫休闲购物广场、信达购物中心丽苑文化生活广场等工程建设。

【社会建设方面】

一是继续巩固提升“十个全覆盖”，先后完成农村困难家庭危房改造 69 户，完成移民搬迁 200 人。投资 680 万元，新建城南幼儿园 1 所，完成涉及 39 个村、829 盏路灯的安装工程。二是开展了乡村清洁工程。全年累计投资 2500 多万元，组织开展专项整治 10 余次，清扫垃圾 300 多吨，清理卫生死角 50 多处，道路整修硬化 40 万平方米，村庄绿化美化 39 万平方米。加强环境卫生管理，继续落实和抓好了“垃圾不落地”工作，村村建立有清运工、清扫工保洁队伍和长效机制，有 18 个村（社区）实行垃圾不落地制度，其他 37 个村实行定点堆放、定时清扫、定时清运管理。农村无害化厕所改造，全镇任务数 1500 个，截至 10 月份已全部完成任务。三是完成环县城造林 1000 亩，完成干果经济林补植补种 1780.5 亩，完成村庄绿化 3 个，绿化高速路北四渠、大泊池路段 31 亩。完成水土治理 0.8 万多亩。解决了簸箕掌、甘井掌、炉家 3 村 1270 口人和 100 亩农田灌溉用水，全镇农田灌溉达到 0.3 万亩。完成郭家川、小召、牛家川、西溪节水灌溉，全镇新增保浇面积 200 余亩。初步建立了集中供水和村级单村供水网格化。全镇生态总量不断增加，生态环境进一步改善。四是继续扩大新农保覆盖面。全镇参保人数达到 14504 人，新型农村合作医疗参合人数 42061 人，参合率达 99.35%，补偿参合住院和慢性病患者 6735 人次 1067.21 万元。农村低保保障人口 2266 人，提供城乡医疗救助 27 万元。加强了五保、孤儿生活保障工作。完成全镇低收入农户冬季取暖煤发放工作。组织开展各类农民技术培训 5500 人次，全年新增城镇就业岗位 1007 个，转移输出农村富余劳动力 1500 余人。

礼义镇

【各项经济指标完成情况】

2013年，全镇民营经济总产值完成19.14亿元，同比增长10.96%；民营经济增加值完成6.34亿元，同比增长12.91%；民营经济营业收入完成16.47亿元，同比增长11.8%；民营经济实现利润7500万元，同比增长5.48%；全年完成税收2559万元；农民人均纯收入达到6069元，同比增长11.9%；粮食总产量达到1360万千克；人口自然增长率控制在5‰以内。

【工业经济平稳运行，项目建设扎实推进】

2013年，全镇项目建设扎实推进。骏通大口径铸管配套项目完成征地40亩，实现投资1340万元；行源化工石灰岩综合利用开发项目完成投资450万元，部分道路已经开通，场地正在平整。行源化工乙炔项目完成投资1.88亿元，建成了四座电石炉设备主体。新沙河煤业45万吨矿井技改项目完成投资1.3亿元，主副井改造已经完成，井下、运输道、巷道施工正在进行。鑫源冶炼、彩虹铸造、行源建材、华盛建材、鸿生淀粉、骏通铸管等项目运行平稳。工业项目的扎实推进为全镇经济社会的全面发展奠定了坚实的基础。

【农业调产步伐加快，“三农”工作成效明显】

大力推进农业综合开发力度，完成了椅掌、申庄、小平3个村2000亩的“中低产田改造”任务，启动了西街、崔村连片3000亩的“中低产田改造”工程，继续实施“玉米丰产”和农机深松工程，大大提高了农业综合生产能力。大力推进农业示范园区建设，以鸿生淀粉公司为龙头，继续推广高淀粉玉米种植，面积达到2.5万亩。全力推进了鸿生10万头生猪标准化养殖基地和鑫鼎科普惠农5万头商品猪生态养殖场2个农业龙头项目建设。大力推进特色农业基地建设，充分发挥林虎花卉苗木基地、西尧晚秋大黄梨、梁泉中药材基地等种植园区的示范作用，新发展小平、申庄等精品生态标准化果园700亩，发展核桃干果林750亩，种植连翘1580亩，发展梁泉、西伞等村“一村一品”项目5个,向上级争取扶持资金近70万元。大力推进农业专业合作社建设,全年新发展农业专业合作社5个,全镇专业合作社数量达到50个,为加快全镇农业调产步伐注入了活力。

【基础设施全面改善,城镇化建设成效初现】

以全省“百镇建设”为契机,狠抓水、电、路等基础设施的延伸配套,城镇化建设成效初现。投资近千万元,完成了集镇主要街道吉祥街的改造建设任务,随着吉祥街的建成,全镇“两街两路”(吉祥街、龙岩街、府君路、平安路)的街巷建设格局基本形成。顺应人民群众期盼,投资680万元,完成了贯通整个礼义工业园区的集镇主要道路——宝应路的提升改造工程,全镇人民群众20年来想办而没有办到的事情得到了彻底解决。实施城乡环境综合整治工程,完成农村无害化厕所改造1278个,对镇区范围及周边的垃圾、河道、乱搭乱建进行了全面整治,栽植各类树木12000余株,城乡面貌发生了明显改变。

【民生工程顺利实施,社会事业全面发展】

投资近400万元,完成了镇办中学和镇中心幼儿园附属设施配套建设工程,教育基础设施进一步改善。全力推进新型农村合作医疗,全镇参合率达97%以上,医疗卫生事业进一步发展。积极推进新型农村养老保险,全镇参保率达87%;严格农村低保审核程序,将58名符合条件的困难群众纳入低保保障范围;为51户符合条件的农村困难户改造了危房,社会保障工作扎实推进。以“两节”文艺表演和“七一”党建活动为载体,举办了一系列文化活动,文化事业进一步丰富和发展。狠抓重点行业、重点领域的安全监管,全镇安全生产形势进一步好转,全年未发生一起安全事故。

平城镇

【各项经济指标完成情况】

2013年,全镇完成财税收入2182万元,占年计划的49%;农民人均纯收入为6548元,占年计划的101%;工业经济增加值完成3.02亿元,占年计划的100%；社会固定资产投资1.5亿元，占年计划的109%；粮食总产量960万千克，占年计划的108%；人口自然增长率控制在4.5‰以内。

【工业经济逆势发展，转型综改势头正好】

转型综改试验稳步推进。构建了陵川金隅水泥"多元化发展机制"，谋划了砂石料生产线项目、水泥窑处置工业危废和城市垃圾项目、细分水泥市场研发水泥产品三个转型综改试验项目。创新了古陵山食品"经营管理"体制机制，实现了"6S"管理常态化，出台了岗位考核管理细则，并对所有员工实现了绩效考核。提升了鸿生化工经营管理水平，强化中层领导在职培训，制定多项员工激励关怀机制，全力培育企业安全文化，在现代企业征途上迈出了新步伐。产业升级步伐加快。陵川金隅水泥脱硝技术改造、永明金属不锈钢园区建设、鸿生化工工艺尾气回收及自动化改造等项目顺利推进。全镇工业经济在转型中得到了提质、在逆境中实现了突破。

【项目建设扎实推进，发展实力明显增强】

一年来，坚持"工业强镇"战略不动摇，按照"传统产业抓改造、新建企业抓达效、招引项目抓落地"的工作思路，以"思想大解放、服务再跟进"作保障，在"延伸产业链条、培育新兴产业"上做文章，全镇经济可持续发展势头更加强劲。南营河煤业45万吨矿井技改，完成投资8100万元，土建工程、矿建工程同步进行，完成工业总产值619.9万元、工业增加值396.9万元，生产工程煤2.6万吨。鸿生化工工艺尾气回收及自动化改造项目，完成投资4000余万元，建设安装16座高压线塔、4千米高压线路，申报征地90亩，申报完成安全评价。劳动力孵化基地创业培训项目，完成投资1500万元，会议及培训中心、厂房、库房、餐厅、公寓楼等主体建筑已完工，产品展销厅、农家乐接待等部分地基已完工。陵川金隅水泥脱硝技术改造，投资1800万元，技术改造已经完成，正式投入运行。万头生猪改扩建，完成投资650万元，已建成圈舍12栋。永明金属不锈钢园区建设，完成投资1000余万元，建成锻打刀具车间1个。光大物流年运输75万吨货物及配套汽车维修服务站建设，完成投资500万元，办理完结备案、环评等手续。5000只规模化肉羊育肥项目，完成投资450万元，修建标准化羊舍4200平方米，购置揉搓机、颗粒饲料机等设备，并配套完成了水、电、路等基础设施改造。丰泽食用菌大棚扩建项目，完成投资60余万元，新建5栋永久性大棚、3栋简易型大棚，完善了场地硬化、排水渠道、库房建设。

【招引项目稳步落地，发展后劲不断增强】

2013年，共完成策划项目5个，储备资金达到1.8亿元。签约项目3个，签约资金0.82亿元。完成落地项目5个，落地项目投资总额1.23亿元。完成项目开工3个，投资总额达到1.155亿元。

【农业调产步伐加快，农民收入持续增长】

2013年，重点实施了六大农业调产工程。农业技术推广工程：配合县农委进行测土配方；与山西省高寒研究所合作，在东街村、南街村进行脱毒马铃薯种薯繁育；在东街村进行玉米新品种试验示范展示；继续巩固推动玉米高产示范区集中连片种植、张寸马铃薯脱毒种薯示范基地、草坡马铃薯机耕示范基地建设。养殖基地建设工程：在巩固绿源养殖、太行生猪等养殖场标准化建设的同时，新建了寺背万头猪场养殖基地。新增规模养殖20余户。食用菌大棚基地建设工程：推动林峦岭、寺背、窑上3村食用菌大棚建设，新建大棚21栋，总规模达到了53栋。道地中药材种植工程：以北召晋翘、窑上华达等中药材专业合作社为引领，在全镇种植药材约8000亩。干果经济林建设工程：新发展了南营村2000余株、60亩核桃经济林。巩固发展了张寸仁用杏，秦家河核桃等干果经济林基地。特色蔬菜规模化种植工程：针对上年春季极端干旱、玉米种植条件不佳的气候特点，在全镇种植特色蔬菜2000余亩。

【实事工程落实有力，社会事业协调发展】

惠民实事进展顺利。2013年，全镇突出民生优先，科学组织，合理安排，确保了各项民生工程扎实推进。长陵路平城段道路改造，该项目已经报送到省里；东街村筹建农民住宅小区，进行了项目前期手续申报；镇社会综合管理中心建设、镇劳动保障和就业服务站建设、镇卫生院改扩建等三项工程建设完工，投入使用；平城镇中心幼儿园建成投入使用；农村电网升级改造工程，完成东街新区、小康村、下川村和草坡村4个台区建设和6千米低压线路改造；农村危房改造项目，全部完成55户改造任务；24个项目村完成改

造1200座农村卫生厕所；杨寨河物贸园区开发项目，积极筹备二期工程；劳动力孵化基地创业培训项目建设，完成年度序时进度。在小城镇建设上：启动垃圾场建设工程，总投资1431.6万元，项目手续办理完结。实施东街集贸市场改造工程，占地1800平方米，建筑面积3600平方米，建成商铺38个。农村清洁工程建设：实施太阳能路灯亮化工程，22个项目村、501盏路灯全部安装到位。完成了后河、义汉两村的绿化，绿化面积150余亩，栽种树木约为3000株。推行环境综合整治，建立健全长效机制，大力推广垃圾不落地经验，狠抓督导检查落实，不断提升环境综合整治效果，美丽平城建设成效显著。

社会事业成绩显著。社会保障方面：全面贯彻落实新农合和新农保政策，完成新型农村合作医疗参合22661人，新型农村保险参险13540人。民政保障方面：全年累计为低保、五保、优抚、老党员等对象发放民政资金469.0296万元，下拨日间照料中心建设款15万元，下放救灾粮1.6万斤。计生工作方面：全年为独生子女户、双女户、退二孩户、国家奖扶人等对象，发放奖励117830元，征收社会抚养费31.21万元，人口自然增长率控制在4.5‰以内。文体事业发展方面：成功举办了庆“春节”“元宵节”活动，新建北召、秦家河、南召3个文化活动广场，改造完善健身器材，迁址改造魏庄、林峦岭两村烈士亭。加强社会公德教育，深入开展了“学雷锋”“同心共筑中国梦”系列活动，组织开展了“最美乡村教师”“最美乡村医生”推选活动，弘扬了社会正能量，激发了干事创业热情。

西河底镇

【主要经济指标完成情况】

2013年，全镇实现GDP 2.3亿元，税收完成300万元，占年计划的100%；工业增加值完成2010万元，占年计划的102 %，较上年增长31.4%；全镇农民人均纯收入达到5767元，占年计划的100%，较上年增长11.8%；招商引资签约2亿元,落地资金达到1.4亿元;全社会固定资产投资完成1.3亿元,占年计划的180.5%,较上年增长4倍;粮食生产在遭遇连续干旱的情况下,总产量达到13359吨,占年计划的106%。

【招商引资业绩明显,项目建设取得大进展】

2013年,全镇大力实施储备、签约、落地、开工、建设和投产"六位一体"推进机制。建设了7个重点项目。一是偏桥底村百万只肉鸡养殖园区概算总投资1600万元,到位1500万元。二是西河村年产2000吨有机小米加工建设项目,项目投资1673万元,完成投资500万元。三是生物能源暨农业生态种养循环示范园项目,10月11日项目落地开工建设,完成了4个沼气反应塔的建设工程。四是昶烨农副产品有限公司,年内新增投资5300多万元。综合楼、制冷库、压缩机房、轻钢结构生产车间和职工生活区已经完成,正在进行生产设备安装。五是现岭村万只养羊园区建设项目,总投资1900万元,2013年完成三通一平、建设羊舍工作,完成了秸秆收储,准备进入养殖生产阶段。六是陵川大伟生态园生态产业建设项目,当年新增投资260万元,建成土鸡养殖场,现存栏3000只。七是马庄村年产10万吨铝矾土生产线项目,第一条生产线运行正常,投资1000万元实施的第二条生产线建设工程正在建设之中。山西陵川鼎盛新型建材有限责任公司和阳陵化工厂两个建成的工业企业进入了规范运营状态。

【农业产业调整有序,特色化持续进展】

优质谷子产业取得了长足发展。由陵川喜禾金小米专业生产合作社牵头,在焦会村建设优质谷子核心区,在西河等村建设重点区,在秦山等村集中连片建设辐射区,种植优质谷子5000亩,年产量150万千克,产值实现1500万元。承办了全市谷子机械化播种现场演示,推广了谷子耕作先进技术和机械化。生猪产业逐步扩展,以大伟万头猪场为示范,带动了农民养殖专业社的组建,积极扶持规模养殖户的发展,全镇各类畜禽规模养殖户达到74户。现岭万只养羊园区初步完成了土建工程建设。同时注重畜禽防疫工作,推进畜产品质量监管制度化、常态化,确保全镇畜牧业健康发展。积极推进了干果经济林建设。完成了万章、三泉、南黑山底、徐社、偏桥底等村的核桃林补植补种，在徐社、圪坨、岘岭、张仰、偏桥底等村新种植核桃树525亩。推广“一村一品”项目建设，邀请市、县农业技术人员对种养大户进行技术培训和实地指导，利用传统节日、集会等时机设立技术咨询台，并深入各村开展宣传活动，累计发放了10余种共8万余份技术资料。实施了劳动力转移和农民培训工作。

【美丽乡村建设成效明显】

实施了镇村区域美化、亮化、绿化、硬化及无害化改进工程，形成了共建美丽家园的良好氛围。27个行政村建立健全了农村环境综合整治环境卫生长效机制，划分了卫生责任区，推广了万章村村民义务清扫卫生的经验，实现了卫生清扫制度化和常态化。完成了西河底村主街道路面铺装，建成了镇文化中心站并投入使用，努力改善集镇面貌，提升集镇品位，初步完成了建设崇学苑小区住宅楼的规划工作。镇信用社新营业办公楼正在进行主体建设，镇卫生院扩建工程处于积极筹备中，镇粮站也积极筹备建设职工商住楼。农村卫生厕所改造全面完成，年内共实施完成813座，惠及西河底村、一级公路沿线村、新农村建设推进村，以及3年来改厕项目续建村等14个重点村。完成改造农村危房50户。21个行政村安装了太阳能路灯493盏。集镇建设力度前所未有，取得了明显进展和良好社会效益。

【社会事业发展】

教育工作全面提升了中小学生素质教育，完成了中小学教师周转房建设，改善了教师生活环境。计生工作打胜了“社会抚养费征收、长效措施落实、统计信息数据核查”三个主动仗，四术率达到了93.9%，社会抚养费征收率达到了89%，全员人口信息核查做到了全面准确。卫生工作充分履行公共卫生职能作用，强化乡村医生队伍建设，建立了居民家庭档案。积极推进了新型农村合作医疗工作，全镇参合人数为18322人，参合率达97.5%。全面推进新型农村养老保险全覆盖。全镇收缴农保资金67.14万元，参保对象6700余人。

附城镇

【主要经济指标完成情况】

全年工业增加值完成17803万元，占年度目标的100%；全社会固定资产投资完成12291万元，完成年度目标的119%；工商税收完成1150万元，占年度目标的68.5%；农民人均纯收入完成5939元，完成年度目标的100%；粮食总产量达到1704万千克，略高于正常年景，但较历史最高产量的2012年的1900万千克减收10.3%。

【招商引资工作势头良好】

2013年，全镇完成招商引资"六位一体"重点签约36500万元，占目标任务的101.4%；资金到位目标任务14000万元，全年完成14641万元，占目标任务的104.6%；落地项目目标任务15000万元，全年完成29880万元，占目标任务的199.2%；开工项目目标任务12000万元，全年完成13136万元，占目标任务的109.5%。

【重点项目推进取得实效】

附城煤业45万吨技改扩建项目，经上级有关部门验收批准，于12月中旬正式恢复建设。凤翔建材9月15日正式复产，继续保持产销两旺良好势头，全年生产烧结砖850万块。羊明钙业投资40万元完成立窑窑体技改，新建活性钙生产线投入正式运行，全年生产轻质碳酸钙15000吨。伟鼎化工投资16万元更新了锅炉，22柞反应炉正常运行，全年生产二硫化碳8300吨。总投资1.2亿元的凯旋石材加工项目土建工程快速推进。

【"一村一品"工程扎实推进】

2013年，全镇生猪存栏达到15100头，羊存栏达到12756只。春、夏、秋三季养蚕744张，收入119万元。黑土门等8村新发展桑园500亩，全镇桑园面积达到4500亩。东瑶泉等8个村新发展核桃经济林900亩，全镇核桃林面积达到4500亩（其中退耕还林2000亩）。丈河等5村新发展苹果园370

亩，全镇果园面积达到1500余亩。丈河休闲采摘观光园区，已建成200亩，并完成了道路、灌溉、护网等配套设施，园区内种植品种分别有桃、李、杏、苹果、樱桃、梨等，2014年即可实现观光采摘。星月食品营业执照、税务登记及资质验证等手续已经办结，水饺生产线正式投入生产，牛肉丸生产线检疫报告正在审批，酱卤牛肉生产线设备安装到位，等待验收。总投资500万元的庄里种植园区已投资完成150万元，25栋已建成的大棚均由本村及周边农户承包经营，并有部分大棚已开始产生经营效益。夏壁万头猪场生猪存栏达到3000头左右。核桃经济林方面，山后村（74户，319人）从几年前的20亩，发展到2013年的600亩，达到人均2亩，户均8亩。

【民生改善工程加快实施】

2013年，进一步加大基础设施建设投入力度，事关人民群众安全饮水、教育卫生、住房保障等方面工程项目投资总额将近1亿元，达到9971万元。其中，总投资760万元的镇区供水管网改造工程现已整体完工，处于试运行阶段。总投资5000万元的附城村安居小区建设工程，已完成投资2280万元，主体工程正在施工。总投资2700万元的后山安居小区工程，已完成投资2170万元，主体工程正在施工。总投资351万元的附城春蕾幼儿园建设项目，已完工验收，投入使用。总投资205万元的镇中心卫生院病房楼工程投入使用。总投资475万元的镇办中学宿舍楼改扩建项目，主体工程已经完成。总投资480万元的镇综合便民服务中心建成投入使用。

【环境整治成效显著】

市、县农村清洁工程推进大会召开之后，附城镇立即召开专门会议，就全镇实施农村清洁工程进行了安排部署，按照市、县农村清洁工程推进大会提出的“五化”目标要求，实行全民总动员，掀起了新一轮的环境综合整治热潮。概括讲，就是抓好“扫街，护路，改厕，栽树”，重点是整治“四堆八乱”，关键是健全环境卫生长效保洁机制。“四堆八乱”大整治取得明显成效，各村安装路沿石将近3000米，主街主巷、通村道路栽植各种景观树13200余株，以“三有四定”为基本标准的环境卫生长效保洁机制全部建立，46个村全部建有简易垃圾填埋场，专、兼职环卫清洁队伍保持在210人以上，附城、后山、庄里等19个村实行了垃圾不落地管理办法。同时，县里下达附城镇1300个改厕任务和34个村687盏太阳路灯安装亮化工程均已全部完成。附城村在抓好环境综合大整治的基础上，又投入150万元，开工建设了规模宏大、设计新颖、构造独特、充分体现附城厚重文化元素的牌楼。丈河村在2012年成功入选首届晋城市最美乡村之后，2013年又进一步加大了美化、净化、亮化、绿化力度，投资60多万元，建成了村标门楼，铺设了南崖宫步道，实施了祖师顶景观亮化，为创建农业部和省级"美丽乡村"迈出了实质性步伐。

【社会各项事业全面进步】

共完成农民培训3700人次，转移农村剩余劳动力1500余人次。不断加强农民专业合作社规范化建设，全镇各类农民专业合作社达到140个，较2012年的81个新增了59个。人口和计划生育工作，综合节育率达到了95%，社会抚养费做到了依法征收；新型农村合作医疗，参合人数达27808人，参合率达99.5%，前11个月报销医药费799万元，受益人口2923人次；新型农村社会养老保险工作，参保人数达到12632人，参保率为64.2%；生活困难群众得到有效救助，向1615户1728名困难群众按时足额发放低保金328.3万元。同时，还完成了57户生活困难群众和8户残疾人的危房改造工程，以及向低收入农户免费发放冬季取暖用煤10600吨。

杨村镇

【主要经济指标完成情况】

2013年财税收入预计完成280万元，占全年目标任务280万元的100%；农民人均纯预计收入6402元，占全年目标任务6312元的101%；工业增加值预计完成2100万元，占全年目标任务2000万元的105%；全社会固定资产投资预计完成1.2亿元，占全年目标任务0.77亿元的156%。

【以工业新型化为方向，加快推进全镇经济增长】

坚持以项目建设为抓手，着力打造和引进一批龙头产业项目。一是晋城市兴源河精钙有限责任公司总投资5100万元年产10万吨PVC专用钙加工项目，一期工程年产5万吨PVC专用钙加工项目正常运行，完成销售收入189万元，二期工程正在建设中。二是北京世纪华宇投资管理有限公司投资的日脱硫500吨高硫煤掌沟煤炭脱硫项目完成投资1000余万元，完成销售收入150万元。三是盛源建材有限公司煤矸石新型墙体砖项目生产新型墙体砖500万块，完成销售收入150余万元。

坚持以招商引资为重点，不断增强镇域经济发展。策划了惠渊化工5万吨二硫化碳项目、兴源河PVC下游产品开发、东掌万只狐狸养殖基地、万头猪场、杨村文昌苑住宅小区五个项目。其中东掌万只狐狸项目、杨村文昌苑住宅小区两个项目已落地。采取以商招商、以企招商、小分队招商、亲情招商等办法，多次外出招商洽谈，2013年全镇项目签约目标为32000万元，已完成17000万元，占目标任务的53.13%。

【以农业特色化为方向，加快推进农民增收步伐】

坚持以推进"一村一品"示范村建设为重点，以杨村镇食用菌协会为载体，充分发挥山西五色土健康产业股份有限公司的品牌效应，大力发展食用菌为主的规模养殖园区。杨村蔬菜大棚、泉头养猪、太和养羊、杨庄乔山食用菌、池下肉鸡等6个"一村一品"示范村推进顺利。一是以绿金子食用菌栽培基地建设项目为龙头，黄贝木耳食用菌养殖大棚在2012年建成35栋的基础上，又新建10栋，新增5栋蘑菇大棚，年产量450余吨，收入180余万元，可安排剩余劳动力160余人，成为当地重要的增收渠道。二是山西五色土杂粮有限公司新上香菇木耳食用菌休闲食品生产线项目，已完成车间的改造和工艺流程的设计、培训以及原料储备库的建设，机械设备的购置、安装、调试也已基本完成，等食品生产安全许可证办理完毕之后，即可进行试运转。三是东掌村鑫兴养殖专业合作社的狐狸养殖项目在2012年1000只养殖规模的基础上，2013年拟引资1000万元，建成万只狐狸养殖基地，现正在做项目审批立项前期工作。四是杨村绿色综合生态农业园区项目总投资1500万元。一期工程投资500万元的晋杨香鹁雁特种养殖项目已于2012年完成，二期工程投资500万元的反季节水果采摘园区项目准备工作基本就绪，正在协调部分土地。五是太和睿康万只肉(种)羊养殖基地建设项目引资 3000 万元,到位资金 1500 万元,两个 5000 只标准化羊场建设已基本完成,目前肉(种)羊养殖规模达到 3000 余只。

坚持以农业开发、农业基础建设为抓手,增强农业发展后劲。加大土地开发力度。投资 370 余万元完成了平居村 55.7 亩、寺润村 78.9 亩、寺湖村 55.3 亩、太和村 103.2 亩、西掌村 80 亩共计 373.1 亩的土地开发项目。推进干果林连片建设。紧抓林业局年初开展的干果林建设启动项目,在东尧、太和、北冶、平居、闫家沟 5 个村共栽种核桃苗 13928 苗(约合 590 亩)。加强水保工程建设。投资 380 万元,完成了东大河打梯固坝工程及沿线的平居村、岭后村的水保工程。在东尧、太和、岭后、平居 4 个村,连片种植连翘林共 550 亩,既起到了水保作用,又带来了一定的经济和生态效益。坚持做好涉农相关服务工作。为投资 30 余万元建成高标准农业技术推广站,配备了办公用品和设备,制定了详细的制度和使用规范。积极发动农户参与农业保险。农业保险参保率达 65%,为农户发放保险金 4.2 万元,把农户的损失降到了最低。大力推进"一村一品"项目申报。北冶村成功申报为 2013 年省级"一村一品"村,杨村村和东掌村成功申报 2013 年市级"一村一品"村。

【以城乡一体化为方向,加快推进美丽杨村建设】

着力抓好基础设施建设。一是投资 5000 万元的文昌苑农民集中住宅小区 6 栋楼的主体工程已完工,正在进行内部装修及其他附属工程。二是投资 100 万元开通了文苑街,形成了三横两纵的道路交通网络。三是投资近 100 万元开展了建设路、开元街的绿化工程。四是开展了农村亮化工程。寺湖村、太和村、北冶村、寺润村、桑树河村、平居村、西掌村、东掌村、岭后村 9 个行政村安装太阳能路灯 367 盏。

狠抓环境卫生整治。以开展城乡环境整治年为抓手,以整治公路沿线村为重点,全力实施农村环境综合整治。共规范垃圾点 53 个、垃圾填埋场 20 处,出动劳动力 2 万余人次,清运垃圾 50 万余吨,粉刷树木 12 万余株,粉刷墙壁 5.3 万余平方米,杨村、太和等 5 个村实行了"垃圾不落地",村容村貌得到很大改观。全力推进农村改厕工程,新建和改造无害化户厕 500 个。

积极进行生态园林村建设。完成坪曲线5个村的通道绿化补栽补种树木5000余株；杨村、杨庄、乔山、池下4个村的村庄绿化工程完成栽种树木千余株。

大力发展第三产业。平居村华严寺旅游开发项目由长治市宗教协会出资，在2012年完成投资3000万元，建成藏经楼、僧侣住宿配房等基础上，2013年投资5000余万元，建成大雄宝殿，并于4月成功举办了首届陵川平居传统文化旅游节。

【以民生普惠化为方向，加快推进和谐社会建设】

进一步夯实了教育基础。投资300万元的杨村中心幼儿园于9月投入使用，投资113万元完成了杨村教师周转房建设，教育园区基本形成。

乡村文体事业发展迅速。一是文体活动场馆建设全覆盖。19个行政村村村有了标准的农民文化书屋、活动广场。二是以庆祝重大节日为载体，经常开展丰富多彩的群众性文体活动。春节举行了以“璀璨杨村”为题的花灯一条街活动，以“活力杨村”为题的民间艺术游行活动，以“绚丽杨村”为题的燃放烟花爆竹活动，元宵节组织以“幸福杨村”为题的大型联欢晚会3场。6月成功举办了陵川县“安全乡村”启动仪式，镇团委举办了庆祝“六一”系列活动，“七一”期间积极参加了县消夏文艺晚会、党史知识竞赛活动，杨村镇2名选手获得了党史知识竞赛优秀奖。三是进一步深化了文明村镇建设。紧紧抓住党的十八大提出的“三个倡导”，着力培育和践行社会主义核心价值观，培育和弘扬“吃苦耐劳、甘于奉献，坚持正气、敢于碰硬，脚踏实地、团结干事”的杨村精神，深化精神文明创建，不断提高公民道德素质，为杨村镇全面建成小康社会提供强大精神力量。四是参加全县“陵川好人”“最美乡村医生”“最美乡村教师”的推荐评选工作。杨村镇的郭宏发、关余文被评为首届“陵川好人”，并双双获得首届“晋城好人”提名奖，翟国文被评为首届“最美乡村医生”，李丽霞被评为首届“最美乡村教师”。

大力发展公共医疗卫生事业。镇中心卫生院配备了生化仪、血流变、肾功能检测仪等设备，进一步提升了医院的服务水平。全镇90%村级卫生所达到了标准化配套建设,基本实现了“小病不出村,一般病不出镇”的目的。配合县医院对全镇的老年人进行了体检,配合镇计生中心进行了育龄妇女健康检查。不断深化人口和计划生育工作。截至12月,全镇总人口16979人,其中已婚育龄妇女3640人,出生174人,其中计划内生育151人,计划外生育23人,符合政策生育率86.79%。孕前优生健康检查48对,达到100%。2012年、2013年度应征社会抚养费526500元,实际征收509425元,征收兑现率为93.65%。其中2013年度应征社会抚养费368000元,实际征收342000元,征收兑现率为96.26%。全镇共落实四项手术49例,其中结扎29例、上环20例。建成规范化村级计生服务室5个,规范化计生服务室14个。

不断增强社会保障能力。借助县委阳光培训工程的开展和乡村干部学校“近水楼台”的优势,举办各类培训10多次,受益群众1000余人次;加强了低保、五保等人群的动态管理,做到应保尽保,使真正的低收入群体享受国家政策的恩泽。截至12月,杨村镇低保人数达1022人,发放金额57.524万元;五保47人,发放金额5.3575万元;优抚55人,发放金额13.042万元;老兵、烈士子女52人,发放金额4.452万元。2013年度共有15617人参合,其中,城镇合作医疗265人,参合率99.76%。截至11月底,县内县外住院共1154人次得到补偿,住院总费用6810785.36元,补偿3326598.1元,门诊统筹补偿30476人次,补偿16402元。慢性病补偿396人次,补偿89709.7元。2013年完成了50户危房改造工程,已经县住建局验收。

秦家庄乡

【主要经济指标完成情况】

财政收入完成354万元;农民人均纯收入完成6037元,占任务的101.3%;工业增加值完成8020万元,占任务的101.1%;社会固定资产投资完成26200万元,占任务的128.43%;粮食产量稳定在490万千克;人口自然增长率控制在5‰以内。

【招商引资措施得力，项目推进掷地有声】

全面实施了工厂化生产食用菌项目、正嘉5万头原种猪场项目、杨家河村特色养鹿基地、原庄村规模养羊基地、千亩荒山造田工程建设，以上5个农业项目总投资2.7亿元，拟引资2.05亿元，实际完成投资1.975亿元，引资到位资金1.975亿元。

【工业项目蓄势待发，发展后劲明显增强】

1.司家河煤业改扩建项目。2013年共完成投资1500万元，一是完成了回风井筒、井底车场、中央变电站、井下急救室、等候室、主要运输及回风巷道改造等5项工程；二是完成了矿井提升、地面生产系统分筛、场区公路、场地、围墙、坑木房、机修车间、材料库、器材库等9项建设工程；三是购置了井下移动变电站及各类矿用采煤设备等；四是完成了杨村开闭所秦家庄变电站至司家河煤业的双回路变压供电设施布置。

该项目累计完成投资7577万元，其中引资到位资金1667万元，各项改扩建项目已全面完成。

2.山西盛汇高科非金属材料深加工项目。该项目为年产10万吨非金属矿物材料深加工生产线，总投资6500万元，全年完成投资1000万元，进行了炉体改造，购进了部分原材料，架设供电专线，并进行了试生产。可望于2014年上半年投产，投产后，年产值可达3000万元，利税600万元，解决当地剩余劳动力300余人。

3.山西秦川新型建材有限公司烧结砖项目。2013年，完成了年产3000万块烧结砖生产线建设，于6月正式投产，生产烧结砖1500万块（销售1300万块），销售收入455万元。二期工程建设投产后，可实现年产烧结砖6000万块，实现销售收入1900万元、利税400万元，解决剩余劳动力170余人。

【农业项目势头强劲，农民增收成效明显】

1.珍菇坪工厂化食用菌生产项目。项目总投资1.2亿元，分两期实施，自2012年以来，共投资1.5亿元，实现了装料、灭菌、接种、育菇、采摘、包装、销售一条龙生产，2013年7月正式投产以来，已产鲜菇1800吨，完成销售收入1800万元，解决群众就业130余人。二期工程建成后，日产鲜菇可达30吨，年产量可达1万吨，产值可达1.2亿元，实现利税3000万元，解决剩余劳动力300余人。

2.正嘉原种猪场和商品猪场建设项目。该项目于2013年3月7日正式破土动工，已完成投资1.2亿元，现已完成猪舍、仓库、办公房等基础设施主体建设，已购进种猪2500头，项目已进入正常运行阶段。以正嘉种猪场为依托，以石井万头猪场、庞家川专业养猪、赵家背特色黑猪等61个养殖专业合作社为基础，大力推进了养殖产业园区的规模建设。

3.绿尔新300亩设施蔬菜基地建设项目。2013年，秦家庄乡绿尔新种植专业合作社，完成投资200万元，落实了31栋大棚的承包经营，完成了园区围墙、蔬菜交易中心等配套设施建设工程，各种绿色无公害蔬菜已上市，每栋大棚年纯收入可达4万元，项目总收入可达120余万元，实现全村人均增收1000余元，解决剩余劳动力60余人。

4.和家脚村核桃经济林间作辣椒项目。和家脚村投资200余万元，利用原有的200亩废弃果园发展核桃经济林间作辣椒种植项目。项目采取集体牵头、分户经营、个人受益的经营模式，在项目创办中，为解决核桃林不宜栽种高秆作物的难题，支村两委一班人先后远赴山东、阳城、高平等地考察，最终与高平紫峰山辣椒深加工有限公司达成合作协议，引进益都红辣椒种植项目并签订了300亩辣椒种植订单。经过两年的试种，辣椒亩产可达800—1000斤，每斤售价4.2元，每亩收入可达3000—4000元，是玉米收入的3—4倍，可实现人均增收3800余元，同时还带动了周边秦家庄、新村、德义、赵家背等村进行辣椒试种。11月组织中片7村在和家脚村进行了现场观摩，计划2014年在全乡组织引导群众种植辣椒，以此增加全乡农民收入。

5.中药材“一县一业”建设项目。依据“一县一业”中药材种植规划，围绕打造连翘大乡目标，把坪曲公路沿线的赵家背、金家岭、庞家川、石井、西脚等11个村集中连片，建成了万亩连翘种植基地，全乡连翘种植总面积达到2万余亩，为农民长远致富奠定了扎实基础。

6.杨家河特色养鹿项目。该项目总投资1500万元，占地20亩，通过招商引资，实施完成了鹿舍、仓库、办公楼等基础设施建设工程，完成了投资500

万元，并注册成立了陵川翔宇鹿业有限公司。购进种鹿50只，进入正常养殖阶段。该公司采取公司加基地，基地联农户的经营模式，带动了全乡特色养殖产业发展。

7.千亩荒山造田项目。2013年，组织专业技术人员，深入秦家庄乡申家沟、马家庄、西脚、北坡等村进行了荒山及旧村造田规划，并组织成立了专业队伍，先后动用大型挖掘机、装载机、运输车辆2000余台班，通过开挖、回填，集中连片新造耕地200余亩。

【基础设施极大改善，发展环境不断优化】

一是实施了无害化厕所改造工程。该工程从2012年开始实施以来，全乡共完成双瓮漏斗式无害化卫生厕所改造916座，占全县目标任务114%，完成投资100万余元，彻底改善了人民群众的生活环境。

二是实施了农村街巷亮化工程。通过科学规划、合理布点，全乡19个行政村安装太阳能节能路灯408盏，实现了街巷硬化、绿化、亮化、美化。

三是实施了农村危房改造工程。2013年全乡完成30户困难群众危房改造和8户残疾人危房改造工程，改善了困难群众的居住条件。

四是实施了生态建设工程。围绕绿色崛起，突出绿色生态主线，集中力量全力实施了万亩连翘精品基地建设、水保绿化项目建设。目前，全乡已完成连翘补植补种20000余亩；实施完成乡村道路及村庄绿化工程，栽植各种树木26000余株。

五是实施农村电网改造工程。2013年配合电力部门，实施改造10千伏线路3.785千米，4千伏线路15.85千米，先后完成了石井、西上河、宋家坡、侯家庄、蒲水等17个台区增容改造工程5000千伏安，完成投资400万元，确保电力供应适应全乡经济社会发展的需要。

六是实施完成通信网络建设项目。投资200万元，积极配合联通公司、移动公司、电信公司新建FTTH信息点5500个，FTTB端口容量3200个，新建移动基站49个（联通25个，移动20个，电信4个），电信固网覆盖4000个。

【社会事业全面进步，人民生活日益改善】

一是完善基层社会服务管理。在2012年率先推行基层社会网格化服务管理的基础上，配置了信息终端，畅通了群众诉求渠道，实行了网格管理规范化、服务群众常态化、安全管理信息化、信访接待制度化。依托网格化管理模式，深入开展了“六五普法”宣传教育、社会治安专项活动，重点抓企业安全、社会治安、护林防火、校园安全、交通安全、食品安全、打击非法采矿、防治地质灾害等工作，实行法律进村、平安进村、文明进村，确保了全乡社会的平安、稳定，开创了社会综合治理新局面。

二是加强农民培训，搭建就业平台。组织农村两委干部参加杨村乡村干部学校的专题培训；组织农村青壮年参加市县组织的各种技能培训；同时利用乡党校组织基层干部、种养大户、农村回乡知青、退伍军人等，举办各类培训班4期，培训农民3000余人(次)，输出劳动力1000余人。

三是加大教育投入，改善办学条件。投资50万元完成了乡办中学校园硬化、绿化、美化工程，优化了教学环境；完成了司家河、德义、石井、秦家庄中心小学及寄宿制小学的冬季供暖配套设施；建成了标准化的秦家庄中心幼儿园，教学条件得到了极大改善，教学质量明显提高。在全县统考中，我乡小考成绩名列前茅。

四是完善社会保障，落实惠民政策。新型农村社会养老保险参保人数达到5177人，参保率达到65%，新型农村合作医疗保险参保人数达12531人，参保率达98.9%；发放低保、五保供养金2329913.8元；发放各类优抚款345964.5元；发放救灾救济款124500元；为全乡低收入农户免费供煤5251.8吨；开展了“老年文明号”创建活动，建起了全乡老年活动中心，在秦家庄、庞家川、贾家岭、原庄4个村率先建起了“老年人日间照料中心”，对农村老年人居家养老模式进行了积极的探索。

五是扎实开展人口和计划生育工作。开展免费孕前优生健康检查和农村已婚育龄妇女生殖健康检查，覆盖率达到100%；继续落实计划生育奖励扶助政策，完成计划生育长效节育措施90人，收缴社会抚养费118440元，奖励独生子女227户414人23.4万元。通过奖励扶助政策的有效实施，推动依法行政、“凤之家”幸福促进活动和优质服务体系建设等计生工作迈上一个新台阶。

六是推进农村公共卫生服务均等化。进一步加大乡卫生院基础设施建设力度，投资50万元，完善了住院部大楼二期工程及医疗设施配套建设，努力提高医疗技术和卫生服务水平；抓好各行政村卫生所的规范化运作，方便了群众就医就诊；对全乡60岁以上老人和新生婴儿等重点人群进行了免费体检和建档管理。

七是建设三农服务新体系。在农业经营服务体系建设上，积极引导群众本着“有偿、依法、自愿”的原则合理流转土地，大力扶植各类工农业产业注册公司及种养专业合作社，截至2013年底，全乡注册公司达到8家，各类种养专业合作社达到61家，同时引深专业合作社星级评定，规范提升了一批农民专业合作组织，培育了一批懂技术、会管理、善经营的乡土人才。

潞城镇

【主要经济指标完成情况】

2013年，全镇工商税收完成71万元，占计划的101.43%；全社会固定资产投资完成0.72亿元，占计划的100%；农民人均纯收入达到5646元，占计划的101.38%；招商引资签约资金完成5600万元，占计划的46.67%；粮食总产量达到680万千克，占计划的100%。全省“百企千村产业扶贫工程”顺利推进，全市“转型综改民生改善试点工作”全面启动，县委、县政府年初下达的各项指标任务圆满完成。

【特色种养产业发展】

一是以农村闲置资源开发为重点，累计投资320万元在后西沟村规划实施了农业综合开发园区建设项目，占地300亩的生态采摘区已全面开工，占地400亩的生态放养区正在规划设计。计划利用3年时间投资1000万元，建成标准化生态种养庄园1000亩。二是以中药材片区开发为重点，以冶南、佛堂掌、侯庄、东掌等5个行政村为规划区域，先后投资近500万元新发展荒山种药基地1000亩、大田中药材500亩，新建连翘、党参等大宗药材育苗基地300亩。计划利用3—5年时间努力实现现有宜林荒山连翘全覆盖和沿山耕地大宗药材全覆盖。三是坚持以设施蔬菜产业为重点，在上郊村投资40万元，新建春秋大棚20栋，累计完成投资650万元，建成日光温室大棚20栋、春秋大棚60栋。计划通过3—5年时间，投资1000万元建成设施蔬菜示范基地500亩，项目区内实现户均一栋棚，收入翻一番。四是以核桃干果经济林建设为重点，在西八渠、东八渠、脚头、娄头、洪河头5个行政村新栽优质核桃苗木22750株，新发展精品核桃园650亩。

【招商引资工作】

一是招商引资工作深入推进。2013年，全镇共完成签约项目2个，落地项目2个，策划项目8个。累计完成签约资金5600万元，占签约目标1.2亿元的46.67%。其中后西沟村农业综合开发园区项目已全面开工，西要寨村康鑫5万头生猪养殖项目已顺利落地，正在进行场地平整。二是一批招商引资项目顺利实施。由晋城金果实养殖有限责任公司投资兴建的义门村万对乳鸽规模养殖场，已如期完成1800万元投资计划，并于5月2日正式投入试生产。由晋城市农生园农业开发有限公司投资兴建的冶南村万亩荒山种药项目，已累计投资1000万元，建成荒山种药基地1500亩，新建育苗基地170亩，中药茶厂场地平整工作也顺利完成。三是项目策划推介扎实开展。石掌蔬菜批发交易中心建设项目、上郊水库开发项目、潞城生态农业观光休闲园建设项目等一批重点招商项目正在进行策划推介，为下一步的招商引资奠定了坚实基础。

【民生工程建设】

投资120万元的镇中心卫生院业务用房和投资65万元的潞城寄宿制小学教师周转宿舍建设工程已如期完工。投资360万元的潞城信用社办公楼建设工程已完成主体框架。投资517万元的镇中心敬老院已完成选址、可研、环评等前期准备工作。义门—圪塔5000米供水干线管网改造工程全面完成，沿线4个行政村、1200余人的饮水安全得到有效提升。农村环境整治取得重大突破，公路沿线16个重点村累计完成厕所无害化改造任务1200套，44个行政村累计安装太阳能路灯792盏，实现了农村街灯亮化全覆盖。潞城、义门、上

郊、石掌、九光、苍掌、白山掌、洪河头8个生态园林村建设顺利通过上级验收。文教卫生事业不断加强。潞城中心幼儿园建设工程全面完工,农村适龄儿童学前教育再迈新台阶。新型农村合作医疗参合人数完成14044人，参合率达99.71%。社会保障力度进一步加大,新型农村养老保险参保人数完成8733人,参保率达93.32%。50户农村危房改造任务圆满结束,193人顺利搬出山庄窝铺。农民培训和劳动力转移力度不断加大,全镇累计培训农民3700余人次,实现农村劳动力异地就业710人,新增城镇就业102人。

夺 火 乡

【主要经济指标完成情况】

2013年,全乡共完成工商税收50万元,占年度计划的100%;社会固定资产投资达到16264万元，占年度计划的100.4%；农民人均纯收入达到5497元,占年度计划的100%。

【特色产业蓬勃发展,“一村一品”稳步推进】

全力发展食用菌、林产品、旅游三大特色产业,不断提升产业的经济效益和社会效益,实现了农民就业与增收双赢。

1.推进食用菌产业升级。全乡237栋食用菌大棚运行平稳,70万根木耳棒产销两旺,全乡累计装袋150万袋,累计实现产值1800万元,纯利润900万元,人均增收1700元。特别是百盛菌业成功实施灵芝批量生产,填补了高端食用菌生产的空白。瑞玲龙公司对普通日光大棚进行立体化改造,开辟了食用菌规模生产新时代。欢乐谷食用菌专业合作社1000平方米的工制连栋温室大棚建成，食用菌周年化生产迈出实质性步伐。夺火食用菌科技园区(寺南岭)的兴建,加速了食用菌工厂化步伐。

2.狠抓林产品开发。以夺凤、夺柳两条旅游公路为主线,在寺南岭、窑相、凤凰等7村集中连片建成1369.1亩优质核桃林基地。特邀省林业专家陈维智对林农进行了核桃树管理讲座和实地指导。在中药材种植上,积极推广中药材种植向林地边缘地、撂荒地、退耕还林地种植,完成大田种植中药材1225亩。人工抚育野生连翘1.5万亩,中药材产业呈现出蓬勃生机。

3.提升旅游产业效益。2013年全乡累计接待游客11万人次,实现综合收入1100万元。一是继续开展身边增绿工程,对凤凰、窄相两村进行了村庄绿化,推进环境美化,为游客打造整洁舒适的自然环境。二是对境内食用菌大棚进行了重新规划和调整布局,做到大棚外观整洁内具观赏价值,全力打造观光农业,推进农旅一体化进程。三是围绕"吃、住、行、游、购、娱"六大要素,开展星级接待户创建活动,逐步规范农家乐管理。在凤凰村规划建设居民小区,提升旅游区接待品位和建设水平。

4.推动传统产业转型。按照"一村一品"的产业发展思路,着力推进产业结构调整,推进新农村建设。佛水、窄相、水章、琵琶河、夺火的食用菌产业和高谷堆的养殖业逐渐成为农民增收的主导产业。圪台河村投资100万元完成养羊园区的改扩建,规模健康养殖走上正轨。望洛、箭眼山、勤泉、塔水河等村新发展优质蜜蜂600余箱,凤凰村种植工业辣椒30亩,产业结构进一步优化。新增农业专业合作社17个,并对全乡48个合作社实施了规范化管理,有力推动了传统产业的转型升级。

【基础设施明显改善,社会事业全面进步】

1.环境卫生整治成效明显。完成凤凰、勤泉、圪台河、寺南岭等村200座农村无害化卫生厕所的新建和改造工作,进一步提升了农民健康水平。实施了街道亮化工程,全乡17个行政村安装路灯293盏,极大方便了群众夜间出行。进一步引深环境卫生清洁工程,实现了环境卫生整治工作常态化。

2.基础设施建设持续改善。开工建设塔水河流域水土治理工程,投资10万元在双头泉河建成拦河坝2处。投资50万元在佛水食用菌基地建成1000立方米蓄水池1个,投资30万元对塔水河提水工程进行改造。水章村投资30万元开工建设蓄水池主体工程已基本完工,5项工程的实施,有效改善了水网供水条件,保障了供水区生产生活用水。在窄相、琵琶河、箭眼山新建通讯塔3座,进一步扩大了通讯信号覆盖面。

3.各项社会事业全面发展。投资45万元,完成了210平方米教师宿舍楼

建设工程和中心幼儿园改扩建工程，有效改善了教学条件，教育取得了全县小考第一、抽考第二的好成绩。投资20.8万元完成农业技术推广站改扩建及设施配套任务。新增凤凰、夺火2处村级日间照料中心，满足老年人生活照料、医疗保健和精神文化等方面需求。平稳完成低保、五保户审核工作，实现了动态管理。2013年，新增低保28人，退出低保29人。完成危房改造30户，残疾危房户改造9户。完成各类技能培训1400人次，转移输出农村劳动力230人。圆满完成新农合参合、爱心煤供应、新型农村养老保险、强农惠农资金发放等各项惠农政策的落实。

马圪当乡

【主要经济指标完成情况】

2013年，全乡财税收入完成50万元，全面完成年度目标；农民人均纯收入达到5424元，占年度目标5306元的102.2%；全乡粮食总产量稳定在300万千克；全社会固定资产投资完成2.05亿元，占年度目标1.43亿元的143.4%；人口自然增长率控制在5‰以下。

【旅游龙头产业不断壮大】

1.黄围山景区综合开发项目。全年完成投资2702万元。先后完成了古建筑大木楼一层墙体主体工程和下宫院古建筑修建工程和红豆杉大峡谷河道2—16轴的河床铺底、污水管道埋设、拦污坝基础和23—30轴的顶梁板模板支护及浇筑工作。

2.武家湾景区综合开发项目。完成投资1260万元。景区北入口停车场和加油站建设项目已完成可行性报告和图纸设计及规划等前期准备工作并报市里相关部门审批。龙王庙建设工程项目完成浆砌挡墙4000余方，土石方3万余方。停车场工程完成场地平整3万余平方米，土石方2万余方。湖心岛工程完成土石方8万余方，河道治理7000余米。其余各项工程正在顺利推进。

3.农旅一体化建设。建成了双底、古石、武家湾、灵岩寺、长山底等村较有规模的“农家乐”旅游接待集中区，发展乡村旅游“农家乐”。截至2013年底，全乡的农家接待达到113户，床位4100张，日接待能力达到6000余人次，年综合收入达到1200万元以上，农民人均增收2000元。

【四大特色产业稳步推进】

一是经济林产业抓巩固。截至2013年底，全乡的核桃树总量达到25万株，达到了人均一亩核桃树（35株）的目标，进入采果期后，可实现人均增收3500元。一是全面落实核桃林地间作低秆作物。迄今为止全乡80%以上的核桃林已间作中药材或黄豆等低秆作物。二是加强技术培训。4月、8月、10月，分别邀请省林业果树专家和县林业局技术人员对核桃树修剪和生长期管理、管护进行了实地培训，组织参训人数1000余人次。同时，围绕旅游，在2012年建成双底、古石、武家湾3处80余个品种300亩生态农业观光采摘园区的基础上，进行了科学合理有效管护，长势良好。

二是中药材产业抓扩面。2013年野生连翘抚育面积5000亩100万株，全乡野生连翘抚育面积达到5万亩1000万株。大力实施“三河一岭”中药材扶贫开发项目，全面完成西岭—横水438.8亩黄芩种植，并以此为标杆，示范带动全乡种植大田中药材和林地间作中药材提质扩面，2013年全乡中药材大田种植面积达到3010亩。同时，春季建成了苏家井村160亩薰衣草农业观光园区。

三是食用菌产业抓增效。不断加强对全乡221栋食用菌大棚的科学合理有效管护，全面加强技术、原料准备等过程的管理，提升产品质量，产生经济效益400万元，带动当地260余人从事食用菌生产，真正成为农民脱贫致富的朝阳产业、富民产业。

四是特色种养业抓延伸。“大红袍”花椒发展势头良好，年产量突破10万斤。虹鳟鱼养殖规模稳定在200万尾，古石村中蜂养殖达到1000箱。马圪当农业开发有限公司本着以转化本地绿色农产品为主的原则，加大蜂蜜、石磨面粉、石磨小米、干炒山货等旅游土特产品开发力度，积极带动了养殖、水产、设施蔬菜等相关产业的发展，从而延长产业链，增加产品附加值。

【基础设施建设成效明显】

围绕“旅游强乡”的目标，对段家庄—西岭段、横水—武家湾段公路沿线河道进行规划和整治，重点抓好公路沿线村容村貌整治和周边环境的美化、绿化、净化。完成了公路沿线和景区周围11个村的高标准环境整治，全乡25个村全部建立了环境卫生整治工作长效机制，健全了经费保障机制，基本完成了西河片3村7.8千米门河景区旅游公路续建工程，完成了西岭、横水、四义等11个行政村303座卫生厕所改造工程，完成了全乡416盏太阳能路灯标准安装工程，并已投入使用，完成了全乡25个村的街巷硬化全覆盖工程，完成了塔题掌、东闸水2村的饮水安全工程，解决了400余名群众吃水困难的问题。筹资43万元建成占地364平方米的高标准化农业技术推广站，投资40万元，对乡政府所在地古石村—武家湾村之间的水毁桥梁——“五一”桥进行全面修复，并安装防护栏等配套设施。“五个全覆盖”工程的全面完成，真正实现了马圪当乡“五化”(硬化、绿化、美化、亮化、净化)共进，推动“和谐乡村”建设。

【招商引资及重点工程项目取得新进展】

2013年，全乡完成签约项目资金1亿元，实际到位资金4500万元，完成落地项目资金4900万元、开工项目投资总额3200万元的工作目标。截至年底，完成签约资金1.2亿元，占任务数的120%，实际到位资金5000万元，占任务数的111%。完成落地项目资金5000万元，占任务数的102%，开工项目投资完成3500万元，占任务数的109%。重点工程黄围山景区投资1700万元，分别完成了古建筑大木楼主体工程、下宫院修建、红豆杉大峡谷河道铺底、拦污坝基础、顶梁浇筑工程。

【各项惠民政策全面落实】

建立健全社会保障体系，新型农村合作医疗参合人数5863人，参合率98%，新农保参保人数3675人，参保率88.6%。合作医疗窗口进行医疗报销12323人次，共计836903.1元，其中门诊报销11496人次，报销金额284251元；住院报销487人次，报销金额478866.7元；慢性病报销340人次，报销金额73785.4元。圆满完成了农村低保、五保复核工作，复核五保71户71人，低保835户974人,做到了应保尽保。全年共发放低保资金1735833元、五保资金148625元,发放各类救灾资金135146元,发放粮食直补资金924371.5元,发放退耕还林补助资金294705元,其他各项涉农资金也全部发放到位。完成了全乡47户农村贫困户危房改造工程,其中包括40户困难户和7户残疾人危房改造。西岭、横水、古石、武家湾4个村共投资60万元建成了占地面积800平方米功能完善、设施齐全的老年人日间照料中心,配有老年活动室、食堂、休息室、棋牌室、书报阅览区、体育器材室等,可为400余名老年人提供休闲文化娱乐、就餐等较为周到的专业化服务。

【各项社会事业取得长足发展】

一是计生工作稳步提升。落实长效节育措施54例,征收社会抚养费67500元,符合政策生育率91%,发放计划生育奖励资金166750元。二是积极开展孝亲敬老活动,对全乡95个80岁以上老人和7个90岁以上老人全部发放尊老金。三是教育事业健康发展。基础设施不断完善,投资100万元建成的乡中心幼儿园已经投入使用,教育教学质量不断提高,学校安全管理常抓不懈,师风师德建设进一步加强。四是医疗卫生工作持续开展。乡卫生院及辖区村卫生所严格执行国家基本药物制度,做到合理检查、合理收费。累计举办健康讲座41次,下村为参合农民进行健康体检691人次。同时加强乡卫生院的标准化建设和医风医德建设,进一步推动乡医疗卫生事业持续健康发展。五是文化事业进一步发展。乡文化站完善了办公桌椅、计算机、打印机、投影仪、钢琴等多种配套设备,开展了丰富多彩的节日文体活动和群众喜闻乐见的文化活动,规范了25个行政村文化活动场所和农家书屋建设,新增15套3000余册文化图书,16个村配备了音响设备,全面推动了文化事业的发展。六是以平安建设为目标,以"六六创安"工程为抓手,在全乡深入开展社会治安"六项整治"活动,主要领导亲自包点督办,落实综合治理"一票否决"制,全面提升社会服务管理水平,维护社会稳定。狠抓信访稳定工作,认真开展矛盾纠纷排查调处工作,调解处理各类矛盾纠纷38起,调处成功37起,调处率97%以上,确保乡全年无越级上访。全面推行网格化管理,定期走访群众1000余户,了解社情民意,举办法律知识讲座4次,为全乡经济发展创造了良好的社会环境。

六泉乡

【主要经济指标完成情况】

全乡共完成财税收入70万元，占全年任务的100%；农民人均收入6089元，占全年任务的100%；社会固定资产投资8093万余元，占全年任务的267%；粮食产量稳定在420万千克以上，人口自然增长率为–0.42‰。

【农业产业扎实推进，品质产量稳步提升】

中药材种植利用大田种植和野生抚育相结合、规模开发和农户分散经营相结合的方式方法，在巩固传统种植区域的基础上，2013年集中抓好了了池等9个村的1111亩中药材片区开发项目基地建设，确保种植面积稳定在8万亩(其中大田1.5万亩、野生抚育6.5万亩)的种植规模。减少一些传统品种的种植规模，大力拓展经济价值较高品种的种植规模，尤其是新增加党参种植900余亩，有效提升了药材品质。在东岸上等村巩固马铃薯脱毒种薯示范基地，使马铃薯种植面积稳定在7000亩。在冶头等村新发展了核桃干果经济林650亩，确保丹河流域核桃干果经济林稳定在1000亩以上。2013年以来在冶头周边村发展了茴子白、豆角等露地蔬菜900余亩，亩产万斤以上，一亩收入平均在6000元以上，带动周边百姓人均增收1200元。同时集中抓好了东双脑、大王以果树为主的350亩采摘园区建设。

【招商引资迎难而进，发展后劲有望增强】

有效克服自然条件、地理环境、基础设施等不利因素，充分利用产业优势、资源优势开展招商引资工作，和灵之川饮品有限公司签订了1000万元的投资合同，在浙水村利用水资源优势建设矿泉水加工厂，已完成投资400余万元，完成厂房、水、电、路等基础设施建设，其他工作也在有序进行中。10月和陵川百草堂药业有限公司签订初步协议，在原冶头中学旧址投资1000万元建设一个中药材初加工工厂，已投资10万余元完成通往厂址的道路硬化。

【基础设施不断改善，农村面貌日新月异】

继续在全乡开展农村环境综合整治工作，扎实实施农村清洁工程，重点完成县为民办十件实事之一的农村卫生厕所改造500个，涉及冶头、六泉、西湾等村，工程基本完工。这一惠民工程对于不断改善农村环境卫生状况，改变农村居民不良的卫生习惯有着重要的意义。在32个行政村规划建设623盏太阳能路灯，全乡各村村民享受到了太阳能路灯带来的便利。对石家坡的街巷硬化工程进行了全面改造，共完成2.8千米的硬化里程。在西湾等3村开展了村庄绿化，新建艾仓100立方米蓄水池1处，修缮刘家庄500立方米蓄水池1处，在沙场、六泉等村推广利用秸秆气化炉180台。继续对原有的基础设施进行维修保养，积极探索建立健全相关长效机制，确保基础设施服务群众生产生活的长效性。

【社会事业全面进步，民生保障逐年提高】

高度重视农村教育事业发展，以冶头、六泉、东双脑、浙水4所寄宿制小学为重点，积极协调相关部门改善办学条件，努力提高办学质量。切实关注困难群体，开展农村低保复合工作，新增农村低保60人，低保覆盖率逐年提高。完成了40户农村贫困农户危房改造工作，组织实施了7户残疾人危房改造工程。发放农村新型养老保险卡5163人(张)，切实解决了农村群众的后顾之忧。坚持不懈地做好人口与计划生育工作，在“四术”和社会抚养费征收工作上下真功夫，确保计划生育指标控制在规定范围内。积极开展农村剩余劳动力输出工作，共完成300余人次的输出任务。圆满完成2013年冬季取暖供煤任务，共发放冬季取暖用煤4999吨，让全乡4489户群众感受到了党和政府的温暖。与此同时，农村的其他社会事业也在有条不紊的开展中。

古郊乡

【主要经济指标完成情况】

全乡完成工商税收71万元，占全年计划数70万元的101.4%；固定资

产投资完成 1.8 亿元，占全年计划数 1.77 亿元的 102%；农民人均纯收入达到 5717 元，占全年计划数的 100%。

【重点项目进展情况】

1.“10 千米 3000 亩中药材基地”项目顺利完成。按照全县大力实施中药材产业“三河一岭”片区扶贫开发项目总体要求，成立了乡中药材基地建设领导组，筹备组建了 9 个中药材种植合作社，引导发动了 3000 余农户广泛参与，采用了农户成立合作社自行经营、土地流转后集体经营、党员干部带头转租承包、大学生村官参与合作社入股经营等模式，确保了中药材基地的良性稳健向前发展，并邀请县农开局协同乡农科站对药材种植户进行全程跟踪技术培训，一系列举措联保共建这一惠民工程顺利实施。总投入 480 万元覆盖赵马公路沿线的 13 个村庄全长 10 千米面积达 3650 亩的中药材种植基地，共覆盖全乡 1036 户，约 3800 人受益。年总收入 1148.1 万元，项目村户均药材年收入 11082 元，人均药材年收入 3021 元。

2.市县重点工程项目顺利推进。坚持服务大局，积极做好市县重点工程赵马线、古郊互通的征地补偿、地面附属物拆迁协调以及矛盾排查和调处等工作，确保了工程顺利推进。

【招商引资进展情况】

1.“321”工作目标落实推进情况。2013 年共策划了 3 个项目，总投资 3.3 亿元，拟引资 3.3 亿元，分别为：古郊互通商贸综合服务区建设项目（总投资 0.8 亿元，拟引资 0.8 亿元）、锡崖沟赤焰峡开发项目（总投资 2 亿元，拟引资 2 亿元）、昆山风景区旅游开发项目（总投资 0.5 亿元，拟引资 0.5 亿元）；签约了一个项目，总投资 1.2 亿元，拟引资 1.2 亿元，为水洼村大海生态养殖观光园项目。

2.招商引资任务完成情况。2013 年，完成招商引资签约 1.2 亿元，占目标的 100%。

【旅游特色产业推进情况】

1.农家旅游接待有序发展。坚持新发展“农家乐”重规范、已建成“农家乐”重提高的原则。严格土地审批、选址规划、手续办理，确保新发展“农家乐”有序推进。成立了王莽岭农家乐旅游协会，依托行业协会，加强日常管理，不断规范引导已建成“农家乐”提升服务标准和服务质量。到年底，全乡“农家乐”已发展到225户，床位达到6000余张，从业人员人均增收4000余元。

2.旅游特色种植业稳步推进。以“中药材、核桃、食用菌、连翘”为重点，在巩固原有面积的基础上，着力在种植规模、质量提高上下功夫。实施了“10千米3000亩中药材基地”项目，在13个村形成了“一村一品”的主导产业；建成掌里、南边等6个核桃专业村，集中连片面积达到950亩；巩固了苍郊、东庙华等村的食用菌养殖，确保实现增收；扩大连翘种植面积，项目区达到5万余亩。

3.旅游特色养殖业蓬勃发展。借助国家产业扶持政策，大力发展“一村一品”，投资700余万元，重点建成了上上河、东上河、掌里、松庙4个规模化养殖园区，通过“合作社＋基地＋农户”的方式，采取“以户经营，园区化管理”的运作模式，辐射带动全乡畜牧业的发展。全乡猪、牛、羊等大牲畜存栏达到10.35万头，从业人员人均增收1200余元。

【城乡环境综合整治推进情况】

1.集中进行环境整治。按照“三抓五化”的要求，以全乡29个行政村为主体，以旅游景区和公路沿线村为重点，先后投入160余万元进行环境整治。全乡共新建垃圾池70个，共出动三轮车398次，清除卫生死角557处，清运垃圾、杂草3500多吨，粉刷墙体7.65万平方米，清除残垣断壁57处，组织党员群众近6000余人次参与了整治行动，全乡共建成5个“卫生示范村”，12个“卫生先进村”，12个村村容村貌彻底改变。

2.推行垃圾不落地。实行“户为基础、村为主体、乡级统筹、县级帮扶”的“四位一体”工作模式，在赵马公路沿线11个村推行垃圾日产日清不落地管理。投资40万元在古郊柳江、马圈建成2个标准化的垃圾填埋场，投资50万元建成古郊河污水处理池1座。成立了乡环卫工作站，各村组建了环卫队伍，全乡聘请了46名环卫工人，统一进行了服装配备、工具配置，集中进行清运和清扫。

3.建立长效机制。实行“专门机构、专门人员、专项制度、专项管理”工作机制和“集中连片、统一队伍、统一管理、统一考核”工作办法，制定了《垃圾不落地实施方案》《垃圾不落地管理办法》《保洁人员管理办法》，实行一月一评比、一月一例会、一年一奖补制度，有效提升了村民的环境卫生素质，为打造旅游特色乡镇创造了良好的卫生环境。

【社会事业发展情况】

完成512盏太阳能路灯安装；完成农村贫困危房改造30户；古郊、上上河等11个公路沿线村庄500座农村无害化厕所建设项目顺利完工；新型农村合作医疗参合人数8600人，参合率100%；发放全乡低收入农户暖心煤3616.5吨；建设100立方米的蓄水池1个；改造了古郊幼儿园，完善了古郊寄宿制小学的基础设施；养老保险、低保、五保、优抚等足额发放；组织农民培训3000余人次，劳动力转移输出500余人。